基金项目

浙江大学"全球创新人才培养"优势特色学科建设项目

浙江传媒学院国家社科基金教育学国家重点项目
"面向 2035 中国教育对外开放战略及推进策略研究"（AGA200015）

教师教学能力发展译丛

主编 盛群力 冯建超

Springer

THE UNIFIED LEARNING MODEL
How Motivational, Cognitive,
and Neurobiological Sciences
Inform Best Teaching Practices

统一学习模式

从动机、认知及神经
生物科学层面理解最佳教学

[美] 杜安·F. 谢尔 戴维·W. 布鲁克斯
盖伊·特赖宁 凯瑟琳·M. 威尔逊
道格拉斯·F. 考夫曼 琳恩·M. 赫尔 ◎著
毛 伟 ◎译
盛群力 ◎审订

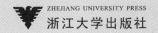

ZHEJIANG UNIVERSITY PRESS
浙江大学出版社

图书在版编目（CIP）数据

统一学习模式：从动机、认知及神经生物科学层面理解最佳教学 /
（美）杜安·F. 谢尔等著；毛伟译. — 杭州：浙江大学出版社，2021.8
书名原文：The Unified Learning Model: How Motivational, Cognitive,
and Neurobiological Sciences Inform Best Teaching Practices
ISBN 978-7-308-21621-0

Ⅰ. ①统… Ⅱ. ①杜… ②毛… Ⅲ. ①教学模式－研究 Ⅳ. ①G42

中国版本图书馆CIP数据核字（2021）第166362号

浙江省版权局著作权合同登记图字：11-2021-081

First published in English under the title The Unified Learning Model: How
Motivational, Cognitive, and Neurobiological Sciences Inform Best Teaching
Practices by Duane F. Shell, David W. Brooks, Guy Trainin, Kathleen M. Wilson,
Douglas F. Kauffman, and Lynne M. Herr, edition: 1
Copyright © Springer Science + Business Media B.V. 2010
This edition has been translated and published under licence from Springer
Nature B.V.
Springer Nature B.V. takes no responsibility and shall not be made liable for
the accuracy of the translation.

统一学习模式：从动机、认知及神经生物科学层面理解最佳教学

[美]杜安·F. 谢尔 等著　　　毛 伟 译　　　盛群力 审订

责任编辑	陈丽勋	
责任校对	高士吟	
封面设计	春天书装	
出版发行	浙江大学出版社	
	（杭州市天目山路148号　　邮政编码　310007）	
	（网址：http://www.zjupress.com）	
排　　版	杭州林智广告有限公司	
印　　刷	杭州钱江彩色印务有限公司	
开　　本	710mm×1000mm　1/16	
印　　张	15.5	
字　　数	265千	
版 印 次	2021年8月第1版　2021年8月第1次印刷	
书　　号	ISBN 978-7-308-21621-0	
定　　价	58.00元	

　　这是一本有关如何学习的著作。尽管书中的一些原则具有普遍性，这一点从本书的书名也可以看出，但本书主要关注的是课堂学习。我们关注的学习范围从学前阶段一直延伸到研究生阶段。很多商业、工业，乃至军事培训也是我们所关注的。我们并不研究婴儿如何学习说话或走路，或成人在打网球时如何挥拍。我们研究的是有关人的"思维"方面的学习，以及在正式的教育环境下可以教给学生的任何东西。

　　"理论"与"模式"（theory and model）在教育领域暗含"推测"（conjecture）的意味，而在科学领域，指的是经得起测试的对现象的解释，可以对试验结果进行预测。本书中的学习模式都是作者以科学家的身份，而不是教育家的身份提出的。"推测"一词表明相关信息还并不完整，人们对学习的了解也是如此。另外，我们坚信，对于学习模式的科学性我们有足够的证据支撑。

　　本书并不属于文献综述。相反，它是一个涉及学习模式方方面面的集合体。一些学者及很多教师对我们的统一学习模式已有所耳闻。本书首次将有关学习模式的方方面面都归纳在一起，这个是以前看不到的。

　　我们的确只是从现有的相关知识中挑取一些来写成本书，但我们并没有遗漏哪些事实或数据，也没有改变数据以使其符合我们的学习模式。据我们所知，我们完全可以对有关学习的所有已知数据做出解释。

　　我们并不一定能解释一些逸闻趣事。例如，有很多自闭症天才的故事，我们无法解释其中的原因。如果这些人没有参与任何学习活动，天生就表现出某些技能，那就说明我们的学习模式是错误的。目前有很多关于自闭症天才天生就具备某些技能的逸事报道。然而，仔细研究一下便可以发现，这些人与其他人的学习方式其实是一样的。自闭症天才似乎无法像大多数普通人一样进行广泛学习。我们认为，这些自闭症天才掌握某些特定方面的技能并不是因为他们具备相应的特殊天赋，而是因为他们非常容易获得这些特定技能。

我们为什么要写这本书呢？我们的目标是不负重托，为他人的学习提供指导。不难理解，教师是持怀疑态度的受众。说实话，教师接受过太多的观念（一些潮流的东西）的训练，以至于他们不太相信那些被贴上"理论"标签的东西。然而，本书中的学习模式非常重要，值得我们去学习、掌握。该学习模式解释并预测了课堂上学习者究竟应该怎么做、怎么学。教师们可以很快掌握该学习模式。尤其重要的是，该学习模式以批判的方式从根本上告诉我们可以采用哪些方法以帮助学生更好地学习。

讲故事，让课堂教师相信是一回事；讲的故事让学习与教学方面的学者及研究者认可完全又是另外一回事。这就给我们提出了严峻的挑战：我们是否可以写一本书同时满足以上两个群体的需求呢？我们并没有去写两本书或撰写一系列的论文，而是决定写一本书，其中的各个章节都有大量详细的注释与评论。注释包含一些有关正文出处的引文及论据，可供研究者参考。

全书共有六位作者。杜安·F. 谢尔（Duane F. Shell）是一位认知心理学家，本学习模式的研究很多都是基于他的理论的。戴维·W. 布鲁克斯（David W. Brooks）是一位化学家，曾研究酶的作用机制，致力于弄清楚我们无法直接观察到的原子与分子的一些细节方面的东西，研究一些无法直接看到的东西的工作机制。正是因为布鲁克斯对动机的原则有深入的了解，我们才开始了对统一学习模式的研究。盖伊·特赖宁（Guy Trainin）和凯瑟琳·M. 威尔逊（Kathleen M. Wilson）都是教育心理学家，两人研究学习策略，帮助教师实现有效教学。他们对整个初稿做了仔细检查，确保有关课堂教学的任何观点都有研究支撑。道格拉斯·F. 考夫曼（Douglas F. Kauffman）是一位教育心理学家，他主要研究反馈与动机是如何影响学生的学习参与和学习成绩的。琳恩·M. 赫尔（Lynne M. Herr）既是一位教育技术顾问，又是一位有关技术的撰稿人。她将非常复杂的技术方面的内容与一些很常见的东西融合在一起，让那些受过良好培训但刚接触认知科学不久的教师都能看得懂。

目 录

I

统一学习模式

　　"统一学习模式"（The Unified Learning Model，ULM）是一个有关人如何学习的模式，并由此形成了一个有关教学的模式。在很多学术文献中可以看到一些关于学习、教学的模式。那么问题来了："为什么我们还要研究另外一种学习模式或理论呢？"我们的答案是：现有文献中所包含的相关理论非常有限，而且都是对孤立的、特定的学习与教学现象所进行的研究。因此，其中的每一个理论都只能对某些学习现象做出解释，而非全部。另外，每一理论所用的词汇也总是各不相同，这就形成了一些特定学习原则与教学指导的大杂烩，而且它们彼此之间似乎经常相互矛盾。

　　顾名思义，"统一学习模式"是对现有相关理论的综合。统一学习模式的研究基础并不是关于人是如何学习的。尽管近年来在神经生物科学及脑科学方面的研究进展对我们理解一些基础的相关神经机制有一定的启发，但事实上我们对于人是如何学习的这一问题已经有很长一段时间的了解。在教与学的诸多方面都已经有了一些非常成熟的、非常好的研究。统一学习模式就是要把一些迥异的议题汇成一个单一的模式，以极简的方式将它们联系起来，并阐明它们彼此联系的方式。

　　为了达到以上目的，统一学习模式聚焦于基本的学习过程与要素。在本书中，我们认为统一学习模式的组成要素是所有学习现象的基础。因此，现有的一些有关学习与教学的理论与模式都可以归于统一学习模式之下。统一学习模式的目的是用一些有科学根据的、具体的核心学习概念，替换当前各种容易混淆的学习概念和术语。只要理解了统一学习模式的原则，就能搞清楚学习是如何产生的，以及如何通过教学促进学习。

一、引发学习的三个要素

依照奥卡姆剃刀原理（Occam's Razor）或"简约法则"（the rule of parsimony），我们的目的是提出一种简单的模式去解释所有可观察到的现象。[1] 那么引发学习的要素包括哪些呢？根据统一学习模式，一共包括三个要素：工作记忆、知识，以及动机。

（一）工作记忆

统一学习模式的中心是工作记忆。工作记忆是大脑中信息短暂存储和加工的场所。假如一个人以每秒一个数字的速度给你念一串数字（如 1、3、7、4……），你的任务是把那些数字背出来。我们大多数人可以准确无误地回忆大约 7 个数字。通过一些练习，我们可能会表现得更好，如可以背出 15 ～ 20 个数字。通过背出数字的多少可以初步判断一个人的工作记忆能力，你背诵数字的"地方"就是工作记忆。工作记忆对当前所有的认知与神经生物科学模式都是非常重要的。在科学文献中，当我们探讨思维、注意力、决策、脑功能，尤其是学习时，都离不开工作记忆。理解学习的关键在于理解工作记忆。于是你会问："既然工作记忆这么重要，为什么我们并不怎么听说呢？""为什么工作记忆并未成为职前或在职教育的主要话题呢？"我们也问了自己这些问题，本书就是我们对这些问题的回答。

工作记忆起作用的方式让我们明白学习是怎么产生的，哪些教学方法与技巧会促进或阻碍学习。学习科学与教学科学必须在相当程度上基于工作记忆科学。统一学习模式就是基于工作记忆的学习科学。我们将花大量时间探讨工作记忆如何运作、工作记忆如何引发学习，以及我们如何通过教学影响工作记忆的工作。

（二）知　识

然而，统一学习模式不仅仅包括工作记忆。统一学习模式的第二个核心要素是知识。在有关认知心理学、认知科学及神经科学的科学文献中，知识的含义与教育家通常所理解的大不相同。教育家们听到"知识"一词时，通常想到的是一些事实和一般概念。最初的布卢姆（Bloom）教育目标分类学的第一层级就是"知识"层级，而布卢姆教育目标分类学修订版改称其为"记忆"层。[2] 然而，在科学文献中，知识指的是我们所知道的一切东西。它不仅指事实与概念，还指解决问题的技能、动作行为及思维过程。于认知学家而言，布卢姆教育目标分类学的每一类别都属于知识，知识被保存（或存储）在长时记忆当中。心理学家通常采用的是"记忆"这一表达，把"长时"这一修饰语去掉了。记忆是大脑和神经系统领域的认知问题，因此我们所知道的或所能做的一切东西都是知识，它们会存储在我们的记忆当中。

在统一学习模式中知识具备双重作用。知识首先是统一学习模式的目标。学习的目的就是将知识的方方面面不断扩大。当我们所存储的知识增加了或发生了变化，学习也就发生了。可以说知识就是工作记忆运作的结果，是工作记忆的产物。然而，知识还有第二个作用，就是对工作记忆的工作产生影响。工作记忆所做的一切会受到现有知识的影响。至于学习，你也许听说过"先备知识效应"：某一方面的知识掌握得越多，学习与之相关的新知识就会觉得更容易。因此知识既是工作记忆的过程，也是工作记忆的产物。我们还会花大量时间讨论知识如何增加、如何变得更加复杂、如何贯穿有着不同层级的布卢姆教育目标分类学，以及增加的知识又是如何影响后续学习的。

（三）动 机

统一学习模式的第三个，也是最后一个要素就是动机。教育家们即时知晓课堂上学生的学习动机是多么重要。教育学领域经常会讨论动机。动机经常会与以下的一些要素联系在一起：兴趣与偏好、树立学生的自信心和自尊心、奖励、目标。有关动机的观念及动机的构成要素似乎随处可见，而且动机目前已成为教育领域研究得最多的话题之一。

统一学习模式对动机可以起到非常特殊的作用。将工作记忆指向任务的动力来自动机。对我们来说，就是要将工作记忆指向学习任务。据我们所知，统一学习模式是明确将动机与工作记忆联系起来的唯一学习或动机模式。[3] 动机是工作记忆运作所固有的一个要素，它可以有效且高效地将工作记忆分配到学习上，它所起到的作用至关重要。理解动机如何协同工作记忆发挥作用可以帮助教师理解他们所听说的各种动机构成要素究竟是如何激发学生学习动机的。因此，我们花了大量时间研究动机与工作记忆的运作方式。

二、学习的三条原则

统一学习模式是基于以下三条学习原则的：

（1）学习是工作记忆资源分配的产物。

（2）工作记忆可供分配的容量受先备知识的影响。

（3）工作记忆资源分配由动机决定。

以上三条原则构成了完整教学理论的基础。简单地说，根据这些原则进行的教学将会是有效的，反之则是无效的。

本书接下来将分两大部分阐述。第一部分涉及统一学习模式的三个基本要素，旨在解释学习是如何通过工作记忆、知识及动机产生的。学习产生的这一根本模式成为统一学习模式的基础，学习的三条原则也是依此得出的。

注 释

[1] http://en.wikipedia.org/wiki/Occam%27s_razor [2009-03-22].

[2] 最初的分类学请见 Bloom, B. S. (1956). *Taxonomy of Educational Objectives: The Classification of Educational Goals.* New York: D. McKay. 修订后的分类学请见 Anderson, L. W. & Krathwohl, D. R. (Eds.) (2001). *A Taxonomy for Learning, Teaching, and Assessing: A Revision of Bloom's Taxonomy of Educational Objectives.* Columbus: Merrill. 最初的分类学分为知识、理解、应用、分析、综合和评价六个层级；修订后的分类学则分为记忆、理解、应用、分析、评价和创造。

[3] 海耶斯提供了一个框架，其中包括动机和工作记忆，作为理解写作图式的一部分。ULM 是一种通用的学习模型，适用于所有学习（不仅仅限于写作），并在学习过程中明确了动机的作用。Hayes, J. (2000). A new framework for understanding cognition and affect in writing. In R. Indrisano & J. R. Squire (Eds.), *Perspectives on Writing: Research, Theory, and Practice* (pp. 6-44). Newark, DE: International Reading Association.

第一部分 **开发统一学习模式**

第一章

学　习

理解神经元如何协同发挥作用，从而产生思维与行动，这仍然是生物学领域最棘手的、有待进一步研究的问题。其原因主要在于科学家通常无法看到活动中的整个神经回路。

迈森博克（Meisenböck）[1]

什么是学习？这一看似简单的问题的答案既简单又复杂。从根本上来说，学习是神经元（neuron）的一种相对永久的变化。在过去的半个世纪中，科学家从神经层面揭示了大部分学习的生物与化学基本过程。当神经元的突触电位（即神经元对电位的传输）发生系统性变化时，学习就发生了。[2]

如你所想，发生这一变化时的生物与化学过程都非常复杂。所幸的是，工程师在造桥的时候并不需要处理构成建筑材料的原子中亚原子结构问题。同样，教育家在不用考虑神经元的一些基本的生化问题情况下也可以实现有效的教学。然而，统一学习模式的一些学习原则是根据学习的神经生物科学得出的。

一、学习的神经生物科学

在很大程度上大脑和神经系统的任务就是从外部世界获得信息，然后根据这些信息指挥个体在外部世界的动作。尽管大脑和周围神经还具备一些其他基本功能，而且经常是自动的，如控制身体、荷尔蒙，以及身体调节的功能（如心跳），但是，我们所关注的是大脑及神经系统中那些参与高阶学习与行为的部分，即对学校学习起到重要作用的部分。

大脑的这些部分主要位于大脑皮层。大脑的有些区域发挥着一些基本的生物功能，而其他大部分区域则负责收集感觉信息并产生动作行为。大脑主要有两个任务：一是接收并储存通过各种感觉获得的信息，这些感觉包括听觉、味觉、触觉、嗅觉、视觉，以及那些能感受到一切是如何"共同发挥作用"的内部传感器所做出的内部反馈，又被称为本体感觉反馈。[3] 二是发出各种动作，在外部世界产生各种功能性行为，如寻找食物、修建房子、说话。大脑皮层的大部分高级区域属于感觉信息输入区域（如枕叶负责视觉、嗅皮层负责嗅觉等）与动作控制区域（其中包括身体各个部分与大脑的一对一映射，如手指对应动作皮层）。大脑皮层剩余部分负责其他一些专门功能（如语言）或者作为记忆存取区域。

幼儿早期大部分时间都用于开发大脑的感觉及动作区域，旨在学会理解输入的视觉信息和学习像爬行与行走之类的一些基本动作技能。发展生物学家、心理学家琼·皮亚杰（Jean Piaget）对被他自己称为感觉动作的发展期做了非常广泛的研究。这一阶段大部分学习都是随着神经及身体发育成熟而产生的，该阶段主要理解感觉信息相对于外部世界的物体与其他个体而言的意义，以及对动作行为的协调进行控制。在此阶段，小脑的精细动作控制能力也得到了广泛发展。一些特殊的认知加工区域也有很大发展，如负责言语和语言加工的布洛卡（Broca）和韦尼克（Wernicke）区域。

尽管幼儿期的学习与发展是一个有趣的研究领域，但是我们对此不做具体涉足。统一学习模式中的一些学习过程对于这个年龄段的孩子也很实用，但是他们还不具备学习必须具备的语言与其他符号系统的能力。尽管统一学习模式解释了所有阶段的学习，其中包括幼年期的学习，但是在本书中我们将重心放在了学校学习上。

（一）神经元的运作

神经元在工作中发生的一些生化方面的变化表现出一定的复杂性，但可以将神经元的运作进行简单的描述：当某个神经元受到其他神经元的攻击时，它就会开始放电。所有神经元都有输入端和输出端。输入端可以和一个或很多个其他的神经元连接（或者说从其他神经元接收信息）。一旦输入值超过某一阈限，神经元就会产生电势，并在神经元的输出端释放一些生化物质（即神经传导物质），这些物质会传输给与该神经元连接的其他神经元。这些起连接作用的东西被称为神经元"突触"（synapses）。

神经元的这种基本运作定义了什么是"学习"。神经元的放电能力发生变化时学习就发生了。通过改变神经元的放电阈限或者增加从其他神经元接收的信息，就可以在神经元内部发生学习。此外，神经元学习时所经历的一些基本生化变化过程实际上都是十分复杂的，但是这些神经元的变化过程都是由一些非常简单的机制驱动的。

简而言之，神经元是因为活动而发生变化。当神经元产生神经冲动时神经元的内部机制就会发生变化。神经放电次数越多，那么它再次放电就会变得更加容易。同样，神经元之间的连接也会随着每一次的神经放电而发生变化。如果那些联系在一起的神经元同时或相继放电，那么它们之间的连接就会进一步增强。

人出生时大脑中就有很多神经元和神经元突触。正如前面指出的，大多数神经元都属于专门神经元，负责记录输入的感觉信息，指挥动作运动。然而，不管单个神经元起什么作用，都要遵循同样的学习机制。如果某一神经元受到刺激，它再次产生神经冲动的能力就会增强；如果没有受到刺激，它的神经冲动的能力就会减退。随着大脑发育进一步成熟，神经元模式和神经元之间的连接方式将取决于神经元与神经元突触所发生的神经冲动情况。神经元是否产生神经冲动将决定神经元是生长还是死亡，神经元突触是建立还是消除。

口语就是一个最好的例子。所有各种语言加起来共约800个音素（即有意义的发声）。人们生来可以发出所有这些音素。每一种特定语言（如英语或法语）仅使用其中的一部分音素（英语大概有44个音素，因方言不同音素数目也会有所差异）。当一个孩子在学习自己的母语时，产生本族语音素的神经连接会加强，产生不属于本族语言音素的神经连接则会削弱。随着时间的推移，产生不属于本族语言音素的能力会逐渐消退，甚至完全消失。这就从某种程度上解释了为什么人们在青少年时期或成人期学习第二语言时会觉得很难做到正确发音，并且发音中会带有口音。虽然在学习第二语言时一些音素神经元会重新长出或者重新得到增强，但是它们永远也不会恢复到说本族语的人的水平，这就解释了为什么一个成年人不管第二语言讲得有多么流利，却始终会带有口音。

（二）大脑的结构

人类大脑结构清晰，大脑每一区域的位置几乎人人相同。大脑大部分区域都有一些神经组织，负责执行某些功能。例如，位于后脑勺位置的枕叶负责处理一些由眼睛感知的视觉信息。尽管脑部的整体结构由遗传决定，但实际上神经元之间的连接大多是因为学习，即是否出现神经元放电。因此，虽然可以说视觉或语言都是在大脑中某些特定区域加工的，但是某一区域的神经元会因为神经元放电情况的不同而得到增强或削弱，从而直接影响该区域的信息加工。这一观点解释了为什么脑外科医生在外科手术中，尤其是在切除组织之前往往需要了解大脑的各个区域及其相应功能。[4] 我们每个人彼此既相同又不同。我们的大脑具有很强的可塑性。如果某一组织被切除导致某个程序中断了，其他组织仍有可能通过大脑中另一区域后续神经元放电获得失去的知识，而此区域通常情况下是不具备这一功能的。[5]

大脑"是天生还是遗传"的争论实际上就是大脑（或行为）是受遗传或生物的影响还是受个体经验的影响的争论。针对这一争论，我们完全可以说两者都会对大脑产生影响。尽管大脑的确会预先以某种方式从外界接收信息（眼睛中的视锥与视杆细胞只会对外界的某些光做出反应，枕叶以某些特定方式对这些光进行信息加工）或做出某些特定的动作、运动（人的胳膊和腿对神经信号做出反应时只能以某些特定方式运动，而不能按照其他方式运动），但是我们实际看到的一切（即我们认出的一些东西或一些有意义的视觉实体）或者我们所能做出的一些运动（如跳舞或接球）都是我们自身经验的结果，因为这些经验会产生一些特定的神经元放电模式。[6]

可以说大脑的宏观结构是遗传的结果，而其微观结构却是因为环境的影响。因为对所有人而言，其大脑的宏观结构都是一样的，所以也可以说人与人之所以不同，是因为大脑的微观结构各异。若一个人与另外一个人没什么两样，那可能是因为他（她）不知何故有着其他人所没有的独特解剖结构。对大部分人来说，一个人与另外一个人之所以不同是因为大脑的每一个区域内神经元，以及神经连接的不同。这些差异大部分是因为学习引起的。

二、什么是知识？

在统一学习模式中我们认为知识完全就是大脑微观结构的产物。也许可以确定大脑的哪一个具体结构区域是负责数字、数学运算等信息的加工的，但是一个人在计算、几何、微积分或数学的其他方面所表现出的能力不同并不是因为有或没有该结构区域，实际上每个人大脑中都具有这一结构区域。上述能力是该区域与几何、微积分的学习相关的一些神经模式得到增强或者削弱的结果。神经元的增强或削弱就是学习。因此，大脑的微观结构，以及由此而获得的几乎所有知识都是学习的结果。

一旦有新的需求大脑组织可以获得新的微观结构。例如，大脑的某一组织负责处理来自某一肢体信息的输入与输出，一旦该肢体被截去，那么大脑中的该组织就会转向其他新任务。[7]

三、学习是如何产生的

如前所述，学习就是增强或削弱神经元放电能力而产生的神经元变化。但是这种神经元的变化是如何发生的呢？我们已多次指出，神经元放电会引起神经元的变化，但是到底是什么决定了神经元放电的时间呢？

我们的每一个感觉与内部平衡调节系统都有一个专门的输入区域（如视觉枕叶）。这些输入区域都有专门的神经存储区域，该区域的神经元会受到放电的影响，并且会因与它们相连的感觉器官的信息输入模式影响而增强或削弱。这些机理解释了整个感觉识别与区分过程，而且其他神经系统并没有参与其中。尽管这些神经元的学习神经机制相同，但是在统一学习模式中我们并不关心这一基本的信息加工水平如何。

我们所关心的是其他一些信息加工水平。在任何时刻我们都会接收到大量感觉信息（及内部本体感觉）。感觉信息输入区的知识加工水平非常低。这有点像明暗区的边界区分，它定义了视野中物体的存在。感觉区域的这一物体究竟是什么我们还不得而知。感觉区域只是将一些特定的信息聚集到信息输出端，并从感觉区域输出到大脑的其他部位。

感觉信息会被输出到工作记忆中。工作记忆在大脑中并没有一个非常确定的结构区域，它似乎是前额皮质及像海马体这样的一些其他结构中多个区域组成的。每一个感觉（及本体感觉）信息输入区都会进行神经输出，进而被输入工作记忆中。由于需要同时处理的感觉信息太多，因此工作记忆的一个主要功能就是对输入的信息做出选择，决定哪些信息需要忽略，哪些信息需要加工。工作记忆中进行的这一信息处理过程通常被称为"注意"。工作记忆就是在某一特定时间我们注意某些输入的信息，同时忽略其他信息的地方。

输入工作记忆中并被注意的感觉信息有可能会在大脑的长时记忆神经元中储存，其大部分区域都位于大脑皮层，统称为长时记忆或直接称为记忆。虽然大脑中整个信息传输过程还不十分清楚，但是输入工作记忆中并引起注意的那些信息会激活短时记忆区域的一些神经元，如海马体或一些其他神经元，从而在工作记忆中对输入的感觉信息建立神经表征，并通过长时程增强的方式保留若干小时。长时程增强是指让短时神经模式保持活跃以致不会消失的过程。换言之，长时程增强是介于永久或长时信息存储与瞬间性的或短暂性的信息存取之间的一个信息存储状态。如果该神经模式不衰减，它就会激活大脑皮层中的某个神经模式，从而在最初输入的信息上产生永久记忆痕迹。就在这种记忆痕迹式的学习在大脑皮层神经元中发生之时，神经元之间的连接模式会发生变化。[8] 心理学家用"存储"一词来描述输入的某一特定信息变成永久记忆痕迹的过程。

（一）有意义的学习

在这一点上，我们有理由问："那又怎样？"没错，输入的感觉信息的"痕迹"会印在大脑皮层上，但是这又有什么好处呢？孤立地记忆单个感觉图像（如一个圆圆的物体）的确没什么用。这种"知识"是怎么回事？我们承认，如果工作记忆只是随机地、孤立地对输入的一些感觉信息（图像、声音、气味等）进行处理，它确实没什么价值。但是工作记忆所做的远不止这些。

假如在工作记忆中被注意的感觉信息是以前你曾经注意过的，那么在大脑皮层中就会有一个神经模式与此次输入的感觉信息形成的神经模式相同。如果出现这样的情况，那么大脑皮层中的神经模式就会受到放电影响或被激活。这时工作记忆并不会产生一个新的记忆，而是会"识别"出该模式是一个已知神经模式，从而使已有的记忆得到增强。如果不断输入感觉信息，那么大脑皮层的神经模式就会得到增强，工作记忆"识别"新输入的感觉信息的速度（或者说将新输入的感觉信息与大脑皮层中已有的神经模式匹配的速度）会变得更快。将工作记忆中新输入的信息与长时记忆中的神经模式进行匹配，并将其激活，这一过程一般称为"提取"。美国成年人通常可以很快说出某个圆圆的东西是苹果，而不是垒球，尽管它们大小差不多，也能很快将青西红柿与澳洲青苹果区分开来。

现在假设我们在工作记忆中输入了两个感觉信息，而不是一个。如果这一神经模式被储存起来，那么输入的两个感觉信息都将成为该模式的一部分。输入工作记忆中的感觉信息中的一个会在稍后被注意。随后就要对形成的神经模式进行提取，但被激活并提取出来的并非只是这一个输入的感觉信息，最初一并输入的感觉信息都会被提取出来，因为输入的两个感觉信息最初是存储在一起的。我们需要记住的是，神经元都是连接在一起的，因此，一旦一个神经元被激活，它就会对与其连接在一起的另外的神经元放电。一个神经模式中相匹配的两个感觉信息产生的放电连锁效应会激活另外一个神经模式中匹配的两个感觉信息。当你看到苹果的时候，几乎可以肯定你会激活自己大脑中已经储存的相关知识。

下面我们再假设两个原始的感觉模式中的一个在工作记忆中被注意，但是工作记忆中与其一起的还有第三个新的感觉模式。该原始感觉模式就会从长时记忆中"提取"两个相互连接的感觉模式。由于这些感觉模式现在都处于活跃状态，因此工作记忆中的新感觉模式将会与它们连接在一起。长时记忆中最后形成的神经模式就包含了所有三个感觉模式，只要有其中的一个感觉模式，该神经模式就可以被提取出来。

这一过程实际上可以无限地把输入的感觉信息与已有的大脑皮层的神经模式连接在一起，这就告诉我们那些有关事物与概念的知识是如何形成的。整个过程都是通过模式识别进行的。我们"明白"有些东西是怎么回事，因为工作记忆中输入的感觉信息的模式与大脑皮层长时记忆中的某个神经模式相匹配。当链上的某一部分匹配成功，那么整条链都会被激活，因为所有模式都是通过神经元链而连接在一起的。这一匹配与提取的过程被称为"激活扩散"。[9]当你看到澳洲青苹果时，你就可以把输入的视觉信息与输入的嗅觉与味觉信息联系在一起。

尽管我们常说一些知识都是"储存在一起"的，如澳洲青苹果的味道、气味及外观，但是它们并不一定会并排储存在大脑中，它们只需相互连接在一起就行了。有人曾经指出，"了解大脑不同区域是如何分别影响人对知识的理解、记忆等各个不同方面的，对我们弄清楚在大脑出现损伤及发生疾病的情况下这些过程是如何出现问题的有一定意义"。[10]有时候因为意外事故或疾病，先前已经掌握的一些知识会变没了，因为连接这些知识的链被破坏了。

我们已经概述了输入的感觉信息的神经连接和神经模式。看到苹果，我们就会联系到它的味道和气味。我们做出各种动作行为，而做出的这些动作行为常常会与一些感觉模式联系在一起。例如，随意一个手臂动作变成了一种有目的的技能，如用网球拍打网球。手臂动作会与一些记忆模式联系起来，如网球、球场、对手，以至于输入的运动中的网球视觉画面会提取视觉识别及动作运动的变异模式，以便将球击打回去。我们会发出声音，并学会把声音按照一定顺序排列组成词和句，最终形成复杂的阅读与写作知识。在后面几章中我们将对这些学习过程做更深入的思考。

（二）工作记忆的中心地位

希望大家都已经清楚为什么工作记忆会成为统一学习模式的中心。没有工作记忆就不会有学习。如果工作记忆容量无限，且可以同时处理大量输入的感觉信息，那么学习将会变得非常快速、容易。我们已经指出，工作记忆中会同时输入太多的感觉信息并需要处理，但是由于工作记忆容量有限，我们不可能对输入的所有信息进行处理。工作记忆可以迅速将很少的几件事情放入队列：大概只有四件。另外，工作记忆一次只能处理一件事情。工作记忆成为学习的瓶颈。工作记忆对快速建立大量串联在一起的神经模式构成了极大约束。统一学习模式中很多内容都是帮助我们理解工作记忆容量限制及其对学习与教学的意义。

（三）动　机

最后我们还需要思考一下学习的动机问题。与工作记忆相关的大脑区域和大脑中负责情感的区域之间存在很多联系。这就意味着工作记忆会接收大量情感信息。输入的情感信息会影响注意力及工作记忆容量的分配方式。

集中注意力是需要付出努力的。努力专注某件事并持续 30 秒。一旦注意力出现游走，专注就会变得异常困难，这时你必须十分"努力"保持专注。尽管并不总是需要用这种方式引导和控制注意力，但是很显然定向的、持续的注意力是需要努力的。我们要求学生在课堂上专心。动机是一种心理建构体，它激励我们要付出努力并在此过程中一直支撑着我们。在统一学习模式中我们所关注的是工作记忆语境下的动机。工作记忆中的动机源于输入的情感信息和那些已经储存在大脑中的有关过去的行为表现、目标、奖励与自身的一些知识。这些动机的影响力在于它会决定我们在学习上将付出多少努力。

四、学习的通用原则

学习的神经生物科学总体上可以用五条通用原则来概括，它们构成了学习的统一模式的基础。

1. 新的学习需要注意

储存在长时记忆中的任何感觉信息都必须先经过工作记忆。完全可以说，长时记忆中储存的知识都是在工作记忆中被关注过的。因此，教学就是要学生"注意"一些东西。

2. 学习要求重复

学习不只是存储。我们必须记住的是激活有助于增强神经元。严格地说，输入的感觉信息是在长时记忆中储存后便开始学习的，但是如果长时记忆神经模式一直都没有被重新激活，那么它就会表现得很弱，而且逐渐衰退，最终有可能消失。若要在长时记忆中形成持久的知识，就需要将某个特定的长时记忆模式重新提取出来，而且必须是反复提取。知识若不应用就会遗忘。单单只要学生记忆（或储存）事实是不够的，这些事实必须获得应用才行。例如，研究已经反复表明，在学习生词时，反复学习并在不同语境下应用，学习才会得到提升。[11] 由此我们得出的教育启示就是：教学需要学生反复提取已有知识并不断练习，以此提升技能。

3. 学习就是建立联系

在长时记忆中已经储存的东西会聚在一起，一起被提取出来的知识会聚在一起。知识并不是存储在单一的神经元中的。知识是神经元之间的一种连接。高阶的、更复杂形式的学习，如形成概念或培养技能，基本上都属于在神经元之间建立连接。这种类型的学习就是要确保一些彼此应该连接在一起的神经元要连接在一起，那些不该连接的神经元不要连接在一起。这就是说有效的教学就是要保证学生能在神经元之间建立适当的联系。

4. 有些学习不需要努力，而有些则需要努力

这种看似矛盾的东西实际上是神经学习基本原理的副作用。感觉信息及本体感觉信息持续进入工作记忆。工作记忆对输入的信息不断进行处理、储存其中的某些信息，并基于输入的信息从长时记忆中提取出相应的知识。这种持续的信息输入、信息处理、信息存储，以及信息提取循环并不需要个体做出努力。大多数"日常"学习基本都是这样，记住我们自身的一些日常生活尤其如此。也许你并不需要有意识地注意或者努力"学习"（记住）你早餐吃了什么。

另一方面，有意地学习一些特定的知识或技巧性运动是很难的。[12] 例如，在首次使用咖啡机前也许你应多读几次机器的操作说明。在这些情况下，我们并不希望工作记忆只是处理任何旧知识或一些常见的事情，而是希望其对某个特定的事情进行处理。前面我们讲过一件事情需要专注达 30 秒，因此若要工作记忆处理某一特定的事情，我们就必须努力。由于在学校里就是要有意地学习一些特定的知识与技能，因此学校里的学习并不轻松。若要把学校里学到的东西应用到新的环境中去，我们付出的努力就会更多。尽管我们希望学生喜欢上学，对我们讲授的内容感兴趣，但是我们不要忘了，上学并不容易。如果学习不需要努力，那么教师或者学校就都不再需要了。

5. 学习是一种学问

所有神经元的学习方式都是一样的，但这并不表明所有学生的学习都是一样。也许没有不同的学习方式，但是学生学习的动机肯定不同，而且帮助其

学习的已有知识模式也不一样。由于动机不同，工作记忆对输入信息的注意也会受到不同的影响，最后的学习结果也就不一样。因此，教师与教学设计者需要考虑采用不同的方式激励不同学生，让其参与课堂教学。另外，教学方法可能会对学生的学习造成不同的影响。首先，学习是学生如何处理（分配）工作记忆的产物。任何教学方法都不可能让所有学生对工作记忆进行同样的分配，也不可能让他们将新学习的知识与其先前已掌握知识之间建立起相同的连接。因此，任何单个的教学方法都不可能保证所有学生的学习结果是一样的。

也许你马上会想到不同文化背景的人的学习会不相同。我们可以肯定，从神经元层面来说，凡是人所进行的任何学习都可以认定为人类学习。所有一切基于先前经验而获得的东西我们都认为是学习的结果。可以肯定，我们已知的会对我们接下去能学习什么或什么东西学起来会最容易产生影响。我们并不认为人的细胞会有什么差异。最重要的是，无论我们先前的经验如何，新的学习都离不开工作记忆资源的分配。

五、关于学习的神经生物科学的结论

厨师并不需要研究食物的分子结构就可以做出美味佳肴。同样，教育家并不需要研究神经元的生物化学性质就可以进行有效的教学。课堂上我们的教学并不会直接关联到某个学生的神经元（至少现在我们没有这么做）。我们处理的是有关这个世界的知识及其学习，包括物质方面的和社会方面的。课堂上我们会学习语言、数学、科学、体育、历史等等。本书接下来就将基于以上背景来探讨学习。

但是，工作记忆的注意力与容量对儿童学习阅读或者获得解决数学问题的技能产生怎样的影响、如何理解历史或科学知识，以及如何激发学生学习的动机，这些都会受到大脑中神经元的影响。教学若要发挥作用，就要求它们创造的学习条件最终触发学生的神经学习机制。根据"学习的神经生物科学"（neurobiology of learning）的微观层面得出的五条通用原则同样也可以应用于真实课堂环境下宏观层面的学习。

注 释

[1] Miesenböck, G. (2008). Lighting up the brain. *Scientific American*, 299(4), 52-59.

[2] Kandel, E. R., Schwartz, J. H. & Jessell, T. M. (2000). *Principles of Neural Science* (4th ed.). New York: McGraw-Hill. 为更好理解相关内容，请参阅 Kandel, E. R. (2006). *In Search of Memory: The Emergence of a New Science of Mind*. New York: Norton.

[3] 本体感觉这一概念最早是由朱利奥·塞萨尔·德拉·斯卡拉 (Giulio Cesare della Scala) 于 1557 年提出的，指的是人体对运动及"事物是如何协调一致的"一种感觉。http://en.wikipedia.org/wiki/Proprioception [2009-03-22].

[4] http://www.mayoclinic.org/awake-brain-surgery/brain-mapping.html [2000-03-22].

[5] Doidge, N. (2007). *The Brain that Changes Itself: Stories of Personal Triumph from the Frontiers of Brain Science*. New York: Penguin (Viking Adult).

[6] 讲述一个人的失明得到部分好转，以及新发现的感觉输入带来令人不安的后果的故事——从过去的学习中获得全新的视角。

Sacks, O. W. (1995). To see and not see. In *An Anthropologist on Mars: Seven Paradoxical Tales*. New York: Knopf Publishing Group (Vintage).

[7] Florence, S., Jain, N. & Kaas, J. (1997). Plasticity of somatosensory cortex in primates. *Seminars in Neuroscience*, 9(1-2), 3-12.

[8] Squire, L. R. & Kandel, E. R. (1999). *Memory: From Mind and Molecules*. New York: Scientific American Library/Scientific American Books.

[9] http://en.wikipedia.org/wiki/Spreading_activation; http://en.wikipedia.org/wiki/Spreading_activation; http://en.wiki/Connectionism [2009-03-22]; Anderson, J. R. (1983). A spreading activation theory of memory. *Journal of Verbal Learning and Verbal Behavior*, 22(3), 261-295.

[10] Maguire, E. A., Frith, C. D. & Morris, R. G. (1999). The functional neuroanatomy of comprehension and memory: The importance of prior knowledge. *Brain*, 122(10), 1839-1850.

[11] Atkinson, R. C. (1972). Optimizing the learning of a second-language vocabulary. *Journal of Experimental Psychology*, 96(1), 124-129.

[12] 在这种区别的神经基础上继续进行研究。显然，轻松记忆涉及海马，它可以"存储事件的记忆检索"。随着时间的流逝和努力的结果，不同的大脑区域可能会更有效地代替这一检索。相关讨论请见 Takehara-Nishiuchi, K. & McNaughton, B. L. (2008). Spontaneous changes of neocortical code for associative memory during consolidation. *Science*, 322(5903), 960-963.

第二章

工作记忆

工作记忆是所有学习的核心，这一点从统一学习模式的第一条原则就可以看出：学习是工作记忆分配的产物。在探讨学习的神经生物科学时我们就提到，工作记忆的分配涉及对输入信息的注意和容量限制问题，本章我们将对此做出详细解释。

一、工作记忆容量

最早对工作记忆感兴趣的是心理学家乔治·A. 米勒（George A. Miller）。1991年，他因取得的杰出成就而被授予"科学国家奖章"。1956年，米勒发表了有史以来最著名的、引用最广的系列论文之一——《神奇的数字 7 ± 2：信息加工的容量限制》。在该论文中，米勒总结了许多有关感觉与记忆的研究，并得出结论：人们对输入的感觉信息的短时记忆似乎存在容量限制，一次的记忆数目只有 7 ± 2 个。[1]随着有关记忆与认知的研究一直延续到 20 世纪 70 年代，很多科学家都开始检验米勒的短时记忆容量限制理论。艾伦·巴德利（Alan Baddeley）和他的同事就是其中最突出的研究者代表。巴德利和希契（Hitch）提出用"工作记忆"（working memory）一词来表述这一有限的短时记忆容量。[2]

现有的工作记忆模式普遍认为工作记忆包含两个主要组成部分：

（1）工作记忆储存区域。它主要用于短暂储存输入的感觉信息及（或）从长时记忆中提取出来的知识。

（2）信息加工系统。它包括对输入信息的注意及其他认知行为，如改变短暂存储的一些信息。

工作记忆存储区域与米勒最初提出的记忆容量非常接近。研究者在对该记忆容量进行进一步研究之后将米勒最初提出的记忆数目从 7±2 减少到了 4。[3] 工作记忆储存能力似乎与单次储存容量，或许还有速度成正比：

（1）单次储存容量，是指个体一次所能保持的单个要素（如输入的感觉信息或提取的知识）的绝对数目。

（2）速度。一些要素逐渐衰减及最终被新的要素替换之前会暂时储存在工作记忆中。这里的速度就是指个体对这些暂时储存的信息的认知活动或者认知加工的速度。

由于所有可用的存储空间（经常被称为"箱位"）都被占用而没有任何信息可容空间了，或者由于那些已在存储空间中的信息在消失前无法被加工，工作记忆的存储可能会受限。试想你某次参加了一个专业发展会议，发言人一口气说了很多有关如何帮助学生理解阅读内容的有效方法。但遗憾的是，在发言中她并没有介绍那张列有建议的幻灯片。假如你想把其中的每一条建议都记住，而且其中有六条建议是你很感兴趣的，这就超出了你的单次工作记忆容量。你试图将自己想要记住的内容都写下来，但你发现你只能回忆起最后一条建议——你对自己想在笔记中记下的所有话语的提取速度不够快，因而无法把它们保持在工作记忆中。你只好看一眼坐在旁边的人的笔记以便想起自己想要在笔记中记下的。

研究者近些年才开始有关工作记忆信息加工的研究。因此，人们对工作记忆存储功能的了解要多于对工作记忆信息加工功能的了解。负责工作记忆信息加工的是"注意"（有时又被称为"控制性注意"）。"注意"通常指的是排除干扰输入工作记忆中的信息会有多少能引起关注，它其实也就是有关个体专注程度的问题。信息加工主要涉及将暂时存储的信息相结合。学习是有关信息之间的连接，信息加工容量决定了在暂时存储的信息之间可以同时建立起多少连接。这些连接会把最初输入的信息转换或变成新的信息。四要素限制似乎就是指信息加工的容量问题，或者说是注意力的集中问题，也可以说是工作记忆中一次能存储的信息组件数目问题。[4]

二、工作记忆如何发挥作用

从神经层面上说，工作记忆连续接收各种感觉信息。由于工作记忆一次只能将4个信息组件进行短暂存储，所以并非所有输入的感觉信息都可以存储在工作记忆中。在感觉信息加工区域会先有一个选择机制，它将决定哪些信息可以进入工作记忆的4个箱位，哪些信息不可以。这其中所牵涉的神经生物科学及认知操作不在我们的研究范围内。总而言之，工作记忆对信息的选择是基于输入信息的新颖性（如那些新的感觉模式）及其显著性的（如嘈杂噪音的强度）。然而一旦信息在工作记忆中暂时储存，工作记忆的信息加工组件将对其后续变化起决定作用。

想想那种既简单又常见的事情，如在生活中保持清醒状态，你会持续产生各种感官感觉。一旦某一感觉信息进入短时存储器，另一感觉信息就马上等待进入。为了保持对外界感觉的连续性，工作记忆对输入的信息只会短暂保存，经历这样一个周期或循环之后，短暂储存的信息会被"抹去"，同时输入新信息。若没有任何干预，信息会源源不断地输入工作记忆中。为了把输入的某个信息与其他信息区别对待或者说将注意力集中在该信息上，工作记忆就会阻止信息连续不断地输入，而执行该任务的就是"注意"。[5]

如果短时存储器中的信息引起了我们的注意就不会消失，它会摆脱通常的短时记忆循环而被储存起来，新输入的信息无法取而代之。如果有一条或两条信息引起了注意，短时存储器中仍然还有剩余空间可供新信息的输入。然而，如果注意力全部集中在整个短时存储器，那么所有信息都将无法输入。若所有新信息都无法输入常常会导致危险。一棵树可能刚好在你注意一些短暂储存的信息时砸在你身上。这就是为什么开车时打手持电话会有危险。开车时大部分驾驶员只需分配很少的注意力资源。然而如果打手持电话占用了太多的注意力资源，驾驶员所需的注意力资源得不到保证，就会发生交通事故。注意力可以从当前短暂储存的信息重新转移到新输入的感觉信息。另一方面，我们大部分人都曾有过阅读一本"引人入胜的书"的经历，该书让我们爱不释手以至于我们发现自己会阅读到很晚，超过正常就寝时间，但是我们会因此而付出代价：第二天身体感到非常疲倦。

最近大脑研究者发现了一个缓冲区，它属于工作记忆的一部分。在新输入的短时记忆需要马上注意时它允许当前的短时记忆内容同时保留下来。工作记忆可以在短时记忆与短时记忆缓冲区之间实现任务转换。[6] 仍以那本引人入胜的书为例，假如阅读时你受到配偶、孩子或室友的打扰，你们之间也许有简短的问候，但这种短暂的打扰可能不会对你的阅读造成干扰。然而，回答别人的问题很有可能会让你一时忘记自己读到哪儿了。

"注意"并不是随机选择输入的感觉信息，它会对输入的感觉信息进行引导。当感觉信息被注意，工作记忆会示意各种感官都专注于被注意的那个感觉信息所在区域。如果你被某样东西吸引住了，工作记忆就会把你的眼睛引向它并专注于它，从而收集更多相关信息。短时存储器中的某一信息一旦引起了注意，那么其他相关的感觉信息就会被优先对待。我们所经历的整个专注过程包括感觉信息的输入、持续的注意、重新接收新的感觉信息等。在一次专注持续过程中其他感觉信息的输入就会受到很大的阻碍。我们再回到阅读"引人入胜的书"这个例子。有一位读者还记得自己一次深深被一本书吸引，专心阅读，以至于自己的奶奶不断大声喊他吃晚饭，呼喊声音越来越大，直至最后一声非常响的尖叫使他不再专注于阅读，而且他还因为没有及时回应奶奶而深陷麻烦。

工作记忆并不只是处理输入的感觉信息，它还会与长时记忆产生互动。工作记忆的一个重要方面就是它会激活或提取长时记忆中的知识。尽管接收并注意输入的感觉信息是工作记忆的一个至关重要的功能，但是激活长时记忆中的知识更为重要。我们利用自身经验的能力，或者是理解输入的感觉信息这一根本能力都要求我们激活长时记忆。如果长时记忆没有激活，那么输入的每一条信息都会被视为新信息或陌生信息，最终我们将一无所获。

工作记忆与长时记忆互动的基本机制就是模式匹配。如果短时记忆中输入的感觉信息与长时记忆中的某一信息相同，那么长时记忆中的这一信息就会被提取出来。不仅会提取长时记忆中那些与新输入信息匹配一致的信息，还会提取那些与之相关的信息。于是工作记忆就把外部世界与我们内部储存的知识结合在一起了。输入的感觉信息会触发长时记忆中相关知识的提取，而且会引起工作记忆的注意，工作记忆中的一些信息加工组件会对其进行持续加工。这就解释了我们在看到 7+9=＿＿＿ 时是如何从长时记忆中提取相关知识的，从而明白这是一个数学等式，答案应该是 16。

　　经过匹配可能会产生一些复杂的模式。例如，当教师看到学生在选择一本书时，学生会激活一组知识，而他选择的书又会激活一组不同的知识。那么教师有可能会把这本书与这位学生进行匹配并自问道："这本书适合该学生吗？"

三、统一学习模式原则 1：工作记忆的分配

　　统一学习模式认为，学习是工作记忆资源分配的产物。在统一学习模式中，我们把短时存储器与工作记忆的一些信息加工组件一起并入了工作记忆的总体分配架构了。若要分配一定的工作记忆以完成某一任务，就必须满足两个条件：①必须有供输入的感觉信息或提取出来的记忆使用的箱位；②注意或加工的对象必须是已在箱位中的信息。我们是根据人们对注意的日常理解（而不是严格的科学意义上的理解）使用了"分配"（allocation）这一术语。早在 1890 年，威廉·詹姆斯（William James）就表达了自己对注意的理解：

　　每个人都知道"注意"（attention）指的是什么。它是思维对几个可能同时存在的事物或一连串思想中的某一个实现清晰、生动的占有。注意的本质是意识的聚焦和集中。注意意味着从某些事物上撤退，以便有效地处理其他事物。与注意相反的便是注意力分散（distraction，德语则用 Zerstreutheit 表示）。[7]

　　詹姆斯的这段话体现了工作记忆容量的两个方面：① 对那些暂时储存起来的信息进行选择；② 注意并加工选择的信息。

　　在学校课堂上或其他教育环境中，根本无法将工作记忆中暂时存储的信息与正在加工的信息清楚区分开。当我们要求学生"注意"时，我们希望他们不仅要把课堂教学的一些内容暂时储存起来，而且要注意这些内容或对其进行加工以便把经过加工的信息储存在长时记忆中。在统一学习模式中学习的关键在于工作记忆的分配，即工作记忆中的信息既需要存储又需要加工。第一章提到的学习的五条规则中有三条说明了工作记忆是如何通过资源分配产生学习的。

（一）规则 1：新的学习需要注意

　　工作记忆分配产生学习的第一种方式就是注意。现在看来，一旦工作记忆加工注意到了短暂储存的信息，那么这些信息更有可能会被长久储存。也就是

说，会产生长时程增强效应，随后可能会进入长时记忆。表2.1源自一些个体阅读的出声思维报告。该研究要求参与者在读完一篇文章15～20分钟之后回忆其中的一些信息，而且必须是一字不差。

表2.1 出声思维与后续回忆

出声思维陈述	回忆
爸爸似乎要更多的人帮助某人完成该任务，而妈妈似乎想……她要自己完成该任务。	妈妈更倾向于自己完成一些任务，而爸爸更愿意要孩子做。
妈妈比爸爸承担了更多的家务。	妈妈做了很多家里的任务。
嗯，孩子们怎么认识家里的工作？	这篇文章是有关孩子们对三、六、九年级的家庭任务的认识的。
一些常规的工作、偶尔为之的工作，以及从不做的工作。	三类：他们经常做的任务、他们有时做的任务，以及他们从不做的任务。

出声思维研究要求参与者用言语表述进入思维中的任何东西。出声思维研究者认为，用言语表述自己思维中的东西可以告诉我们短时工作记忆中当前什么内容引起了注意。试验中值得注意的是所回忆的答案与实际阅读过程中通过出声思维的方式表述出来的东西是多么的相似。这似乎表明只要注意过了，后面就完全可以回忆得起来。最近的研究指出，学习过程中被激活的神经元在回忆过程中会被再一次激活，这就更加证明了因为注意而被储存的东西就是从长时记忆中提取出来的东西。[8] 我们无法知道这种记忆保持了多久。长时增强的时间区间是15～20分钟，因此有可能没有形成任何长时记忆。

（二）规则2：学习需要重复

工作记忆分配也可以通过重复促进学习。前面有关出声思维的例子提到，注意在某一信息上集中一次。如果注意在某一信息上集中不止一次会出现什么情况呢？注意的作用是不让短时记忆信息消失。然而，单次的注意行为只能让某一信息维持几个短时记忆循环。如果我们不断让注意重复集中在某一信息上会出现什么情况呢？这将会使信息重新回到短时存储器，从而出现很多次的短时记忆循环，有关学习与研究策略的文献把它称为"复诵"（rehearsal）。在出声思维研究中，当一个人不断重复某一信息时我们便可以发现会出现很多次的短时记忆循环。我们无法确切知道复诵是如何在神经层面起作用的。是短时存储器中的时间起作用，还是短时存储器中的重复起作用，或者实际上是长时程增强中的提取与再储存在起作用？不管这一运行机制具体是怎么样的，我们都知道复诵会产生永久长时记忆，这是机械记忆的基础。被反复注意的信息会储存在长时记忆中。作为一种学习策略，机械记忆的问题在于它使学习者发生的变化通常都只能维持很短的时间，因为学习者无法将新旧知识建立起联系以便在类似情境下提取长时记忆中相关知识。因此，后期在一些相关情境下或是新情境下知识的迁移也就不太可能实现。

重复不必是连续不断的。尽管我们认为复述就是一再重复，但是复诵效应似乎是在长时程增强期间显现的。纳托尔和奥尔顿 - 李（Nuthall & Alton-Lee）通过大量观察和录音等措施跟踪一些孩子校内上课的情况及校外情况。[9] 后来他们对学生在年底期末考试中所学课程的作答情况进行追踪。他们发现，期末考试中大部分题目若要正确回答，平时至少讲过 4 次或在其他活动中出现过 4 次，因为只有这样才能使其引起注意。他们还进一步发现，信息在一天之内至少要再出现一次才能保持不被遗忘的状态。统一学习模式中的一些信息需要在连续几天内多次进入工作记忆才能被记住。这些重复很有可能涉及长时程增强区域信息的提取或再激活，只有经过多次重复后才能实现信息从长时程增强区域到长时记忆的迁移。

通过重复促进学习的最后一种方法就是让重复持续较长一段时间。当工作记忆注意了输入的某一感觉信息并且通过模式匹配的方式激活或提取长时记忆中的知识时，被提取的长时记忆知识就会得到增强（每当长时记忆中的知识被激活，神经元的电弧电压就会增加）。延长重复的时间可以更快、更持续地提取信息。学习乘法口诀表、记剧本台词，或记化学、物理公式时通常都是采取这样的方法。尽管从某种层面上说这些属于"机械记忆"，但它们也许是非常有意义的。延长重复的时间可以使知识记得更准确，更好用。

延长重复的时间对信息的提取至关重要。知识的提取是根据模式匹配来进行的。为了好用或者能在课堂以外的环境下实现知识的迁移，即使是一些机械性知识，如一些数学公式或经济学方面的事实，都必须与各种提取线索联系在一起。对此有个例子是有关小学课堂上学生对所学知识进行详尽的重复，小学课堂生词的学习为今后复杂知识学习奠定基础（或建立神经元联系）起到了非常重要的作用。贝克和麦基翁（Beck & McKeown）建议讲授课文"Talk"时应该首先让学生讨论故事中某个词的用法（"该故事讲述了一个农民在漫长的一天的劳动之后如何步履艰难 [trudge] 地走回家的。[10] 这就表明他走起路来脚步沉重，好像非常疲倦。"），即将单词置于一定的语境下来安排教学。随后教师解释该词的意思。（"当你步履艰难地行走时，走起路来就好像双腿因为工作非常疲倦而且感觉很沉。"）接下来孩子们清晰地念出这个单词（trudge），重复学习，从而形成清晰的思维表征。（如"跟我一起念：步履艰难地走。"）随后就要考虑知识迁移了，即把该词用于课本的其他语境中。（"如果你整天在外徒步，也许你会步履艰难地走回帐篷。""如果你穿着靴子行走在一条泥泞的路上，靴子上沾满了泥巴，你也许会步履艰难地走。"）随后教师要求学生对该词在一些语境中的使用是否恰当做出自己的评价，以此将学生的思维推向更高层级。（"如果你刚刚打了个盹，精力充沛，你会步履艰难地走到厨房吗？为什么？"）接着学生用该词自己造句。（"在……之后我步履艰难地走回家。"）最后，教师提了一个有关该词意思的问题，以此进一步帮助学生形成该词的心理表征。（"哪个词可以表示当你累了脚步沉重地走？"）通过这一教学模式，学生反复听并且念这个词，从而强化对该词的长时记忆，为模式匹配增加视觉、听觉感受，以及情境提取提示的次数。

（三）规则 3：学习就是建立联系

　　工作记忆的作用不只限于注意，它还会对信息进行加工。一旦信息经过加工，最后有可能会在长时记忆中储存起来。克雷克和洛克哈特（Craik & Lockhart）首先提出"加工水平"这一概念。[11] 一些文献中也提出过类似概念，如深度加工、迁移适当的加工、编码特异性，以及深度或表层学习策略。所有这些概念框架都是基于工作记忆的共同特性：对工作记忆中的信息做一些改变有利于信息记忆。我们不妨把信息加工与重复效应做一个对比。在重复过程中，信息加工会对短时记忆中的信息予以关注，随后将其储存起来。短时记忆中的信息与其起始状态并无二致。然而，当工作记忆对短暂储存的信息进行加工时，短时记忆中的信息就会发生变化，变得与起始状态不一样。不妨思考一下努力逐字逐句学习一些东西与记忆基本的思想或概要之间的差异。学生有经常被要求"用自己的话来说"去记忆一些东西吗？通常情况是，在学生记忆知识却没有建立多少联系的情况下，教师先是让他们用同义词替换所要记忆内容中的一些词，然后才开始让他们"用自己的话来说"。无论工作记忆什么时候对短暂储存的信息进行操作，被操作的信息似乎都会被储存起来，至少会储存在长时程增强区域。也就是说，即使这些信息未能永久储存，但是一旦工作记忆对短时记忆中的信息进行了操作，那么一段时间内（也许长达几个小时）这些信息都是可以被重新提取的。在对一些学习策略的研究与实践当中，我们把被加工的各种不同层级概念视为帮助学生解释与总结所学信息的各种学习策略。近年来有关认知负荷的文献把这种信息加工行为称为"相关认知负荷"（germane load）。相关认知负荷是与教学中信息呈现方式密切相关的。如果需要学习的信息的呈现方式能够促进适当的信息加工，那么于学习者而言，这种信息加工行为就属于相关认知负荷。[12]

联系是佩维奥（Pavio）著名的双编码理论的核心。[13] 尽管听觉与视觉信息是通过不同的感觉系统输入并分开储存的，但是其后无论哪一信息被激活都会引起另一信息的激活。这一基本原理成为针对特定语言障碍学生所使用的教学方法的有力支撑。要求学生把要拼写的单词口头说出来，接着在把单词写在纸上时念出每一个字母，并且在写好后再念出整个单词。学生在学习该单词时既有视觉信息的输入，又有听觉信息的输入，这将有助于学生今后在书本上看到该单词或要把它拼写出来时从长时记忆中提取相关信息。[14]

信息加工的最终结果就是在各信息之间建立联系。输入的感觉信息进入工作记忆后会通过某种方式相互联系在一起。工作记忆对信息的加工既可以打破现有信息之间的联系，又可以建立新的联系。释义或总结是工作记忆中将当前信息联系起来的一种不同方式。纳托尔和奥尔顿－李发现，某一信息与其他信息联系在一起更容易记忆。[15] 大部分学习及记笔记，如从建立矩阵到绘制概念图，都是为了在正在学习的信息之间更好地建立起各种联系。

工作记忆通过信息加工，在信息之间建立联系的能力，也可以让工作记忆进行资源分配，从而在新输入的感觉信息与已有的知识之间建立联系。当模式匹配从长时记忆中提取知识时，短时记忆中现有的任何信息会与从长时记忆中被提取出来的信息联系在一起并一起储存起来。一些文献中曾提到工作记忆通过资源分配可以形成概念、命题、图式、生产系统，以及神经网络等综合知识结构，其原因在于通过信息加工工作记忆具备将一些知识联系在一起的能力。第三章将对这些综合知识结构的性质做进一步探讨。

四、扩充工作记忆容量

我们曾探讨过短时存储器一次只能存储 4 个组件的信息，并指出这些信息可能是输入的感觉信息，或者是从长时记忆中提取的知识。但是我们并没有真正探讨过每一组件信息的具体性质如何。以下是一个有关工作记忆容量的测试，试一下吧。

念出每一行，并在每一行念完之后将目光移开 5 秒钟。随后在不回看的情况下背出该行的所有字母，看看自己的准确程度如何。

x g c w

m q p t x r

z p w x m v b t

m t p j w s d l q z

随着每一行字母数目的增加，也许你会发现要回忆起所有字母会变得愈发困难。如果你能正确回忆起最后一行或者甚至最后两行的所有字母，那么你应该属于能力非同寻常的那一类。现在再做一个测试，测试方法与上面一个相同。念出每一行，目光移开 5 秒，然后开始背出每一行。

dog farm rocket

onion frame car rodeo

记住第一行也许你没有什么问题，甚至记住第二行问题也不大。但是数一下每行的字母你会发现，第一行的 dog，farm，rocket 一共有 13 个字母，而第二行的 onion，frame，car，rodeo 一共有 18 个字母。第一个测试无论哪一行的字母数都不会超过 10 个，而你在记忆仅有 8 个字母的第三行时可能就会感到困难。

以上例子清楚表明，短时存储器的每一个箱位中的"组件"大小是变化不定的。短时记忆可以容纳 4 个或更多一些的字母，但是它也可以容纳 4 个或更多的单词，尽管这些单词的字母数加起来远不止 4 个。

在一些科学文献中，这些大小可变的组件通常称为组块。组块是知识集合体。因此，我们可以说工作记忆有 4 个箱位，每一个箱位都可以容纳一个组块的信息。在第三章中我们将更具体地探讨"组块"（chunk），现在我们只需知道组块是与意义相联系的就够了。每一个组块都是独立实体，它们会结合在一起成为单个有意义的实体，如一些字母组合在一起成为一个单词。以下例子就可以说明每一组块都是有意义的。

就像前面的字母测试练习一样，先看以下列出的数字，随后目光移开 5 秒，最后努力背出这些数字。

6

0

2

5

7

1

2

你会发现很难正确背出所有数字。我们不妨看看经过调整后的数字：

602-5712

现在会发现记住这些数字要容易一些了。发生了什么变化？列出的数字还是原来那些数字，但是现在这些数字是按照大家熟悉的电话号码的方式列出的。很多电话号码都是有意义的，不妨想想家里的或者是工作单位的电话号码。另外，我们总是要跟一些电话号码打交道，因此在看到并使用以这种方式呈现的数字时我们总是表现得训练有素。实际上我们习惯那些像电话号码组块一样的某些数字组合。我们都认可希腊字母 π 经常代表的就是 3.141 组块。语言学习中，单词的声母（即单词中置于元音前发声的字母）、韵母，以及单词中剩余的其他字母（m-ap，tr-ap，ch-ap，str-ap）的组块规律如果被我们掌握，那么我们就可以快速认出单词并轻松地把它拼写出来。

组块大大地扩充了工作记忆的容量。我们真的无法知道一个组块到底可以有多大。同时我们也并不十分清楚它们从长时记忆中被提取出来再进入短时记忆时，是以单个整体的形式还是彼此分开一个接一个相继被激活、提取，或者是两者兼而有之。组块的确极大地增加了短时记忆中可供工作记忆加工的知识数目。很多专门知识与技能的获得都离不开组块，这一点我们将在第三章中进行探讨。

组块反映了工作记忆与长时记忆之间的双向互动。并非只有工作记忆从长时记忆中提取知识，长时记忆中被提取出来的知识实际上会影响工作记忆进行信息加工的广度与效率。

工作记忆就好像是一个生物实体，一个在大脑中具体存在的东西。尽管工作记忆的基本容量可能与遗传及大脑的基本结构密切相关，但是记忆中的知识组块可以扩充大脑的容量。工作记忆的容量并不是固定不变的。尽管我们每一个人大脑中都有约 4 个箱位，但是这些箱位的容量会随着知识组块增多而变大。德恩（Dehn）对有关工作记忆容量测量方面的很多问题都做了研究。[16]

五、意识即工作记忆

我们再回看前面威廉·詹姆斯所引述的话就会发现，他把意识视作注意的一种属性。[17] 这使我们不禁认为工作记忆是意识的场所，是自我意识及我们的思维意识与行为意识的场所。这种观念很有可能是不正确的。尽管也许可以说我们所意识到的任何东西都是在工作记忆中的，但是我们肯定没有意识到发生在工作记忆中的所有东西。注意的运行及对工作记忆中的一些信息加工要素的操作都可以在没有自我意识的情况下发生。同样，信息也可以在没有自我意识的情况下在短时记忆中进行输入与输出。从某种意义上说，若要意识到短时记忆中的内容或是工作记忆中的信息加工，我们必须将注意引向工作记忆本身。

同样，工作记忆并不一定会自动发挥作用。当我们表现出意识时，就可以对输入短时记忆中的信息及我们处理短时记忆中已有信息的方式进行有意控制，这时注意必须是指向短时记忆的。但是，在我们不自愿、不主动的情况下，甚至不管我们的意向如何，工作记忆的这些操作都是可以进行的。尽管我们可能想在课堂上关注教师，但是我们的注意力可能回到了当天早些时候发生的事情上：爱狗被车撞了，或者是"周六夜场"的滑稽短剧。感觉信息输入机制在源源不断地输入信息并且在工作记忆中进行模式匹配，并从长时记忆中提取相关知识。无论我们是否努力控制这些活动，它们都会发生。

然而对工作记忆资源分配进行自发控制非常重要，因为只有这样教育才成为可能。由于学生能控制工作记忆资源分配，因此我们可以创设教学与学习条件，帮助学生将工作记忆资源分配到一些特定的学习材料上。实际上，我们可以把教学理解成为对工作记忆资源自发分配的一种管理。

六、工作记忆的基本规则

本章讲述的工作记忆，可以归纳为以下一套规则。

（一）存储规则

（1）如果注意到了工作记忆中的某一信息，那就将它存储在长时记忆中（注意效应）。

（2）如果某一信息在工作记忆中多次反复出现，那就将它存储在长时记忆中（重复效应）。

（3）如果某一信息在工作记忆中被加工，那就将它存储在长时记忆中（不同水平的加工效应）。

（4）如果很多信息都同时在工作记忆中出现，那就将它们都存储在长时记忆中（关联效应）。

（二）提取规则

如果工作记忆中的某一信息与长时记忆中的某一信息相同，那就从长时记忆中提取相关内容（模式匹配效应）。

注 释

[1] 关于人类开始正式描述一次可以访问的长时记忆容量，要归功于米勒，当时认为这个数量是 7 个。参见 Miller, G. A. (1956). The magical number seven, plus or minus two: Some limits on our capacity for processing information. *Psychological Review*, 63(2), 81-97.

[2] "工作记忆"一词的最初正式使用始于巴德利和希契。参见 Baddeley, A. D. & Hitch, G. J. (1974). Working memory. In G. Bower (Ed.), *The Psychology of Learning and Motivation* (Vol. VIII, pp. 47-90). New York: Academic Press. 直到最近，一些研究人员试图将这个术语与以前使用的另一个术语（短时记忆）区分开。最新的研究已重新评估了这种区别的必要性。参见 Unsworth, N. & Engle, R. W. (2007). On the division of short-term and working memory: An examination of simple and complex span and their relation to higher order abilities. *Psychological Bulletin*, 133(6), 1038-1063.

[3] Saults, J. S. & Cowan, N. (2007). A central capacity limit to the simultaneous storage of visual and auditory arrays in working memory. *Journal of Experimental Psychology: General*, 136(4), 663-684.

[4] Halford, G. S., Cowan, N. & Andrews, G. (2007). Separating cognitive capacity from knowledge: A new hypothesis. *Trends in Cognitive Science*, 11(6), 236-242.

[5] 最新评论文章请参阅 Knudsen, E. I. (2007). Fundamental components of attention. *Annual Review of Neuroscience*, 30, 57-78.

[6] Koechlin, E. & Hyafil, A. (2007). Anterior prefrontal function and the limits of human decision-making. *Science*, 318(5850), 594-598.

[7] James, W. (1890). The principles of psychology. http://psychclassics.yorku.ca/James/Principles/prin11.htm [2008-10-11]. 此处引用的这段话出自詹姆斯的著作《心理学原理》，该书因属于心理学发展中的经典著作而得以再版。

[8] Gelbard-Sagiv, H., Mukamel, R., Harel, M. et al. (2008). Internally generated reactivation of single neurons in human hippocampus during free recall. *Science*, 322(5898), 96-101.

[9] Nuthall, G. & Alton-Lee, A. (1995). Assessing classroom learning: How students use their knowledge and experience to answer classroom achievement test questions in science and social studies. *American Educational Research Journal*, 32(1), 185-233.

[10] Beck, I. & McKeown, M. (2006). Different ways for different goals, but keep your eye on the higher verbal goals. In R. K. Wagner, A. E. Muse & K. R. Tannenbaum (Eds.), *Vocabulary Acquisition: Implications for Reading Comprehension* (pp. 182-204). New York: Guilford Press.

[11] Craik, F. I. M. & Lockhart, R. S. (1972). Levels of processing: A framework for memory research. *Journal of Verbal Learning and Verbal Behavior*, 11(6), 671-684.

[12] Paas, F., Renkl, A. & Sweller, J. (2003). Cognitive load theory and instructional design: Recent developments. *Educational Psychologist*, 38(1), 1-4.

[13] Pavio, A. (1990). *Mental Representations: A Dual Coding Approach*. Oxford: Oxford University Press.

[14] Slingerland, B. H. (1985). *Basics in Scope and Sequence of a Multi-sensory Approach to Language Arts for Specific Language Disability Children: A Guide for Primary Teachers*. Cambridge, MA: Educators Publishing Service.

[15] Nuthall, G. & Alton-Lee, A. (1995). Assessing classroom learning: How students use their knowledge and experience to answer classroom achievement test questions in science and social studies. *American Educational Research Journal*, 32(1), 185-233.

[16] Dehn, M. J. (2008). *Working Memory and Academic Learning: Assessment and Intervention*. New York: J. Wiley & Sons. 有关测量的问题在经济上可能具有重大意义。标准考试的变化及学习障碍的定义已导致特殊教育资金发生了重大变化。

[17] 尽管意识显然是一个非常重要的现象，但是它并没有得到很好的理解。我们可能会问这样一个问题：有意识或无意识（例如在睡觉时）有什么区别？弗朗西斯·克里克（Francis Crick）在书中描述了意识的方法。Crick, F. (1995). *The Astonishing Hypothesis: The Scientific Search for the Soul* (paper). New York: Scribner. 对麻醉患者的最新研究表明，意识可能涉及信息的整合，而信息在睡眠期间或麻醉期间会丢失。参见 Alkire, M. T., Hudetz, A. G. & Tononi, G. (2008). Consciousness and anesthesia. *Science*, 322(5903), 876-880.

第三章
知　识

　　统一学习模式的第二个核心要素是知识。我们所知道的和能做的一切都是知识，它储存在长时记忆的神经元中。知识在一些教育与认知的文献中有着多种不同表述。1991 年亚历山大等人（Alexander, Schallert & Hare）试着找出并整理了读写研究中使用的一些有关知识的术语。[1] 他们一共找出了 26 个不同类别、有关知识的术语表达，其中每一类知识术语表达又包含很多相关的特定术语。自那以后文献中的知识表达术语数目肯定又增加了。

　　统一学习模式的目标之一就是要对知识做一个更简单的描绘，以方便教育从业者使用。这一简化之路要求统一学习模式从研究神经生物科学开始。神经生物科学成了我们研究的起点。

一、大脑中的长时记忆

　　我们在使用统一学习模式这一术语时，知识是大脑的微观结构。知识存在于放电的电位中及相互联系的神经元中。前文已经讨论了工作记忆在储存与提取知识方面所起到的作用。在大脑长时记忆实际区域中这些作用会有什么样的表现呢？

　　事实证明，我们对真正的知识神经生物科学的了解并不及我们对工作记忆的运行或者一些基本的感觉与动作过程的了解那么多。因此，我们无法直接观察到神经连接的动态变化，尤其是组块的形成及神经在更大范围内的相互连接。埃里克·坎德尔（Eric Kandel）研究神经系统时，之所以用蜗牛模拟神经之间的相互连接，是因为他认为蜗牛也会学习，但是它们仅有几千个神经元。[2] 相比之下，人类大脑中有约 1000 亿个神经元。[3] 根据对神经元知识的理解，我们可以对神经生物科学意义上的知识应该是什么样子做出某些推测。人脑中的神经元数目是很庞大的。我们可以借助于神经网络的工作或连接模型来理解知识。神经网络模型是神经功能的数学与计算模型（即计算机模拟）。研究神经网络模型有助于理解学习过程中神经元究竟是如何强化、削弱及连接的。神经网络模型还可以帮助我们理解进行模式匹配时相关知识是如何提取的。很多用于完成科学、工业、医学等领域各种真实任务的"专家级"计算机系统的研究也是基于神经网络的。

神经网络成为宏观理解学习与知识的重要桥梁，其中的知识源于一个世纪的教育与心理学研究及对神经生物科学的研究。神经网络表明，实际上所有来自教育及心理学的研究发现都可以在某一模式中找到，该模式所发挥的作用类似于大脑中神经元的作用。神经网络模式在计算与数理方面的复杂性不在本书讨论范围。然而，统一学习模式对知识及如何学习知识的认识是基于神经生物科学和神经网络研究结果的。有兴趣的读者可以阅读埃尔曼（Elman）等人的著作《反思天赋》，从而更好地理解神经网络。[4]

（一）长时记忆中的存储

知识只有存储之后才会存在。基于学习的第一条规则（新的学习需要注意）的存储会对长时记忆中的神经元产生永久变化。这种存储是以组块形式进行的。工作记忆中输入的感觉信息无法通过单一的神经元表征。相反，构成组块的是结合在一起的神经元群集或神经元网络。一旦这种组块存储起来，形成组块的神经元群集中的神经元都会有相似的、较高的放电电势。组块是否能长久保存取决于其存储的方式。各种感觉，如特定的视觉、听觉、嗅觉及味觉，经历长时间后仍然可以回忆起来。如果存储的组块信息是与情感相关的（后面会对此展开讨论），那么即使后续多年都不提取，它也可以永久保持。例如，棉花糖的味道会让人想起童年去马戏团看马戏的愉快经历。

（二）从长时记忆中提取信息

正如我们前面指出的，通过激活可以使神经元发生变化。激活涉及重复。就像工作记忆中新输入的信息一样，长时记忆中的神经元会因学习的第二条原则（学习需要重复）发生变化。当工作记忆中出现模式匹配时，神经元就会放电。经过匹配的组块中的神经元群集会放电，这一神经元群集的电势最后也会因此而变得更高。组块每提取一次，神经元的电势就会增加。最终的结果将是：组块提取次数越多，提取起来就会变得更容易，由此印证了"用进废退"这一名言。

重复或提取效应之所以重要是因为，尽管在存储时会在长时记忆中产生组块，但是如果组块没有被反复提取，那么它的电势提升幅度会很小。有时甚至会因为其电势太小而无法在模式匹配过程中被选择并提取出来。工作记忆中的模式匹配很难做到准确。很少出现输入的感觉信息可以与已经在长时记忆中储存的某一信息实现完美匹配。被提取出来的往往是匹配得最好的。那些匹配得非常紧密的组块中的神经元的电势最强，因此可以说它们匹配得是最好的。假设我们看到一只以前从未看到过的动物，但它的样子综合了我们曾经看到过的各种不同的狗的特征，于是我们就会从长时记忆中提取狗这一信息。从技术上说，未经重复的组块也许存在于长时记忆中，但是它们可能永远都无法被提取出来。从长时记忆中提取信息，但因其没有被反复提取，其电势强度不够，所以就出现了我们经常说的"话到嘴边又说不出来"的现象。

（三）长时记忆中的连接

尽管我们认为任何有意义的知识都是由那些相互连接的神经元群集形成的组块，但是长时记忆中还存在更广泛的连接。可以想象一只球，随便什么球都可以。你的脑海中可能会出现棒球、橄榄球，或足球的"画面"。现在开始想象这只球，并且闭上眼睛，任思绪游离几秒钟。

也许你会开始一系列的思考。也许你会想到最近打的球赛或者是你小时候打的球赛，或者是你在电视或体育馆看的球赛。你还有可能想到跟你一起打球或看球的朋友，或者是想起和父亲玩接球。也许你会想起和你自己的孩子一起玩，想起一次大型的舞蹈活动，以及当时你穿的礼服。也许你还记得一些积极的或消极的情绪。在这里我们想要说的是，无论你想到的是哪一种球，你似乎总会想到很多其他与之关联的事情。

尽管一个组块是连接在一起的一种神经元群集，但是在长时记忆中还有其他类型的连接。组块中神经元之间的连接和其他类型连接之间的差异是，组块是一个单一体。组块也许就像我们看到的皮球形状的但比较小的东西。它或许又像我们所理解的一只鸟或是通常意义上的各种球那样非常大的东西。我们通常把这些较大的组块称为"概念"。但是，无论这些组块或概念多么复杂（在上完一堂鸟类学的课之后我们可能会认为鸟的概念相当复杂），它们都是把某个对象作为一个整体、一个单一的东西来定义的。

我们当中有位作者曾做过一项测试，要求一个人快速说出尽可能多的动物名称，于是信息提取一波接着一波地进行。通常来说，这个人说出某一动物的名称，如狮子，随后长时记忆中与说出的第一个动物相连接的其他动物名称也会很快地说出来，如动物园里可以经常看到的其他猫科动物（老虎、美洲豹、猎豹等）。在激活另外种类的动物时会出现短暂停顿，随后新类别的动物又会一个接一个地说出来。

就在你思考某种球的时候，在不同组块之间可能就存在各种连接。你在思考的某种球可能与你对某一特定的球类运动或朋友的记忆连接在一起，想到球，你就会想到这些，但是你所想到的这些都不属于"球"这一组块中的一部分，所有这些记忆都不是"球"。

大脑的微观结构——我们的知识，是由这些连接组成的。我们把一些个体事物的特定信息相互连接起来，形成越来越大的组块。我们把组块连接起来形成组群，文献中有时把它称为"图式"（schema）。学校所做的一切主要就是帮助学习者建立起这些连接。

二、知识在大脑中的位置

我们已经指出，从生物学意义上来说，是因为有那些自如放电、相互连接的神经元群集的存在才会有长时记忆，这些神经元群集本身又会与其他的神经元群集连接，形成一个更大的、相互连接的联想网络。[5] 思考一下接听电话这一问题。接听电话的人通常会面临两个问题：一是要判断是谁打的电话，二是要弄明白对方在说什么。最新的研究表明，这些过程是在大脑的不同区域完成的。[6] 当你判断出是谁打的电话时，于你而言谈话内容的意义会因为你与对方之间的关系而发生很大的变化。

我们所处理的一些单个的整体事件中的知识在大脑中都是分开储存的，然而知道这一生物学事实，对写一个课时计划或决定如何给某一特定学生讲授几何知识可能并没有太大作用。幸运的是，研究者对各种不同知识之间的功能与结构差异、记忆，以及与此相关的学习问题做了一些教育与心理学研究，这些都可以用来指导我们的教学。

三、情景记忆

从认知与神经方面对记忆进行研究发现，情景性知识与语义性知识是记忆之间最根本、存在最久的差异。情景性知识（又称情景记忆）指的是我们对自身生活的知识，有时候它又被称为自传体记忆。在学习的第四个原则中我们已经提到了"情景记忆"（episodic memory）的一个重要方面，即学习有时候是毫不费力的，但有时候又需要努力才行。情景性知识也许可以不费力就掌握，有时它就那么发生了。[7] 记录我们所经历的事情对我们的生存显然具有重要意义。当我们在做一些重要的事情时，如寻找食物和住处，或者躲避一些食肉动物，如果我们无法记住我们正在做的事情或者我们在哪儿，那么我们将很难长久生存。

工作记忆会自动注意情景性知识。情景性知识可能会非常具体，它包含很具体的感觉信息，如视觉、听觉和味觉。它与疼痛、情绪等内在感觉紧密相连。情景性知识还具有很强的情景性。我们的生活是在特定的时间、特定的地点发生的，而情景性知识与其中的环境密切相关。在统一学习模式框架中尽管情景性知识会形成非常具体的组块，但是情景性知识组块存在的时间似乎并不长。如果我问你昨天晚饭你吃了什么，回答这个问题也许对你来说并不难。但是，两天前的晚餐你吃的是什么，或一周前，甚至一年前的晚餐你吃的又是什么，你还能回答得出吗？

随着时间的前移，我们的情景性记忆会越来越难以提取，除非一年前是个特殊的场合，如生日或是某个周年纪念日，否则你根本就不太可能记得当时晚餐你吃了什么。还有一件事情会引起你的注意，即我们试图回忆那些早前的情景性记忆。时间距今越是久远，你就越是要努力重构整个事件。例如，试图记起一周或两周前的晚饭你都吃了什么。也许你只是无法直接回忆起来，但是通过对那天的重构，你就可以回忆起来。你可能这样回忆："那天我上班，随后我去了一家商店，再后来……"稍微花点功夫，也许你就记起了那天晚饭吃了什么。越是时间早的事情，这种重构方法用得越多。也许你无法提取一些具体的记忆，但是你可以回忆那些你通常做的事情或"每个星期二"都发生了什么。

有关情景记忆原理的一些有力证据源于对所谓的目击者证词的研究。在各种民间智慧中，目击者证词具有很强的说服力。[8] 事实上，聪明的辩护律师通常会充分利用目击者的证词。实验中如果用的是"打碎"这个词，而不是"接触"一词，一周后被试更有可能会说在一次意外事故现场看到了打碎的玻璃，尽管在测试播放的视频中什么也没有发生。

只要我们对照一下学习的前两条规则就不难理解情景性记忆的工作原理了。[9] 情景性记忆中的所有细节都会储存起来，因为根据学习的第一条规则，很显然它们会自动引起个体的注意。根据学习的第二条规则，如果记忆（或知识）没有被重复，那么它就会逐渐衰减。就其性质而言，情景性记忆不会重复。我们不要忘了，情景性记忆是有关特定时间、特定地点所发生事情的记忆。正如一个人"绝不会同时踏进同一条河流"一样，每个人在自己的一生中绝不会再一次在同一个时间、同一个地点出现。正是因为情景性记忆无法重复，所以它们会逐渐衰减。

然而，在你的生活中的确会有一些稳定不变的东西。除了室友重新摆放过家具之外，今天晚上与今天上午一样，同样的地方住处的陈设都是一样的。每天刚刚过去的时刻及马上到来的时刻，住处家具摆设都是一样的。根据学习的第二条规则，经历中那些重复出现、共同的东西会形成持久的记忆。我们创建的情景组块实质上就是我们所体验的事情中那些重复出现的东西。这些持久的、反复出现的东西，有称为"模式"的，也有称为"程序"或"习惯"的。我们的日常生活之所以有序，主要是因为我们的情景体验其实就是例行常规，其中的一些事与物无论何时都始终如一。即使过去了很多年，我们仍然能够回忆起小时候的住所的样子，这足以说明图式具有持久性。

情景图式具备持久性，但这并不意味着过去那些具体的情景体验我们都能回忆起来。情景图式可以让我们重新建构过去的记忆，如回忆起 2 ～ 3 周前我们晚餐吃了什么。我们在回忆往昔时，主要通过普遍模式回想起过去的事情。伊丽莎白·洛夫特斯（Elizabeth Loftus）对这种记忆重构进行了研究。[10] 实际上，我们经常会对那些没有真正发生在我们身上的一些事情进行情景记忆重构，[11]因为我们已经想不起当初那些具体的情景，于是我们会根据生活中那些更普遍的模式进行记忆建构。

我们乐于与人分享自己的生活往事，而这些往事都是根据情景记忆建构起来的。我们可以转播自己生活中那些重要时刻的丰富画面，让我们再次经历那些时刻。我们阅读引人入胜、内容丰富的小说，或观看电影，基于这些"间接体验"我们可以形成模拟的情景记忆。因此，所罗门（Solomon）将文学视为一种陶冶情操的方式。[12]

四、语义知识

广义上说，"语义知识"（semantic knowledge）指的是我们自身生活之外的所有知识或记忆，或者说是所有非情景性知识。尽管这些被定义成语义性的知识可能显得太宽泛，但是语义性知识与情景性知识之间的这种区别最初出现在读写能力研究中，语义知识这一术语正是源自该领域的用语。

学校里所讲授的便是语义知识。语义知识是统一学习模式中的主要知识。在学校里，语义知识通常还有一些其他叫法，如学科知识、领域知识、内容知识、主题知识，或者就是特定的学科，如阅读、写作、识字、数学、社会学、科学等等，这一点在布卢姆教育目标分类学中得到了充分体现，如事实性知识、概念性知识、应用、分析、综合、评价。[13]

所有语义知识的共同基本特征是：它与我们自身无关。尽管语义知识存在于特定的情景中或与特定的情景、时间、地点相关，但是它不同于情景性知识，这种情景并非我们自身的经验。语义知识既与我们自身无关，也与我们的生活无关，2+2=4 这一知识是全体共知共识的。因此，语义知识没有自动注意机制，而情景性记忆似乎存在该机制。专注于语义知识通常要求我们不只是经历就行了，还必须付出努力。

语义知识也不具备情景记忆最初所有的丰富的细节。情景记忆最初是非常具体的经历，即开始它是一个非常大的组块。然而，这种情景的丰富性大部分会随时间而逐渐衰减。可以说这一组块会变得越来越小，最终变成一个总的程序。语义知识往往一开始是单个信息或孤立的信息，如哥伦布于 1942 年在美洲登陆这样一个单一的历史事实。随着时间的推移，它会变成越来越大的组块，并变成完整的组块网络，如一个有关美洲殖民地的故事。

无论是保持有意注意，还是自下而上建立信息组块，都需要一定的认知。可以这样理解第四条学习规则：学习情景性知识容易，但是学习语义知识只有努力才行。因为学习语义知识需要努力，所以动机成为语义知识学习的重要因素，这一点我们将在下一章予以详细探讨。语义知识最初是情景经验的一部分。我们的情景记忆可能会是：坐在教室里、读书、从事一项活动、观看表演等等。学习经验属于我们生活的一部分，这种学习经验的情景记忆本身并不是教育活动中要教授给我们的语义知识。尽管语义知识可能是情景记忆的一部分，但如果需要学习某一语义知识，就需把它跟那些属于情景性的知识区别开来。如果不做这样的区分，那么它只会变成有关某一对象，如关于琼斯老师的三年级班级的一般情景模式的一部分。我们只记得自己属于该班级，但是并不记得教授给我们的那些实际的语义内容。

也许更为重要的是，强烈的情感可能与情景记忆相关联。如果我们对学校，尤其是对学校里某些课上的经历抱有一些消极的情景性情绪，我们会把这些情绪与在那些课的课堂上所讲授的语义知识联系在一起。如果我们不喜欢一门学科，或者是有"数学焦虑"这样的情绪，也许与实际掌握的数学语义知识（或其他某一领域的语义知识）没有关系。其原因更有可能是在该课程讲授时我们的课堂体验情绪糟糕或难过。这种糟糕的情景体验与语义知识相关，并且每当我们唤起这一语义记忆时，糟糕的情景体验就会不断被提取。第四章将对此进行详细探讨。

五、陈述性和程序性知识

有关认知的文献将语义知识分成两类：陈述性知识（declarative knowledge）与程序性知识（procedural knowledge）。有时候把这两类知识分为"是什么的知识"和"如何做的知识"。一般来说，陈述性知识指的是我们通常所说的"事实"和"概念"，即我们所掌握的有关是什么东西及其含义是什么的一般知识。程序性知识指的是肌肉运动意义上及思维认知意义上的"行为"。尽管陈述性知识和程序性知识都遵循学习的一些基本规则，但是其运行机制存在较大差异。

（一）陈述性知识

我们可以把陈述性知识分成两大类：客观性知识和象征性知识。客观性知识（objective knowledge）是指通过各种感官所感受到的外部世界的各种事物与动作。客观性知识是输入的感觉信息的长时记忆表征。我们所说的客观知识的"真实性"或精确性指的是长时记忆中我们已经储存的某物或某动作的准确程度，这很容易被视为机械记忆。然而，精确记住感觉经验并不容易。正如我们指出的，对法律中目击证人证词的诸多研究表明，一件事情的机械记忆情况会因目击证人的不同而有很大不同。教育上我们经常讨论学生"建构"意义的话题，很多时候对世界上的某一确切事物或体系形成非常精确的表征是既合理又有意义的学习目标。例如，我们都希望内科医生的诊断是依据人体器官特性的准确知识，以及一些可以直接观察得到的症状。

陈述性知识也是我们存储的社会上所传播的一些符号知识。它包括词义、道德观念、法律、我们对世界上各种现象的理论解释，以及数学、艺术、音乐与文学知识。这些大多是我们在学校及其他一些正式教育环境下所学到的东西。严格地说，符号知识是通过各种感官输入工作记忆中的，至少刚开始是这样的。正如维果茨基（Vygotsky）所发现的，社会上所传播的知识并不是"感观"知识，它不是通过视觉、听觉，或者其他感官刺激形成的知识。[14] 词语、图画，或者观察到的东西所传递的意义都是基于语言、数学等符号系统的。符号知识之所以"真实"或精确，是因符号系统内部存在的各种规则与关系，而非外部世界的事物或动作。

客观知识既是感官知识，又是符号知识。那些缺乏符号定义，通常指语言定义、有关世界的知识即使有，也并不多见。作为视觉记忆，树长什么样这种感官知识与标记该事物的词——"树"是绑在一起的，一同捆绑的还有很多其他的言语描述，以及颜色、气味等各种标记。佩维奥的"双编码理论"最早记录了客观陈述性知识的感官属性与符号属性之间的相互联系。[15] 佩维奥指出，既有视觉表征又有语言表征的知识，如果以视觉与语言两种形式同时呈现给学习者，那么学习效果就会更好。

客观知识与符号知识都需要通过分配一定的工作记忆，并按照学习的前三个规则进行学习，即注意、重复与联系。陈述性知识的基本单位是组块。

建立组块

记忆组块是彼此相互联系的知识单位，我们可以把它当作是工作记忆中的一个"箱位"。在有关记忆的研究中，研究者使用一个原始的视觉图像并且依此做几个变式图像。[16] 每位参与者都拿到了几个变式图像，而原始图像不提供给他们。随后给参与者一组图片，要求其找出自己先前看到过的图片。他们通常都会把那张原始图片挑出来，尽管自己实际上并未见过。这是为什么呢？我们想想神经学习的原理就可以知道问题的答案。由于只有一两张图片副本在原图基础上有改动，所有副本上存在的共同之处都来自原图。因此，原图上的一些要素不断得到强化，而那些与原图不一样的地方却在不断弱化。与任何副本相比较，原图与由此形成的记忆组块实际上更像。

想想我们是如何教孩子认识树的。所有的树都存在一些共同点，但是每一棵树又都是独一无二的。随着我们给孩子看的树越来越多，所有树的共同点就会得到强化，其特有的点会被弱化。因此，孩子脑中会形成一个关于树的组块，该组块会体现我们所认为的树的"本质"，即树所具有的不一样的一些基本特征。哲学家柏拉图想找到这一问题的答案。柏拉图及后来其他一些哲学家都不明白输入的那些独特的感觉信息究竟是如何形成真知的。柏拉图认为，有关事物的"形态"或本质的知识是我们天生就具备的。其他一些哲学家，如亚里士多德，认为一些"归纳"机制帮助我们从输入的感觉信息中提取出事物的本质。[17]

然而，这些古代哲学家对神经元如何学习一无所知。他们其实是赌注式地做出假设，但是他们对概率（概率规则）知之甚少。他们当然不知道神经元是如何进行概率运算的。概率是通过对频率的计数得出的。发生频率越高，概率就会越大。如果我们知道一些事情实际发生的频率，如与短毛发相比较，长毛发狗占多大百分比，我们就可以准确预测其发生的可能性有多大。我们可以有根据地猜到接下去我们看到长毛狗的可能性有多大。实际上我们不可能看到世界上所有的狗并计算长毛狗和短毛狗的数目，因此我们没有办法知道确切的出现频率，事情并没有那么简单。

假设在我们生活的街区，一些家庭的主人可能有着特殊的偏好，如都喜欢短毛狗。我们可以把自己所在地的狗作为"样本"，数一数样本中有多少只长毛狗、多少只短毛狗，然后假设实际出现频率与我们从样本观察到的接近。心理学、教育学的多数研究都是依据这一逻辑展开的。我们根据样本的特征推断出所有狗都具备同样的特征。如果我们使用的样本不一样，我们得出的长毛狗与短毛狗的出现频率会略有不同，我们可以依此对整个计数数据进行"更新"。"大数定律"这一数学定理告诉我们，样本越多，样本的累积频率分布就越接近实际频率分布。

在我们所居住的内布拉斯加州，孩子们收集了雷雨、龙卷风经历的重要样本。由于这些事件出现频率非常高，他们很清楚暴雨现象是怎么回事。然而，他们对地震形成的特有心理表征却非常差。

尽管我们对概率、频率及样本的讨论也许看起来与组块形成的方式没有关系，但实际上是相关的，因为神经元是根据大数定律发挥作用的。我们再回到树这个话题。每当我们新输入一条有关树的感觉信息，树的组块信息就会被提取出来（或被激活）。我们可以将此当作一个范例。树的"本质"就是长时记忆中积累下来的那些彼此相互关联的经历。组块中一棵树的所有特征的出现频率，会因它们是否出现在新输入的感觉信息"样本"中而得到强化（计数）或弱化。随着我们反复输入一些新的有关树的感觉信息并且不断提取相关组块信息，我们又取了一个样本并且基于当前输入的有关树的感觉信息，丰富了树的一些基本特征。神经元组团相当于记录了所有特征的累积频率总数。根据大数定律，随着我们输入的有关树的感觉信息"样本"的增多，神经元组块累积频率会越来越接近所有常见树特征的实际出现频率。"常见的"这一术语限指个体的经验世界（既包括个人的直接经验，又包括通过不同媒介获得的经验）。也就是说，如果你生活在沙漠，看到的只是一些低矮的、干枯的树，那么你第一次看到的一棵巨大的红杉树会引起你特别的注意。这就是为什么那些经历不多的孩子的知识组块较弱、较少，并且经常发现自己在阅读理解方面有困难。

该原理既适用于符号知识，又适用于客观知识。儿童通过反复倾听的方式学习自己的母语，这样形成的组块信息包含了语言中一些基本的语音、语法及语义规则。可以通过在环境中不断接触语言的方式学习语言，即使父母或其他人不做系统性教学或错误纠正。研究表明，儿童建立的语言规则组块实际上比语言本身更符合规则。儿童可以很好地领会到语言的基本规则，如名词词尾加"s"构成复数形式，而一些特例只能靠教（如 mouse 的复数形式是 mice，而不是 mouses）。随着陈述性组块信息的出现频率不断更新，大数定律似乎将一些基本规则之外的特例去除了。

在统一学习模式中，我们无须特别解释或用归纳性学习机制去解释组块是如何成为一般概念或规则的。看了经过各种修改后的某一图像的很多不同副本就会形成对原图的一种记忆，而该图像实际上之前从未见过，对此类现象我们都能理解。与大数定律一起作为一种频率计数机制，神经元会基于输入的具体感觉信息产生陈述性知识的客观性与符号性要素的知识组块。形成精确的陈述性知识以理解问题的方法就是要多次重复正在学习的东西。

你很可能会问："如果我们没有时间充分重复所学的东西以使大数定律发挥作用会怎么样呢？针对我们每天经历的一些事情大数定律可以发挥很好的作用，如看到一些树，或听到别人说母语，但是在学校我们有太多的任务要完成，以至于无法到过多的重复。"由于组块可以计算陈述性概念或规则的一些特征的出现频率，因此我们可以从中找到问题的答案。刚学习知识时，无论学习的是感官知识还是符号知识，都会在组块最初被储存起来时建立起最初的强度模式。该模式越是接近彰显知识的模式（例如，变式模式越是接近原始模式），组块就越准确。也就是说，你的陈述性知识组块越接近"原始模式"，就越不需要反复改变以接近真实的出现频率。因此，从教学的角度来看，最初的教学质量或教材质量越好（也就是说，其中的信息与我们要学生学习的概念、事实和规则的特征越接近），学生建立精确的陈述性知识组块的速度就越快。他们需要重复，但是建立表征知识的组块要求重复的次数会减少。陈述性知识学习的最终目的是形成完整的组块。

（二）程序性知识

如前所述，陈述性知识可能会很复杂。它让我们认识事物、做出判断、分类事物、区分事物，以及找出相似点。这种认识事物、分类事物的能力可能非常复杂。不管复杂程度如何，陈述性知识无论是在行为上还是在思想上都不会产生行动。

程序性知识是会产生行动的知识。最明显、最容易观察得到的行动是运动行为。程序性知识会引发运动，从而产生行为。然而，单纯的认知活动也是一种行动。我们的思维就属于认知活动。还有一些属于行动的认知活动，如从长时记忆中提取知识。激活与工作记忆中需要加工的信息相匹配的信息，即可以实现陈述性知识的提取。但是，陈述性知识也可以通过程序性知识引出的行动提取出来。

作为一种记忆，陈述性知识最终都要被提取出来（或被激活）。程序性知识都是有目的的或是目标导向的，它会引发一些认知事件和运动行为，这也就解释了为什么把程序性知识描述为"关于怎么做的知识"。程序性知识是有关我们怎样做事的知识。

尽管程序性知识涉及运动行为，但是它不仅仅指肌肉运动。前面我们提到过婴儿期是锻炼婴儿运动控制能力的时期，即锻炼婴儿肢体空间协调能力的时期。陈述性知识不只是简单的感觉信息的输入，因为我们还需要将输入的感觉信息与其符号意义联系起来。同样，程序性知识也不只是一种运动。程序性知识可能涉及建立知识结构，将运动转化成相互协调的动作序列，以便实现特定的结果。程序性知识还可能涉及建立相互协调的认知行为或思维序列，其结果不会出现任何具体的肢体运动。

将程序性知识概念化的一个好办法就是把它视为一种"如果……那么……"的关系，即如果有什么，那么就做什么。如果一只球正朝我的头飞来，我就举起手抓住它，不让它撞到我。在认知科学中，有时候把这种行为称为"条件—行动"规则，即如果出现某种情况（正在下雨），就会采取特定的行动（撑开雨伞）。需要注意的是，程序性记忆中的"如果"部分属于陈述性知识组块。程序性知识就是陈述性知识的使用方式。如果我们想要某个学生学习某一技能，如解代数方程或配平化学反应方程式，我们需要把他（她）对相关规则按照陈述性知识的理解转换成程序性知识。

程序性记忆实际上是学习心理学领域最早研究的课题之一。彼时，程序性记忆在研究者眼里就是一种"刺激—反应"连接（或 S-R 连接），它成为后来被称为行为主义心理学的研究基础。因为行为主义者缺乏从认知层面与神经层面对知识进行研究的工具，所以他们专注于那些可观察得到的事物和感官刺激（视觉、声音等）与可观察到的动作和身体行为之间的联系。这些可观察到的东西不需要"大脑内部的"思想，因此行为主义者对动物进行了大量研究。研究动物与研究人相比，试验中的研究条件更好控制。行为主义者进行了一些非常有名的有关学习的研究。巴甫洛夫通过研究发现，如果每次给狗喂食物时都会有铃声，经过多次反复后，一听到铃声狗就会流口水，他也因此而获得了诺贝尔奖。[18] 他提出的学习范式就是"经典条件反射"。斯金纳研究了所谓的"操作条件反射"，发现老鼠（或鸽子）按压棒子获得食物的速度取决于每次按压或随机按压时是否可以获得食物奖励（斯金纳称之为"强化"）。[19] 他还发现，动物会因为是否存在某些刺激（如绿灯或红灯）而选择按压或不按压。

虽然这些研究从未直接针对认知问题，但是它们阐释的原理的确是相同的。如果试验重复的次数越多，动物的行为与喂食之间的联系越多，那么动物就容易"学会"流口水、按压棒子，或走迷宫。为了让狗垂涎三尺，每次给狗提供食物时巴甫洛夫就必须马上响铃，并且如此多次重复。随着重复次数的增加，狗在听到铃声时其唾液分泌量（学习的强度）也会逐渐增加。如果响铃时不再喂食，狗在听到铃声后流口水的想象还会持续一段时间，但是其唾液分泌数量随着重复次数的增多而逐渐减少，直至最后完全停止分泌唾液。也许你已经注意到了行为主义理论讲述的这些东西似乎与我们所说的神经元的学习非常相似。大脑研究者已经证实，神经学习过程与经典条件反射的学习过程是一样的。神经学习的过程同样也是辨别学习的过程。在辨别学习中，动物会因为某一特定刺激而不是别的任何刺激（如只有在红色刺激而不是绿色刺激发生时动物才会按压棒子）而做出反应。统一学习模式解释了经典条件反射和操作条件反射，同时认知研究使我们对程序性知识的理解已经远远超出了行为主义研究者所研究的那些简单的行为。

与陈述性知识一样，程序性知识也是需要通过注意与重复的方式学习的。于人类而言，我们可以关注一些可观察到的刺激与相应的行为反应，正如教师发出信号要求学生保持安静或做些什么一样。我们通常认为学习就是记忆知识。我们注重把陈述性知识与知识的行为表征联系起来。与陈述性知识不同的是，掌握程序性知识时既需要重复组块信息，又需要重复动作。

1. 建立程序：程序化

陈述性知识学习的最终结果是形成记忆组块，它准确地反映了知识的一些具体特征的出现频率（或发生概率）。而程序性知识学习的最终结果却不一样，它不只是出现频率的累积。我们并不只是储存某一事物或符号规则的确切表征。程序性知识的存在是为了产生某种行动，以便获得与我们周围真实世界相关的某种结果。程序性知识是以目标为导向的。

不妨想想，下雨了，我们需要什么才能打开雨伞。首先我们需要陈述性知识以便知道雨是什么，雨伞又是什么。我们还需要程序性知识以便知道怎么一步步撑开雨伞。以下是我们对下雨撑雨伞整个过程的详细说明：

如果有什么东西打在我的头顶并且是湿的，那就是在下雨。

如果下雨我就会被淋湿。

如果我不想被淋湿，我就需要一把雨伞。

如果我有雨伞，那我需要弄清楚雨伞撑开的方法。

如果找到了撑开雨伞的方法并且知道如何操作，那我就可以把它撑开。

如果我找到了撑开雨伞的方法，但是我并不清楚如何操作，那么我会想办法弄清楚如何把它撑开。

像使用雨伞这样简单的事情，也需要一系列众多可能的条件与行动，究竟需要什么条件与行动取决于先前的行动结果。我们把程序链放在一起，并不是简单地确定一个精确的累积频率，而是要确定哪些行动能够帮助我们达到期望的结果或目标。

在教育背景下，我们注重阅读、写作与数学等方面的一些复杂技能，同时还注重解决科学、历史及其他领域中的问题的发展技能。作为程序性知识，这些技能与撑开雨伞所涉及的一些技能非常相似。我们希望学生能针对外部世界的某些情况（条件）采取一系列的行动，这些情况有些是存在多种选择的结果，而有些则是我们可以接受的结果。就拿阅读一个故事了解其中的人物来说，如灰姑娘与她那些坏姊妹之间的故事。阅读时若把故事中的人物特征进行比较，你会发现故事更好懂。如果你具备适当的程序性知识，也许你可以通过绘制韦恩图（Venn diagram）等策略从视觉上呈现分析结果。

理解程序化的关键在于理解结果所起到的作用。就拿学习接球来说。如果我们看到一只球朝我们飞来，这一感觉信息会进入工作记忆。工作记忆中的模式匹配会提取（或激活）与球、运动相关的陈述性知识。假设我们并不是坐在那儿让球击中我们，那势必就会有某些行动。要是没有什么别的办法，我们也许会本能地躲闪或举起手。执行这些动作就要激活动作神经元，向肌肉发送信号。长时记忆中相关动作神经元被激活并提取到工作记忆中。如果既输入了感觉信息又激活了相关的陈述性知识，那么这些动作神经元就会放电。不妨回想一下"工作记忆关联规则"。工作记忆中的东西都是相互联系并存储在一起的。陈述性知识与行为动作也是联系在一起的。

陈述性知识与行为动作关联的次数越多，它们之间的关系就会变得越紧密。知识与动作之间的联系让我们成功地接住球，为什么这种联系的强化程度会出现差异呢？我们对飞过来的球可能会做出各种不同的反应。然而，只有其中的某些反应才能帮助我们接住球。我们想接住球，因此我们会努力重复那些可以让我们接到球的动作。当成功接球的动作重复次数多于不能成功接球的动作重复次数时，接球动作最终就变成了那个强化程度最大的动作。这并不要求神经元一定要"知道"该动作是否起作用，而只要求起作用的那个动作多多重复，与此同时，陈述性知识与感官知识在工作记忆中保持活跃状态。

认知知识的学习过程也是如此。假设我们要让儿童知道 2+4=6，当感觉信息 2+4 输入时，有关数字、符号意义的陈述性知识就会被激活，随后得出答案。除 6 以外的任何答案都不会被重复太多，因为它们都无法解决问题。最后，6 这个答案就得到强化。

更加复杂的数学、科学问题的解决过程也是如此，只是问题解决环节更多而已。例如代数问题，一个简单的答案是解决不了问题的。第一步可能需要通过分解来简化方程。解决代数问题可能有很多步骤，但是最终得出正确答案的步骤就只有有限的几个。每一个中间步骤都会变成新的陈述性知识，它是下一步的条件。整个问题解决的环节不断重复，得出正确答案的所有联系就会得到强化，而那些无助于得出正确答案的步骤就会弱化。如果有好几套方法都可以解决问题，所选择的可以成功解决问题的那一套方法就会得到强化，而其他一些方法虽然也可以用来解决问题，但因为没有选择，因此就会弱化。有时候我们选择可以成功解决问题的某一方法，使其得到强化，即使还有其他方法可能比我们所选择的更有效。

程序性知识形成的过程中一些错误的程序可能也会得到强化，尽管它们是错误的。例如，学生学习阅读，使用的书中的词汇量与插图都有控制，他们可能会基于单词的首字母及图画去读单词，这一程序一段时间之后是不会有效的。

形成程序性知识需要重复条件与众多可能行为动作中某个合适的行为动作之间的联系，进行差异化的强化。日常的这种重复就是练习。与陈述性知识一样，这种"条件—行为"动作链的正确选择可以通过教学来实现，适当的指导有助于学生从一开始就选择正确的行为动作。这就是为什么你在初次打高尔夫球之前最好先找个教练，而不是在你自己在打过一段时间的球之后再找。教练在一开始就会告诉你用正确的动作摆动身体，而不是既要强化新的、正确的动作，又要摒弃那些不正确的动作。这些不正确的动作会一直保持直到一些新的动作得到更多的强化。

这也就解释了为什么以下学习方式会取得更好的效果：要学生观察教师举例示范，并且在学生刚开始学习时教师就给予耐心的指导，而不是让他们自己解决问题。从一开始就确定并强化适当的条件—行为动作链，将有助于学生在练习的时候提高学习的速度与精确度。

2. 自动化

程序性知识学习的最终目标就是要达到众所周知的"自动化"（automaticity）。程序化的早期阶段要求在工作记忆中要有主动注意。我们再回到接球这一话题。首先，我们看到了皮球。感官图像会与我们的一些陈述性知识组块进行模式匹配，这些知识组块是关于皮球及其运动、我们自身，以及我们的身体与皮球的相对位置的。我们可能在思考："有一只皮球正朝我飞来。"我们甚至会想："我要在皮球撞到我之前接住它。"这是因为工作记忆积极参与了感觉记忆的加工，以及陈述性知识与程序性知识的提取。在学校里，幼儿园的孩子们得思考如何写字母 M，有时甚至要默念书写的笔画"上、下、上、下"。

工作记忆的这种积极参与被称为"受控型认知加工"。[20] 这种受控型认知加工所存在的问题在于，尽管我们在思考"我要在皮球撞到我之前接住它"，皮球仍然在向前运动，事实上我们还没来得及反应皮球也许已经撞到我们了。受控型认知加工于真实世界而言，其加工速度是缓慢的。尽管对我们解答一道数学方程式而言这并不算是一个问题，但是当我们需要采取行动，对我们周围世界所发生的事情做出反应时，如避免遭到一只正在快速运动的皮球可能造成的撞伤，它就真的是个问题了。

正如我们已经讨论的，重复有一个结果就是可以实现知识的快速提取。当程序性知识中的一系列动作重复（练习）的时候，会发生两件事：首先，那些不能获得成功的条件—行为动作链会被相继弱化，以至于程序中的各个步骤会变得更加简单、直接。这将会使认知加工的速度加快，因为其中的"错误"会变得越来越少。其次，重复会加快神经元放电的速度，因此条件—行为动作链执行得会更快。尽管我们并不完全清楚这究竟是怎么回事，在某种情况下，这些更加简洁的、速度更快的程序似乎不再需要工作记忆保持活跃，它们不再需要人为的控制。[21] 由此我们可以推测，这也许是程序性知识的一个功能，为了达到想要的结果，它会变得非常精确，以至于我们没有必要确认一切过程是否正常。这时候成功的概率几乎是 100%。尽管幼儿园的孩子必须非常认真、自觉地写好每一个字母，但是我们成年人几乎不需要注意我们怎么写好每一个字母，我们只管写就是。

实现了自动化的程序基本上可以做到自动运行。自动化极大提高了行为动作的速度。实质上，一旦最初输入的感觉信息在工作记忆中实现了模式匹配并且提取了首个陈述性知识条件组块，整条程序链不需要工作记忆参与就可以放电。这时的动作通常被认为是习惯性的或就是一种习惯。

这里有一点很重要，即自动化释放了工作记忆中的一些箱位，在完成任务的过程中没有用到它们，而此前完成任务时都占用了一些箱位。也就是说，在写字母"M"时我们不必说"上、下、上、下"。没错，我们可以边走路边嚼口香糖。

如果两个活动需要同时进行控制加工，其结果是不一样的。尽管一些学生

"游戏玩家"及其他一些人声称可以同时做几件事情，但其实我们并不能在两件事情上都保持注意力。工作记忆可以来回切换，但是它不能同时处理两个控制加工过程。[22] 因此，国家立法机关通过法律禁止开车时打手持电话是件好事。如果需要分配一部分工作记忆用于打手持电话，那么开车就会变得不安全了。

　　然而，一旦程序变得自动化，任何新的学习或变化是很难新加入那些程序的。学习要求工作记忆保持主动注意。自动化程序一旦开启，便可以不依赖于工作记忆的注意而自动运行。它们经常要求输入感觉信息，但并不需要连续不断地输入。驾驶员可以同时与人交谈或听收音机广播。然而，如果棒球运动员在追赶一只在空中飞的棒球，他是不可能（至少不应该）同时想一些其他事情的。如果因为交通拥堵或冻雨而导致驾驶条件恶化，驾驶员经常会关闭收音机并且要求乘客不要打扰他。有经验的乘客，特别是那些平时自己也开车的乘客，通常都会自觉不去打扰司机。

　　若要改变一个自动化程序，就必须停止自动化，程序需要重新得到工作记忆的注意。埃里克森（Ericsson）提出通过练习，即"刻意练习"（deliberate practice）来改变程序。[23] 在练习过程中我们必须有意识地集中注意力，阻止程序自动化运行。如果程序继续自动化运行，那就什么也没有变；相反，现有的程序会继续得到强化。杰出的世界著名高尔夫球运动员老虎·伍兹（Tiger Woods）坚信，如要提高球技，瞬间击球的动作就需要改变。在改变挥杆动作的几个月里，他的球技受到了影响。但后来当他再次出现在赛场上时，高尔夫业内人士都说他的挥杆动作更好了。[24] 伍兹就是一个通过刻意训练改变自动化程序的绝例。伍兹每天所做的就是刻意训练的经典示范。

六、建立更大的知识网

　　到目前为止，关于陈述性知识与程序性知识，我们已经讨论了一些单个的组块程序。尽管单一的陈述性知识组块可能会很大，完成单个行为动作的程序也许会牵涉很多环环相扣的条件—行为动作步骤，但是这些仍然都被视为一个统一的整体：单一的事情或行动。然而在生活中，我们很少一次只处理一件事或一个行为动作。我们的家是由无数的物体组成的，我们需要使用我们的陈述性知识去认识它们。我们很少做一个离散的动作就停下来，然后又做另外一个离散的动作。相反，我们完成系列性动作，如接球然后又传给别人。我们确实会在开车的时候与乘客交谈。

我们需要将陈述性知识与程序性知识连成更大的知识网，从而将一些知识组块或者程序形成关联，因为它们并不会实现自动化。将陈述性知识与程序性知识连成更大的知识网属于学习的第三条规则的一个功能：联系。由于很难把针对这些更大的联系的形成过程所做的实验或观察结构化，这些联系从神经生物科学的角度形成的具体细节我们知道得很少，而对于更直接的神经强化，以及组块间、程序间的紧密联系我们知道得会多一些。这就需要我们对其中的一些机制做更多的推测。

尽管"频率"是这些更大关联的一个属性，但由此产生的联系似乎并不完全依靠重复来得到强化。更大的知识网似乎不只是要求通过频率实现强化或弱化，还要求主动抑制或弱化。神经之间的联系不仅会随时间的推移而自然衰减，它还会主动减少。大脑具有主动抑制神经放电和弱化放电电位的机制。对这些机制从神经生物科学角度进行探讨不在本书讨论范围，而且现有的相关探讨仍然无法将其解释清楚。我们是根据对记忆和图式理论的认知与心理学研究，以及神经网的模拟而获得相关证据的，接下去的两节将讨论这些问题。

（一）陈述性知识网

陈述性知识具有一定的层次结构。分层排列是构成神经网络模型的关键。大脑的物理结构也显示了神经之间的联系具有层次结构性。为什么知识会按层次结构排列呢？原因似乎要从效率与简约两方面来分析。例如，我们有一只叫菲多的小狗。菲多是一只特有品种的狗，它是犬科动物，它属于哺乳动物，它属于动物。从实践角度来说，这些相互关系之间体现出的层级性可以提高学习效率。例如，对于狗是哺乳动物这一事实，我们不必在有关狗的知识组块中储存哺乳动物的关键知识，如"脊椎"知识。一旦长时记忆中有关狗的知识被激活，我们同时可以获得哺乳动物组块的所有知识，因为在激活有关狗的知识的同时会激活其他各层级的知识。

这就可以使知识的储存变得更精简，同时又可以使我们获得对很多知识组块都通用的知识。除狗以外还有很多其他哺乳动物。如果我们把所有哺乳动物共有的特征储存在哺乳动物知识组块，那么这种知识我们只需储存一次。所有关联的动物组块都可以访问哺乳动物组块的知识。否则，我们就需要在每一不同的动物组块中把所有这些知识都储存起来，这将会导致大量的知识重复与冗余。

神经活动是如何产生知识的层次结构的呢？假如一个孩子的记忆中有一个关于"动物"的知识组块。各种动物之间存在很多共同点。正如我们说过的，孩子记忆中的动物组块因为重复而对一些要素进行强化，而对另外一些要素进行弱化。但同时每一特定的动物都会重复出现，因此孩子会反复接触像狗、猫之类的动物。很显然猫、狗都是动物，它们有着一些共同特征，但是因为它们各自都有一些独有的特征，因此猫、狗显然又是不一样的。我们并不想抹去它们之间的差异。在单个组块内不可能同时体现出两者之间的共性与差异。我们不可能在一次频率计数中将猫与狗之间共同的方面与不同的方面同时最充分呈现出来。为了既强化它们之间的共性，又体现它们之间的差异，我们需要把共性与差异都包括进去，这一点可以通过分层排列的多个组块来实现。猫与狗之间的共性可以在动物组块中体现，而独有的一些特征则可以分别在猫组块、狗组块中体现。从动物组块可以看到猫与狗之间共同的一些特征，而两者的差异则分别保留在猫组块与狗组块。猫组块或狗组块与动物之间的联系都会因为两者每次同时从长时记忆中提取出来而得到强化。我们可以通过猫与狗之间特定的抑制联系把它们区分开。每当其中一个出现而另外一个没有出现，那么抑制联系就会使一方对另一方的抑制强度增加，从而弱化两者之间的整体关联。突触联系增加或减少神经放电的可能性，也是突触上的接收器和神经传导器的功能。因此，强化联系可能会增加，也可能会减少放电的可能性。尽管情况会有很大不同，但事实上通常认为大部分的突触联系都是起抑制作用的。[25]

（二）程序性知识网

程序性知识网的辨识度较低。如果我们知道程序性知识最终就是要达到自动化，那么我们就不会希望自动化链变得太庞大。行为必须与我们周围不断变化的环境相适应，这就要求那些紧密联系的动作序列中的动作不能太多。程序性知识似乎会连接成更大的动作序列，并以形成一个"连接器"作为程序的终点，而不是形成更大的相互关联的组群，类似于陈述性知识那样的层级结构或基于规则的结构。

在执行程序之后，我们通常需要对结果进行"评估"。如果我们刚刚做了一个动作，该动作就有可能改变周围的环境，这就是外在的行为表现。在程序性知识产生动作的过程中即使当时我们的动作没有改变环境，但是接下去某个时候环境也会发生变化。我们不可能一直只做动作，却不对新环境做出评估。例如，我们可能拥有一个接住飞向我们的棒球的自动程序。很显然下一个动作就是把球扔出去。但是，我们在接球的时候，棒球运动员也在跑动，因此只有在我们重新审视环境之后才会知道应该把球扔向哪里。接球程序的最后一个条件—动作规则可以是"如果球被接住了，那就找找应该把球扔向哪里"。这就要求我们审视视觉上的感官信息，但是"扔球"的架势又会与扔球程序进行模式匹配。那么"扔球"的第一个条件—动作规则差不多就是"如果已经确定了球要扔向哪里，那就开始扔吧"。因此，如果审视了感官信息却没有确定要把球扔向哪里，扔球程序就会终止。

这种类型的链接已经在各种程序性知识的仿真方案中得以实施。某一程序要求在工作记忆中必须有认知行为，如获得新的感官信息或者在程序的最后提取新知识，而不是简单地结束整个程序。一个程序最后的动作应该成为下一个程序开始的条件，这样不仅可以使所有动作连贯，而且还可以帮助我们对不断变化的各种条件做出调整。

我们思考一下这到底是怎么发生的。如果某一程序执行完后再没有后续其他动作，那很有可能是因为最后结束时只是在工作记忆中输入感官信息。如果某些动作之后还会紧跟其他动作，那么程序一开始那些后续动作就被当成是条件—动作规则程序链中的一环。然而，如果某一程序要实现自动化，所有条件—动作构成要素必须100%按照时间先后顺序执行。因此，只是某个时候才在程序链上的任何动作最终都会移除。与陈述性知识中那些相似知识的连接规则非常类似，程序链上的所有自动执行的动作与其后续动作的共现关系非常牢固，足以保证建立起各种连接。如果前一程序激活后一程序，即前一程序成为后一程序的条件，那么只要确定前一程序的最后一个动作就可以建立起连接。

与更大的陈述性知识网一样，程序性知识在重复的过程中会产生知识的抑制及强化。

七、情景知识与迁移

复杂联系的建立也是学习领域中以下两个更为突出的问题的核心：迁移与情景认知。前面在探究情景性知识及其组块的形成方式时我们已经讨论过情景认知的概念。形成那些表征概念知识的组块需要剔除一些具体的情景要素，通过重复、相同要素的强化，以及具体情景要素弱化的方式形成知识的一般表征。但是，情景知识与迁移还会涉及一个更大的问题。

假如我们计划在屋后建一个混凝土露台，我们就要弄清楚究竟需要订购多少水泥。我们是不是发现这里需要用到体积的几何计算公式（长 × 宽 × 高）呢？再举一个例子，假如我们计划将一个四人食谱调整为六人食谱，我们是不是发现这个问题可以通过数学中的小数知识来解决呢（将四人食谱乘以 1.5）？这些问题都与我们在学校学到的东西有关。我们在学校学到的这些东西，如数学公式、历史知识，以及科学原理等在校外是不是用到过呢？我们在学校讲授的一些东西是不是"迁移"或者推广到了"真实世界"呢？

以上关于迁移问题的答案长期以来都是否定的：学校里所教的一些东西没有得到迁移。学校里所教的一些东西被视为"惰性"知识，它存储在长时记忆中，但是无法在真实环境中提取出来。由此人们提出要更多地在真实环境下学习，并且把学到的东西用于真实环境。大量研究表明，一些工作技能与特定的工作环境密切相关。这些情景化的工作技能所用到的策略源自特定工作环境下获得的经验，是经过各种试错总结出来的。它们脱离开了学校学到的那些正式知识，而且与学校的那些知识没有关系。[26] 当然，情景化的工作技能与学校学到的那些知识一样都没有很好地迁移到其他工作或情景中。

针对迁移及情景问题，有几件事情需要牢记在心。首先，一些在学校里掌握的技能迁移效果都非常好。我们大多数人都在学校学会了阅读。我们可以在任何地方、任何时间解码并理解任何媒介上我们的本族语的书面文字。同样，我们可以在任何媒介上写作，甚至可以采用完全不同的方法（手写或文字处理技术）制作出印刷文本。我们可以在不同的环境下应用基础数学去计算饭店的小费、比较杂货店的价格等等。如果一开始我们就用心学习的话，我们可以回忆起所学的历史、地理知识，从而有助于我们理解时事。尽管学校里学到的知识在真实世界中可能会是惰性的、难以企及的，但是它本可以不必这样的。

真实世界中问题的解决大多与情景认知密切相关，不过一次有位作者曾经看到他的一位混凝土承包商朋友使用了三角函数。像他这位承包商朋友一样，人们都掌握了一些非常精确的经验法则，以此对一些事情做出判断，如判断需要多少混凝土。这位朋友也许可以根据经验估计 100 英尺（约 30.48 米）的弯曲车道所需的混凝土量大约在 0.5 立方米以内（立方米是混凝土测量与售卖的体积单位）。他当然可以根据情景认知解决实际问题。然而由于那 0.5 立方米可能占了他利润的大部分，因此仅凭经验来估计是他无法承受的。他用三角函数计算出混凝土的确切需求量。因此，在真实世界中工人们不使用学校学到的知识这一说法并非总是正确的。

我们使用知识，也就是在特定情景中应用知识。无论我们存储的是某一概念的一般陈述性知识组块还是一个自动化程序，在特定的情景中它们总是会被提取出来。皮亚杰称之为"顺应"（accommodation），即知识对其所使用的特定情景或环境的适应。这里所说的情景也许是"真实世界"，也可能是回答研究生入学考试的一道试题（即便不是"真实"世界，也是一个潜在的重要世界）。形成组块及程序化可以形成体现共性的、经常出现的笼统的知识，但是这样的知识应该总是应用于一些特定的方面。

工作记忆的任务就是输入感觉信息（或其他信息），并且把它们与长时记忆中已有的知识进行模式匹配。若要进行模式匹配，就必须从长时记忆中提取陈述性知识组块及程序性知识的条件—行为动作链。根据统一学习模式，实现知识迁移的关键在于，知识使用环境的某一方面必须触发模式匹配。如果我们想要孩子们用数学公式解决一个词汇问题，那么该词汇问题中的某些要素需要触发模式匹配，以便从长时记忆中提取公式及问题解决的程序。

很显然，若要实现迁移，必须要求学生将知识在真实世界中需要应用的地方进行应用。通过这种方式，真实世界中的一些情景就会与陈述性知识组块或程序性知识的一些条件要素联系起来，当情景再现时就会自动出现模式匹配。

这正是学徒制方法背后潜藏的逻辑：学生在实际的真实世界（模拟仿真世界）中学习。学生在实习及实践中把课堂学到的知识应用到真实的现实世界中，其背后的道理也是一样的。模拟培训的道理也是如此。用于航空训练的飞行模拟器与实际驾驶飞机是如此相似，以至于受训者可以从模拟飞行直接转向飞机的实际操控。这些教学方法的设计，旨在增强学生进行模式匹配及从长时记忆中提取相关的陈述性知识或程序性知识的情景能力。

八、问题解决与批判性思维

在以前从未经历的情景中培养知识提取的能力，通常与问题解决能力、批判性思维能力，甚至是创造力的培养密切相关。根据统一学习模式，这种类型的问题解决能力或批判性思维能力的培养需要确定或建立匹配模式。如果已有的感官信息不能触发模式匹配，那么个体就需要继续寻找新的感官信息（即更多信息）或把感官信息转换成可以触发模式匹配的信息。正如我们已经指出的，工作记忆运作的一个关键过程就是通过不同方式将工作记忆中存储的信息都联系在一起。这一重新联系的过程可以将工作记忆中的各个要素形成一个新的组织。20世纪初期格式塔心理学家把一些问题要素的重组称为"酝酿"（incubation），把成功重组后出现的模式匹配称为"顿悟"（insight）。[27]（参考我们对"啊哈"时刻 [Ah-Ha moment] 的讨论）

统一学习模式中的批判性思维与问题解决既需要继续搜寻新的感官信息（新信息），又需对已有的感官信息进行重组并把它转换成配置不同的信息。用日常话语来说，就是用新的方式或通过"头脑风暴"来看待事物，但是根据统一学习模式，其根本目的就是要与长时记忆中已有相关知识进行模式匹配。专业知识方面的研究已经证实，是否能对问题进行重组、转换并最终找到已知的解决方案，是问题解决时内行与外行的区分标准。[28]假如学生在学校已经学习了知识（也就是说，在长时记忆中建立了组块或程序链），那么他们把知识迁移到真实世界的能力，将在很大程度上取决于其继续审视情景（即搜索更多的感官信息），以及将他们已有的感官信息不断转化、找到相关信息并触发模式匹配的能力。我们通常会把工作记忆的这种加工过程称为"思考"。这里所说的"思考"需要主观努力才行，下一章我们将对此进行探讨。

这种类型的工作记忆重组及搜索可以被视为动态建构陈述性知识或程序性知识。这里所说的问题解决及批判性思维并不一定就是要帮助形成新的、永久的长时记忆知识结构，而是要形成短时的陈述性知识组块或程序性知识组块或程序性知识链，以便完成当前情景下和当前问题中的任务。工作记忆对这种动态知识的形成至关重要，因为解决问题时需要从长时记忆提取哪些知识由它控制，哪些感官信息才会引起直接注意也由它来选择。工作记忆通过信息加工把从长时记忆中提取出来的知识与输入的感官信息重新结合在一起，直至完全找到问题的解决方案，或者完成任务。可以说这种知识是在工作记忆中"建构"的，旨在应对当前的情景需求或目标。通过这种方式建构的知识中包含有一些先前已有的知识或新输入的感官信息，是先前已有知识多一点还是新输入的感官信息多一点，取决于个体从长时记忆中能提取到多少知识。如果某人事先对任务知之甚少，那么新输入的感官信息就会占多数。

九、无意学习

动态形成的组块、联系，或者在问题解决、批判性思维过程中形成的程序链，都会留下长时记忆的印痕。由于在工作记忆中引起了注意，它们会因为长程增强效应的影响而在长时记忆中形成新的、永久的联系。也就是说，它们有可能成为长时记忆的一部分。这种动态形成的知识的留痕就是我们通常所说的"无意学习"（incidental learning），即在完成另外一个任务时所发生的学习，而该任务的目标并未明确要求学习。如果这一特定情景今后反复出现，那么因为重复它们也许会得到强化，并成为长时记忆中新的陈述性知识或程序性知识网。如果情景与任务确实是独一无二的，那么最终什么也不会保留下来。对此我们可以这么理解：如果该情景不可能再度发生，而且也没什么东西需要保留在长时记忆中，自然什么东西都不会保留下来。

无意学习经常被视为"实践"教学法（hands-on instruction）的目标。作为一种教学方法，动手实践学习法（hands-on learning）与一些基于活动的学习方法一样都认为，学生动态建构特定问题的解决方案时都会提炼出陈述性知识组块和程序性知识链，它们便是活动的无意结果。正如我们已经指出的，情况的确如此。工作记忆中动态建构的知识会在长时记忆中储存起来。

然而，如果只依靠无意学习而不是更有目的性的直接教学，就会出现问题。无意学习的陈述性知识与程序性知识可能在长程增强阶段留痕。如果那些知识没有被重复，那么它们就不可能实现永久存储。这就意味着任何无意学习活动都需要有某些巩固练习或对无意学习的知识进行使用，才能形成永久性的、可以长期储存的知识。

让我们疑惑的是，当我们在解决问题的过程中动态建构知识的时候，我们的知识建构标准是否使问题得到解决。从真实世界的实践来看，解决方案必须充分，它可以不是优雅的或最优的。毫无疑问，真实世界中的任何问题都会有许多不同的解决办法。从教学的角度来看，虽然学生可以动态地建构实际问题的解决方案，但是没有任何研究指出这个解决方法的质量必须非常高。研究表明，在许多情况下学生会用一些简单的试错策略来解决课堂中的一些问题。这些策略把问题给解决了，但是并没有产生有意义的、无意识的知识，它们只是强化了试错模式。[29]

正如我们之前所指出的，从一开始就建立精确的组块和程序链有很多好处，个体不需要太多的重复就可以巩固组块的核心要素或实现程序自动化，但是如果顺其自然的话就需要更多的重复才能达到同样的效果。如果动手实践活动中的偶然学习形成的是一个欠佳的知识表征，那么在以后的教学中就很难让学生形成一个更精确、更有成效的知识结构。根据统一学习模式，这就是为什么更直接的教学方法，如学习样例或有指导性的实践，与单纯从动手实践活动中产生的偶然学习相比，能使学生更好地掌握问题解决技能。[30]

十、知识与工作记忆交互：扩充容量

你可能在想，"哦，我想起来在'工作记忆'那一章中你不是说工作记忆只有4个组块的容量，即使组块可以扩容，真正变大，这些巨大的图式及程序性知识链所需要的容量似乎要远远超过4个组块的容量"。这个问题提得好。那么"容量限制"的确切含义是什么呢？

　　我们前面所谈论的工作记忆容量限制涉及以下三点：① 短暂的工作记忆储存；② 集中注意力；③ 短时记忆中的信息加工。我们说过工作记忆可以容纳 4 个组块的信息，它们会在工作记忆中引起注意和（或）进行信息加工，并相互联系在一起。因此，我们可以把 4 个组块的容量限制理解成申请成为工作记忆的内容。

　　我们还说过，在工作记忆中如果 4 个组块的任何信息与长时记忆中的某个信息进行模式匹配，那么长时记忆中的相关信息就会被激活或提取出来。在讨论了长时记忆中的知识是如何结构化并相互联系在一起的之后，我们可以对信息的提取做更深入的思考。从长时记忆中知识的本质来看，工作记忆中的模式匹配显然会牵涉陈述性知识。无论模式匹配涉及的知识是关于输入的感官信息还是行为动作发生的条件，最开始的模式匹配所涉及的都是陈述性知识。假如你在看报纸时看到了这样一个标题——"股市下跌"。这个标题很有可能会让你想起股市的一些概念性东西，这个话题在我们写这本书时正好引起很多人的关注。如果我们在阅读一篇关于饲养奶牛的文章，这个标题也许会是奶牛数目的减少。当然，也有可能会发生一些更可笑的事情。比如，一位厨师把好多钵炖好的鸡汤都打翻在地。

　　如果某一陈述性知识组块神经网络中的一部分完成了模式匹配，那么那些神经元就会放电。结果，该组块神经网络中的剩余部分也会放电，并通过扩散激活的方式传播到与先前发生放电的组块相连接的其他组块。陈述性知识的长时记忆神经元并没有暂时存储在工作记忆中，而是存储在大脑的其他区域。因此，组块放电并非发生在工作记忆的信息存储区域，而是发生在大脑的其他存储区域。组块放电并没有占用工作记忆的短暂存储空间，也不需要工作记忆信息处理的任何注意。基于长时记忆中神经元放电电位的扩散激活可以自发进行。实际上，一旦模式匹配中一个组块放电，其他组块也将不可避免地被激活、放电。

　　单个组块，无论有多大，显然可以通过注意的方式使其作为一件事情而受到特别关注。然而，通过扩散激活的方式被激活的其他组块也许会成为注意的焦点，并进入工作记忆。尽管我们并不知道其在大脑中究竟是怎么发生的，但是通过扩散激活的方式被激活的整个组块网络似乎可以通过注意而使其得到特别关注。尽管注意力不能同时集中在所有被激活的组块上，但是当组块处于活跃状态时它们都是可以被提取到工作记忆中的。在提出工作记忆箱位的长时记忆激活模型之前，埃里克森和金茨（Ericsson & Kintsch）发布了一篇题为"长时工作记忆"的论文，[31] 旨在解决搜索速度方面的问题。如果所有不同信息都要一条一条地输入工作记忆中并一条一条地进行信息加工，那么记忆搜索速度就会很慢，但是实际观察到的记忆搜索速度要快得多。如果组块网络的任何部分都可以随时使用，那么通过扩散激活的方式将整个组块网络都激活，就可以实现记忆快速搜索。

　　这一点非常重要，因为我们曾指出，工作记忆中信息存储的时间非常短暂。短时存储器中的内容循环更迭十分迅速，而长时记忆中的扩散激活可以持续更长的一段时间，这样即使最初引发模式匹配的要素从短时存储器中消失了，仍然可以实现"思维"的持续性。如果对活跃的组块网络的任意部分特别关注，工作记忆可以复原被激活的组块。这就解释了为什么我们的工作因某件无须太多加工的事情短暂中断后经常可以再度恢复。

　　净效应指的是潜在的、可随时用于工作记忆信息加工的知识数量可以变得非常大。专注于单个组块的知识相当于某一激活的组块大小，以及任何与被激活组块相联系的组块大小。工作记忆仅需要一个箱位就可以实现模式匹配并从长时记忆中提取单个组块网，因此，这种潜在的知识可以得到进一步的扩展。剩下的3个箱位中的每一个箱位本身都可以完成模式匹配并从长时记忆中提取出一个不同的组块网。因此，我们可用于工作记忆信息加工的潜在知识数量是非常庞大的，尽管工作记忆本身仅有4个组块的容量。有个对国际象棋大师的研究就是一个非常好的例子。如果我们在棋盘上摆放了大量的棋子，把它给一个不懂国际象棋的人看，并且让她回忆棋盘上棋子的位置，她可以准确地回忆起4～7颗棋子的位置，这与工作记忆的容量非常相似。能回忆起多少颗棋子与棋盘上的棋子是随意摆放的还是按照国际象棋实际比赛时的位置规则摆放的都没有关系。如果还是同样的研究，但研究对象换成了国际象棋大师，那么事情就会变得很有趣。如果棋子是随意摆放的（棋子摆放位置在国际象棋比赛中是没有任何意义的），与非象棋专业选手一样，国际象棋大师也只能回忆起4～7颗棋子。然而，如果按照比赛规则摆放棋子，象棋大师可以精确地回忆起多达 30 颗棋子的位置。之所以会出现这样的情况，是因为国际象棋大师需要学习比赛时棋子在棋盘上的各种位置。据估计，国际象棋大师的组块信息中存储了 50000 种不同的棋谱。这些大型组块不仅可以提取出来，而且存储棋谱的每一个组块会与其他存储棋谱的组块联系在一起，这样选手可以思考未来比赛中可能出现的其他棋谱。选手可以根据当前的棋谱及棋子在棋盘上可能的移动顺序这种程序性知识链推断出其他棋谱。[32]

工作记忆还会因为自动化而实现扩容。自动化可以让我们做多件事情，或者如认知心理学家所说的，可以帮助我们实现信息的并行处理。如果我们主动注意工作记忆中某一程序链上的每一组条件—行为动作，那么工作记忆容量很快就会用完。我们需要记住的是，工作记忆一次只能专注一件事情，而且工作记忆中只能有 4 个组块的容量，于是总共只有 4 个条件—行为动作组合。因此，我们只能执行我们所注意的任意单个程序链上的条件—行为动作。从字面上来说，我们将无法在走路的时候同时嚼口香糖。

然而，就像陈述性知识组块的扩散激活一样，工作记忆只需注意触发程序的起始条件。正如先前我们所探讨的，自动程序链一旦启动，它便不需要工作记忆的主动注意就可以自动执行程序。[33] 工作记忆可以不需要初始条件就开始执行下一行为动作。因此，一次可以开启几个程序，这些程序的执行可以同时进行。当我们在工作记忆中进行一些需要注意的信息加工时，我们可以同时执行一些自动化程序。但事实是，我们一次只能做一件需要主动注意的事情。我们可以进行多项任务，但条件是最多只能有一个任务需要主动注意。[34] 这就是为什么开车的时候打手持电话是危险的。手机通话需要我们的主动注意，而驾驶也需要我们的主动注意。

组块与自动化都会极大增加有效工作记忆的容量。尽管个体的基本工作记忆存储空间大小及工作记忆信息加工速度会有所不同，但是与长时记忆中知识的存储量和知识的提取速度相比，这些差异并不算大。正如前面我们在讨论国际象棋大师时所指出的，他们之所以成为大师，并不是因为他们有着比其他人大得多的工作记忆存储空间。他们所能回忆的随意摆放的棋子数目并不会比非国际象棋选手多。他们可以形成很大的国际象棋知识组块，这才是他们可以成为国际象棋大师的真正原因。同样，我们之所以能够做出熟练的动作或有效地解决问题，并不是因为我们快速操作工作记忆中的四件事情的能力。相反，是我们所掌握的自动化程序让我们可以做出熟练的反应，并熟练提取长时记忆中的那些已掌握的、有效的问题解决方案。知识使得工作记忆的基本容量得到扩充，从而使得我们可以突破对信息加工能力的生物限制。

十一、统一学习模式原则 2：先备知识效应

现在我们可以讨论统一学习模式中第二个原则的一个关键方面：先备知识效应（the prior knowledge effect）。大量研究表明，个体对正在学习的课程已经掌握了多少相关知识，将对最终的学习结果产生非常大的影响。由帕克森（Parkerson）等开发的一个模式得出先备知识与成绩之间的相关性为 0.72。[35] 统一学习模式的前身——学习的交互补偿模式，发现先备知识与学习新知识之间的相关性 ≥ 0.6。[36] 根据图式理论，先备知识也是学习新知识的主要影响因素。

先备知识效应是知识与工作记忆在学习过程中相互作用的结果。我们来看看以下两种学习情况。首先，假设我们向工作记忆输入新的感官信息。根据统一学习模式前三条学习规则，以及在第二章我们讨论过的记忆存储规则，如果我们想将新输入的信息存储在长时记忆中，我们就必须注意并重复新输入的信息，以及（或）进行信息加工或信息转换，然后必须在长时程增强中保留下来，这样就可以获得足够的后续时间，使长时记忆中的神经发生改变。随后需要反复提取长时记忆中的知识，使其得到强化并成为可用的知识。否则，它就会弱化并且逐渐消退。很显然，这一过程会涉及"大量工作"。很多事情会马上发生，并且要经过一定的时间之后才会出现这种学习。纳托尔和奥尔顿－李提供了很多有关儿童课堂学习的例子，这些例子都表明学习需要经历这些过程。[37]

思考以下选自本科生出声思维的一些例子，他们试图学习一个非常复杂的、有关程序学习的计算机模拟模型。[38]

由表征记忆或已知信息的知识构成条件［几乎是逐字阅读并添加下划线］

知识被表示为条件［再读］

如果这样……那么……

如果部分条件，那么部分行动［下划线］

如果部分是条件，那么部分就是行动［再读过程中］

该学生正通过重读，以及几乎是逐字重述信息的方式进行重复。

下面再看第二个学生：

三步循环圈［下划线］

第一步：把规则的条件条款与活动信息进行匹配

好的

第二步：选择

第三步：实际执行

匹配、选择与执行，它们是加工指令中信息加工的三个步骤循环圈

［在复习刚刚阅读的东西时］

信息一旦被激发——会发生什么［再读过程中］

不得不重新再读——第一次没有领会意思

信息被激活，行为动作表述改变那些活跃的信息，这样就会形成新的条件—行为动作链［再次逐字读］

三个步骤循环圈的每一步都会出现一次［下划线］

好的，三个步骤——三步循环圈是一次一步的循环［再读过程中］

一系列连续循环，直至达到目标［再读过程中］

成功了

再一次回到上述例子，我们可以看到学习材料经过了很多次重复、重读。显然该学生"致力于"生成意义，并通过重复使信息成为记忆，其中只做了一点点释义。

假如长时记忆中已经有相应的陈述性知识组块与输入的感官信息对应，输入的信息进入工作记忆后会触发模式匹配，需要从长时记忆中提取相应的组块。如果组块中已经含有输入的信息（即学习者已经具备该知识），那么相应的神经元会得到增强，我们的学习就算完成了。如果组块中只有部分新输入的感官信息，那么这部分新信息会被增添到组块中。新信息与已有组块的巩固程度是不一样的，但是如果后续对其进行重复，它就会逐渐真正成为组块的一部分。很显然，与从零开始建立一个新的组块相比，这一过程要完成的任务少得多。信息存储并不依赖于工作记忆中即刻的信息加工及长时程增强。新信息会与已有

的记忆组块存储在一起，因此它会因工作记忆的联系规则即刻进入长时记忆。正如之前我们在讨论陈述性知识网络的层级结构时所说的，如果把新信息（如狗或猫）当成是独特的东西拎出来，而不是把它们看成是一个已有组块整体（如动物）的组成部分，那么学习者就还需要进一步学习有关狗或猫的知识。

以下是一位有经验的认知心理学教授的出声思维，他与前一个例子中的初学者一样，学习的是同一篇文章。

表征记忆的知识要素或经过认知系统加工的已知信息 [朗读]

这有点像——陈述性知识，长时记忆

啊，表示条件—行为动作规则的知识，如果……那么……[在阅读过程中]

因此，它更像是语义或命题类的东西，如果……那么……，那是做事情的典型方式

随后获得了一个激活的信息要素，表征当前的信息，它来自感官信息，同时又可以用于感官信息的信息加工服务 [在阅读过程中，几乎是逐字阅读]

这有点像短时记忆

需要注意的是，此人在通读材料时，输入的信息触发了有关该话题的先备知识的提取。提取出来的知识可以让他知道新材料就是自己已知的东西的一个事例，并帮助其继续学习。没有做明显的重复阅读。

以下例子来自另一位有经验的心理学家，他学习的是同样的材料。

加工指令中还包含了一个被激活的信息要素，它表征的是当前信息（系统中已经有）……先前的信息加工……以及工作记忆（那里有被激活的信息，同时也是信息加工的场所）……通过比较激活信息的一些规则的条件及执行规则中规定的一些行为动作 [第一遍几乎是逐字逐句地朗读]

此人已经知道那些是自己已经知道的一些东西（生产系统），且只是把新信息归属到组块中。

先备知识也可以让新学习的东西整合到一个更大的知识组织中。一个全新的组块被限制在工作记忆有限的存储空间内。一次只有少量的信息可以连接在一起形成一个新的组块，因此新的组块并不是很精细。如果要学习的内容更复杂，那么就需要增加并提取一些新的精细描述来建立组块，而精细化程度本身会因工作记忆容量而受限。然而，一旦已有知识被提取出来，整个网络就会形

成，其中包括组块及更大范围的关联组块。新信息有可能会建立起更多的连接与关联。如果具备所有相关知识，那么新知识与适当的、相关联的知识之间的连接会变得更加精确、更加完整。这就是为什么我们经常要学生把他们正在学习的东西与其所知道的或一些日常经验结合起来。

尽管先备知识通常会促进新知识的学习，但也还是存在一些问题。如果输入的知识生成一个模式匹配，而且我们对新信息的"判断"是：它只是相同事情的另外一个例子罢了，我们可能会忽略新知识与我们已知的知识之间存在的一些重要差异。另外，我们有可能会使用已有知识中的一些错误的东西。专门研究发现，初学者经常会根据一些可观察的感官特征方面的相似性将知识与问题进行归类，如把所有涉及滑轮的物理问题归类在一起，而不是像专家们那样根据物理的基本原理进行归类（如牛顿第二定律），这样就不利于根据新旧知识的相似性在两者之间建立起联系。

我们可以在一些有关"误解"的文献中发现教育中先备知识可能最常见的负面效应。日常生活中我们会根据从周围世界所获得的普遍经验形成陈述性知识。学校的主要作用之一就是传授各个领域，尤其是科学领域的一些正式的符号知识。这些知识大部分都不是可以直接观察得到的或在日常生活中能经历的。相反，它们都是一些抽象知识，如牛顿运动定律或爱因斯坦的相对论等。因此，也许我们要教给孩子们一些与他们基于自己的先备知识而形成的经验不符的东西。一些研究已经发现了学生处理他们已知的知识与我们要教授给他们的知识之间的冲突的各种方法。[39] 作为教育者，我们想帮助学生形成一个整体的、更加复杂的知识网，这样他们就可以在自己的经验知识与我们正在教授的正式的科学原理之间建立起适当的联系。然而事实是，学生们经常拒绝相信新知识，或者因其与真实世界无关而把它们单独列出作为"学校"知识，或使用其他一些较好的方法。

十二、知识的基本过程

我们可以归纳出以下有关知识的基本过程。

（1）如果长时记忆中的知识被提取出来，那么它的强度会增加（重复效应）。

（2）如果某一知识组块被提取出来，与该组块相联系的所有其他组块也会被提取出来，它们之间的所有联系都会增强（扩展激活效应）。

（3）如果部分被提取出来的知识与工作记忆中的一些内容相匹配，那么它们就会得到增强；如果部分被提取出来的知识与工作记忆中的内容不相匹配，那么它们就会被弱化或受到抑制（组块形成——大数定律）。

（4）学习一些个人的、情景性的生活知识容易，而学习一些语义的（非情景性的）知识困难（统一学习模式的第四条规则）。

（5）如果行为动作成功了，那么它与动作发生的情景中的知识之间的联系会得到增强；如果行为动作没有成功，那么两者之间的联系或弱化或受到抑制（程序化——练习效应）。

（6）如果知识已经被提取出来，那么它会与工作记忆中的新知识联系起来（统一学习模式原则2：先备知识效应）。

（7）长时记忆中任何被激活的知识都可以用于工作记忆（根据统一学习模式原则2，工作记忆容量会因先备知识而增加）。

注　释

[1] Alexander, P. A., Schallert, D. L. & Hare, V. C. (1991). Coming to terms: How researchers in learning and literacy talk about knowledge. *Review of Educational Research*, 61(3), 315-343.

[2] Kandel, E. R. (2006). *In Search of Memory: The Emergence of a New Science of Mind*. New York: Norton.

[3] http://en.wikipedia.org/wiki/Neuron [2009-03-22].

[4] Elman, J. L., Bates, E. A., Johnson, M. H. et al. (1996). *Rethinking Innateness: A Connectionist Perspective on Development*. Cambridge, MA: MIT Press.

[5] Edelman, G. M. (1987). *Neural Darwinism: The Theory of Neuronal Group Selection*. New York: Basic Books.

[6] Formisano, E., de Martino, F., Bonte, M. et al. (2008). "Who" is saying "what"? Brain-based decoding of human voice and speech. *Science*, 322(5903), 970-973.

[7] 情景记忆似乎涉及被称为海马体的大脑结构。亨利·古斯塔夫·莫莱森（Henry Gustav Molaison）是科学文献中被称为 HM 的人，他通过外科手术减少了癫痫发作，他的海马体两边大部分都被切除了。对他来说，每次见到人都是他的第一次遇见。http://en.wikipedia.org/wiki/Hippocampus [2009-03-22]。他记得 1953 年手术之前的事件，但此后就没有记忆了。HM 于 2008 年 12 月 2 日去世，彼时本书的写作已进入最后阶段。

[8] Loftus, E. F. (1974). The incredible eyewitness. *Psychology Today*, 8(7), 116-119.

[9] Loftus, E. F. & Palmer, J. C. (1974). Reconstruction of automobile destruction: An example of the interaction between language and memory. *Journal of Verbal Learning and Verbal Behavior*, 13(5), 585-589.

[10] Loftus, E. F. (1996). *Eyewitness Testimony* (Paperback ed.). Cambridge, MA: Harvard University Press.

[11] 错误记忆的区域被称为虚构，参见 Shallice, T. (1999). The origin of confabulations. *Nature Neuroscience*, 2, 588-590.

[12] Solomon, R. (1986). Literacy and the education of the emotions. In S. de Castell, A. Luke & K. Egan (Eds.), *Literacy, Society, and Schooling: A Reader* (pp. 37-58). Cambridge: Cambridge University Press.

[13] Bloom, B. S. (1956). *Taxonomy of Educational Objectives: The Classification of Educational Goals*. New York: D. McKay. 如前所述，修订后的分类法是记忆、理解、应用、分析、评估和创造。参见 Anderson, L. W. & Krathwohl, D. R. (Eds.) (2001). *A Taxonomy for Learning, Teaching, and Assessing: A Revision of Bloom's Taxonomy of Educational Objectives*. Columbus: Merrill.

[14] Vygotsky, L. S. (1978). *Mind in Society*. Cambridge, MA: Harvard University Press.

[15] Pavio, A. (1990). *Mental Representations: A Dual Coding Approach*. Oxford: Oxford University Press.

[16] Posner, M. I. & Keele, S. W. (1968). On the genesis of abstract ideas. *Journal of Experimental Psychology*, 77(3), 353-363.

[17] http://en.wikipedia.org/wiki/Plato; http://en.wikipedia.org/wiki/Aristotle [2009-03-22].

[18] http://nobelprize.org/nobel_prizes/medicine/laureates/1904/pavlov-bio.html [2009-03-22].

[19] Ferster, C. B. & Skinner, B. F. (1957). *Schedules of Reinforcement*. New York: Appleton-Century-Crofts.

[20] 这通常与意识或我们认为的意识有关。我们不必总是在受控的认知过程中意识到工作记忆的运作，但是，"受控型"和"有意识"并不是绝对的同义词。参见 Schneider, W. & Shiffrin, R. M. (1977). Controlled and automatic human information processing: I. Detection, search, and attention. *Psychological Review*, 84(1), 1-66; Shiffrin, R. M. & Schneider, W. (1977). Controlled and automatic human information processing: II. Perceptual learning, automatic attending, and a general theory. *Psychological Review*, 84(2), 127-190.

[21] 自动化的神经生物科学机制尚未建立。它可能涉及在任何自动化过程中已经激活的神经路径的髓鞘化。参见 Fields, R. D. (2008). White matter in learning, cognition and psychiatric disorders. *Trends in Neurosciences*, 31(7), 361-370.

[22] Shomstein, S. & Yantis, S. (2004). Control of attention shifts between vision and audition in human cortex. *The Journal of Neuroscience*, 24(47), 10702-10706.

[23] Ericsson, K. A., Krampe, R. T. & Tesch-Römer, C. (1993). The role of deliberate practice in the acquisition of expert performance. *Psychological Review*, 100(3), 363-406.

[24] http://www.oneplanegolfswing.com/oneplanemembers/Tour_Pros/Tiger-Woods/index.jsp [2009-03-22].

[25] Gulyás, A. I., Megías, M., Emri, Z. et al. (1999). Total number and ratio of excitatory and inhibitory synapses converging onto single interneurons of different types in the CA1 area of the rat hippocampus.*The Journal of Neuroscience*, 19(22), 10082-10097.

[26] Brown, J. S., Collins, A. & Duguid, P. (1989). Situated cognition and the culture of learning. *Educational Researcher*, 18(1), 32-42.

[27] http://en.wikipedia.org/wiki/Gestalt_psychology [2009-03-22]; Wallas, G. & Smith, R. (1926). *The Art of Thought*. New York: Harcourt Yovanovich Brace.

[28] Chi, M. T. H., Glaser, R. & Farr, M. (Eds.) (1988). *The Nature of Expertise*. Hillsdale, NJ: Erlbaum.

[29] Sweller, J. (1988). Cognitive load during problem solving: Effects on learning. *Cognitive Science*, 12(2), 257-285.

[30] Taconis, R., Ferguson-Hessler, M. G. M. & Broekkamp, H. (2001). Teaching science problem solving: An overview of experimental work. *Journal of Research in Science Teaching*, 38(4), 442-468.

[31] Ericsson, K. A. & Kintsch, W. (1995). Long-term working memory. *Psychological Review*, 102(2), 211-245.

[32] Simon, H. A. & Gilmartin, K. J. (1973). A simulation of memory for chess positions. *Cognitive Psychology*, 5(1), 29-46.

[33] 这是我们对埃里克森和金茨提出的重要议题的解释。Ericsson，K. A. & Kintsch, W. (1995). Long-term working memory. *Psychological Review*, 102(2), 211-245.

[34] 参见 Oberauer, K. & Kliegl, R. (2004). Simultaneous cognitive operations in working memory after dual-task practice. *Journal of Experimental Psychology: Human Perception and Performance*, 30(4), 689-707.

[35] Parkerson, J. A., Lomax, R. G., Schiller, D. P. et al. (1984). Exploring causal models of educational achievement. *Journal of Educational Psychology*, 76(4), 638-646.

[36] Schraw, G., Brooks, D. W. & Crippen, K. J. (2005). Improving chemistry instruction using an interactive, compensatory model of learning. *Journal of Chemical Education*, 82(4), 637-640.

[37] Nuthall, G. & Alton-Lee, A. (1995). Assessing classroom learning: How students use their knowledge and experience to answer classroom achievement test questions in science and social studies. *American Educational Research Journal*, 32(1), 185-223.

[38] Shell, D. F. (1991). Effects of expertise on strategic processes in the learning of domain specific declarative knowledge (Doctoral dissertation, University of Nebraska Lincoln). *Dissertation Abstracts International*, 51, 3679A-3680A.

[39] Hattie, J., Biggs, J. & Purdie, N. (1996). Effects of learning skills interventions on student learning: A meta-analysis. *Review of Educational Research*, 66(2), 99-136.

第四章
动　机

　　在教育心理学的文献中，动机是一个非常难懂的概念。一般来说，动机属于心理概念，用于描述那些促使我们努力并让我们保持努力势头的事物。如果某件事情很容易而且不需要我们为之"特别努力"，那么我们就不会过多谈论动机问题。但是，当我们谈论一些困难的事情的时候，如举重、10 英里（约 16 千米）跑步、挂石膏板，甚至是一些脑力劳动，如写 8 小时的代码，我们会问是什么促使我们去完成这些艰难的任务。一般来说，动机通常回答了"为什么"我们会做所做的事情，尤其是为什么我们会做一些难做的事情这样的问题。在最高专业层面上，我们会对自行车选手兰斯·阿姆斯特朗（Lance Armstrong）、音乐家雅舍·海费兹（Jascha Heifetz），或科学家玛丽·居里（Marie Curie）所做出的巨大努力感到惊讶。

　　我们可以从各种层面上谈论动机。从宏观层面上来说，我们可以广泛讨论为什么我们选择某一职业而不是其他，为什么我们喜欢动作片或喜剧，为什么我们喜欢吃巧克力冰激凌却不喜欢吃草莓味的。我们可能会谈论任何短期或长期行为背后的动机是什么。如果我们要从这些宏观层面上回答各种"为什么"的问题，有些方法就可以帮助我们分析出一些行为与选择背后的动机。

　　尽管动机可以与一个人所做的任何事情联系起来，但是在统一学习模式中我们所关心的是，究竟是什么激励着一个人学习。前几章中我们讨论了学习的一些具体认知过程，而激发这些认知过程的因素正是我们特别感兴趣的。当然，如果我们从广义上思考教育，就会有一些重要的宏观层面上的动机问题。为什么学生选择特定的班级或专业，甚至他们究竟为什么去上学，对教育工作者而言都是重要问题。如果学生不上学、不做家庭作业，或者不做其他与学校有关的事情，那么激励学生将工作记忆分配到某一学习任务上就没有意义。第七章我们将讨论如何将统一学习模式中的一些动机原则应用到课堂及其他一些教育环境，与此同时，我们还会对这些更广义的动机问题做进一步探讨。

统一学习模式本身是更微观的认知层面上的一种学习模式。我们一直在探讨工作记忆和长时记忆中与神经元变化及认知加工相关的各种学习过程。若要讨论这一层面的动机，我们就需要弄清楚如何用动机解释这些认知过程发生的"原因"，这是本章讨论的中心问题。

在所有关于动机的大量研究中，以及在文献中所发现的一系列的"激励因素"中，有关动机是如何起作用的，尤其是动机是如何影响认知的具体细节少得可怜。目前还没有一个完整的动机模型可以用来详细说明动机如何直接影响工作记忆的基本认知过程及学习。统一学习模式提供了这一模型，解释了动机如何与工作记忆一起发挥作用。该模式是基于布鲁克斯与谢尔两位作者所提出的模型而提出的。[1] 他们认为，动机是工作记忆不可或缺的一部分，工作记忆中有多少可以用于完成某一任务也会受其影响。我们先来简要回顾一下他们的这一模型。

一、统一学习模式原则 3：工作记忆与动机

在学习时，我们需要将新信息带到工作记忆中，注意它，并且通过重复和（或）转换对其进行加工。前文曾讨论过我们可能认为工作记忆的"绝对"容量大约为 4 个组块。我们还讨论了如何通过组块及自动化的方式来扩充工作记忆的有效容量，这两种方法都会使 4 个信息存储箱位的部分空间得到释放，并且工作记忆让我们可以使用更多的先备知识。因此，工作记忆可以对那些没有分配给其他任务的存储空间进行分配，这就是工作记忆的有效容量。

我们还不能回答到底有多少工作记忆容量实际用于学习这一问题。"可用"并不一定意味着"已用"。工作记忆的研究，尤其是考恩（Cowan）、恩格尔（Engle）和他们的很多同事所做的一些相关研究，已经把一个人的绝对工作记忆容量与特定时间已经实际使用的容量区分开来。[2] 埃利斯（Ellis）与阿什布鲁克

（Ashbrook）提出了资源分配说：任何任务完成得好不好，取决于一个人用于该任务的工作记忆容量的多少，而不是他（她）所拥有的工作记忆的绝对容量。[3]

如果有效的工作记忆容量取决于一个人可以使用的工作记忆容量的大小，那么问题就变成了"一个人是否分配了工作记忆及分配了多少工作记忆是由什么决定的呢？"问题的答案便是动机。根据统一学习模式，动机是影响实际使用的工作记忆容量的主要因素。学生可能拥有应有的工作记忆容量，但是如果他们没有把注意力集中在学习任务上，并把其拥有的工作记忆容量用于自己的学习任务，那么他们可能什么也学不到。

前面在对学习、工作记忆及知识的讨论中我们注意到，学习过程需要努力。我们之前说的工作记忆中的受控加工所涉及的认知行为并非毫不费力。引导注意、重复、建立联系或者进行转换都需要认知努力。这些需要做出努力的认知对于学习所有非偶然的知识都是必要的。学习语义知识总是需要努力才行，这一点在学习的第四条规则中就有体现（有些学习不需要努力，而有些则需要努力）。现在我们可以将其扩展如下：不需要控制加工的知识不需要努力，从而不需要动机；需要控制加工的知识需要努力，因此需要动机。

二、"生物"动机的神经生物科学

（一）驱动力

若要理解动机与工作记忆是如何相互作用的，就需要研究神经生物科学。最早有关动机的研究主要集中在生物激励因素上，这些研究审视了通常所说的"驱动力"（drives），研究涉及饥饿、口渴、性等等。驱动力通常被认为是引导行为的。当你饥饿时，你会把注意力集中在食物上，并开始各种"觅食"的活动。大量的解剖和生理图谱显示了大脑下丘脑和丘脑区域的一些重要区域，这些区域控制着多数与驱动力相关的行为。这些区域通过神经元与对荷尔蒙和腺调节起重要作用的其他区域连接在一起。在与工作记忆有关的高皮质区域也存在连接，包括前额叶皮质。

在早期的动机研究中驱动力研究可能占主导地位，因为 20 世纪初的学习研究主要都是对动物的研究（如前文提到过的巴甫洛夫与斯金纳的研究）。研究者需要激励动物完成各种实验任务，如走迷宫或推动横杠，这些都是动物自己很少做的事情。由于我们无法和动物交谈，研究者利用生物驱动力，通过使动物挨饿或口渴来激励它们完成任务。最近，研究者采用一些先进的技术选择性地刺激一些可以自由活动的动物的神经元，这些动物都完全可以根据条件做出相应的行为反应。[4]

没错，驱动力会激励行为。除了食物，饥饿的人不太可能会把太多的注意力集中在其他事情上的。虽然生物驱动可以激励一些相当"宏观的"行为，但是它们很难为工作记忆中的学习过程提供动机。生物驱动很重要，尤其是那些未曾尝试过的生物驱动。如果一个学生很饿，他（她）是不可能专心学习的，这就是为什么学校为那些在家里得不到足够食物的孩子提供免费的或低价的午餐甚至早餐。教师们经常认为青少年在学校里搞破坏是因为他们的性冲动。然而，这些驱动力并没有使工作记忆把注意力引向课堂上正在学习的学习材料上。

（二）驱动理论的扩展

那些超出基本生存及繁殖需求的其他生物驱动力我们到底有多少，目前尚不清楚。马斯洛需求层次理论是较有名的理论之一，它试图研究超出基本生物需求、基于驱动力的动机。[5] 虽然还没有大量研究证实马斯洛更高层次的需求理论有其特定的生物学或神经学理论基础，但是教师们不难发现他的层次理论中所包含的一些常识。例如他提出，生理驱动之外马上就会有安全需求（得到保护，感到自身安全）。关于欺凌的研究表明，在学校感受到威胁或不安全的学生不太可能专注于学习。[6]

马斯洛还提到了社会需求。人类是社会性动物，我们的存在依赖于社会互动与社会群体。有证据表明，作为一种社会驱动力的社会互动倾向是有生物学基础的。当然，学校既是一个社会共同体，又是一个搞学术的场所。研究表明，在学校学生既追求学习目标，又追求社会目标。[7] 此外，那些脱离群体的学生的人际关系和学业成绩都会不好。根据统一学习模式，这些需求与生物驱动力一样，主要从宏观层面影响行为，而不是从工作记忆分配层面上去影响行为。

（三）超越驱动力

在学校的学习环境下，基于驱动力和需求的激励因素并不会对学生的动机起太多的直接作用。一旦激励没有产生预期的结果，那么这些驱动力和需求对学生的学习可能会有害，因为它们会把注意力从学习任务转移到影响学习的其他一些想法或行为上。我们可以提出一个更广泛的论点，即大多数学习最终都是与驱动力和需求相关的，因为我们学习是为了改善我们的前景，为我们未来的家庭提供更好的食物和住所。然而，这种联系是间接的。若学生将工作记忆用于完成代数家庭作业，做作业将会帮助她获得食物，但她很可能不会因此而受到激励。如果她在想着肚子饿的事情或想着吃东西，那就会分散她的注意力，把注意力从作业上转移开。

基于驱动力的动机理论可以解释学习及学习成绩，其存在的限制促使当代动机理论家和研究者将注意力集中在了两个领域。第一个是我们通常所说的认知激励因素领域，马斯洛认为它们是自我需求的体现：自我认知、自我成就、自尊、自重，以及自信。当代研究大大加深了我们对这些激励因素的理解，不仅将它们视为驱动力，而且将其视为信念或知识。第二个是情感领域。认知和情感激励因素都会对工作记忆的分配产生影响。

三、目　标

目标是人们研究过的最基本的认知激励因素。在早期对成就动机的研究中，阿特金森（Atkinson）指出，成就动机就是为达到目标而努力。[8] 洛克（Locke）和莱瑟姆（Latham）通过对大量有关目标的研究的总结发现了所谓的"目标梯度"（goal gradient）假说：业绩目标定得越高，绩效就越好。[9] 教育者们马上就可以看到两者之间的这种联系。

为什么目标与业绩和成就会如此紧密地联系在一起？前面我们讨论过工作记忆中的受控加工与自动加工。很显然，受控加工是指向目标的。如果没有目标，我们是不会对事物进行控制的。在几乎所有的认知与神经网络模型中，加工都是目标驱动的。目标指引着加工的方向。所有解决问题的模式也是如此。解决问题就是为了达到目标，使问题最终得到解决。在工作记忆中，目标不仅仅激励个体更加努力，它还会指出输入的感官信息或从长时记忆中提取的知识哪些需要注意，哪些不需要注意，以此对注意力进行分配。它还对今后注意力应该集中在哪里提供方向指引。目标会为输入工作记忆中的感官信息和从长时记忆中提取出来的知识设置模式匹配参数。它有助于决定信息在工作记忆中存储的时间长短，以及是否需要反复关注。目标还会确定是否需要额外的转换和连接。基本上可以这么说，目标是工作记忆中所有受控处理不可或缺的部分。像饥饿及其他宏观层面的激励因素都是通过设定工作记忆分配目标来实施的。工作记忆会分配给学习等任务，只要该任务属于积极的目标。如果目标发生变化，工作记忆分配将转向新的目标，并开始新的任务。坚持某一学习任务，并不断重复、进行转换加工或连接加工这样的动机，取决于在其他目标干扰的情况下仍然一直保持着的学习目标。

在所有的激励因素中，目标最清楚地表明工作记忆与动机是整合在一起的，这一点在讨论统一学习模式中已有提及。目标会激励个体努力去实现它。一旦有了目标，我们就会从认知上努力实现目标。受控加工的大量动机源于现有目标。尽管可以肯定的是，在工作记忆中目标导向的动机与认知加工是整合在一起的，但是在统一学习模式提出之前我们知之甚少。认知理论已经指出了目标对注意以及认知加工的导向作用，但显然没有考虑其中所涉及的动机发挥作用的过程。当代目标理论主要关注的是目标的动机特性，即关注目标如何影响努力程度、选择、策略的应用，以及成绩，却没有关注动机在工作记忆中是如何起作用的。[10]

并非人类所有思维与行为都是目标导向的，也不是我们所有的工作记忆的信息加工都是受控的。我们可能只是在"做白日梦"、输入感官信息，或从长时记忆中提取知识，这只是一种"意识流"，大脑中没有任何特定目的或想得到任何结果。然而，所有有目的的学习都是目标导向的。除内隐学习外，学习都要求受控加工。专注于工作记忆中的某个信息，并不断重复，或对信息进行加工并把它储存在长时记忆中，这样的行为就体现了目的性，即要参与工作记忆的信息加工过程。

尽管本书中我们所提及的一切，从根本上来说都属于生物学范畴，因为最终都离不开组织、细胞和生物化学，但是目标是认知实体而不是生物实体。驱动力可能会形成一种生物命令，如找到食物。为了发出这样的命令，个体会基于自己的知识形成特定的目标，而这些目标都属于认知范畴。通过情景经验并结合特定教学所学到的东西，我们已经学会如何实现一些重要目标，如找寻并获取食物。对于早期的人类来说，目标可能是找到有猎物的地方，也可能是采集蔬菜的地方。对于现代人来说，目标则可能是去杂货店的路线。我们是在对世界及世界上一切事物之间的相互联系有所了解之后才具备确定目标的能力。正如我们在前面所讨论的那样，目标是程序性知识链的组成部分，通常为我们选择某一路径及评估某一程序是否成功提供参数。程序性知识会因目标实现了而增强，又会因未能实现目标而弱化。

这就意味着目标与陈述性知识或程序性知识一样，都是与工作记忆一起发挥作用的。目标是可以学习的，目标可以融入组块。目标可以通过模式匹配从长时记忆中提取出来。目标可以嵌入程序性知识链并实现自动化。我们之所以提取目标，是因为这些目标与来自环境中各种情景的感官信息实现了模式匹配。我们还会根据问题解决过程中或批判性思维过程中新产生的需求确定目标。当我们找不到问题的答案时，我们会利用输入的感官信息及已有的知识在工作记忆中动态地创建目标，就如我们动态地创造知识一样。也许你会对自己说："ab与 xy 不对称，如果 cd 与 xy 对称，那么会出现什么情况？"一路走来你可能会磕磕绊绊，也许你会制定并实现很多目标，或者很多目标都未能实现。这就使得目标具有很强的个性化。即使在同样的环境里，如在教室，我们也不可能假定每个人所追求的目标相同或相似。

目标价值

目标的激励特性会受到自身价值的影响。早期的研究发现，目标的实现不仅取决于是不是有了目标，还取决于目标价值的大小。这一点在对动物的研究中也很明显。改变食物的数量或味道，即改变目标的"价值"，就会对动物所付出的努力大小产生影响。这不仅仅是饥饿的问题，同时也是一个食物"值"多少钱的问题。[11] 价值高的目标会产生更强的动机。尽管价值不是选择目标的决定因素，但是与价值低的目标相比，价值高的目标被选择的可能性往往更大。正如我们之前所指出的，在目标实现过程中，目标维持着工作记忆资源的分配并指引资源分配的方向。一旦出现其他干扰目标，价值更高的目标保留的时间会更长，因此工作记忆资源分配到与目标相关的信息加工中持续的时间也会更久。这对一些相关的学习过程，如注意、重复、转换或连接等都是非常重要的，因为它们都要求工作记忆资源的分配能持续一段时间，以便整个学习过程的完成。

确定目标的价值并不是一件简单的事情。即使是像食物这样的驱动目标，食物数量的增加不会使动机简单地递增，其中还会牵涉一些更复杂的感官特征，如嗅觉、味觉。就拿巧克力和土豆泥为例。小份巧克力可能比大量的土豆泥更具激励性。不过这并非适用所有情况，因为不是每个人都喜欢巧克力，或与土豆泥相比更喜欢巧克力。对人类甚至对动物而言，价值似乎带有主观性。学校也是这样，不是所有学生的动机都会因为同样的事情而被激发。有些学生可能不太重视与学习或学校有关的目标。因此，课堂上一些典型的目标与结果并不会激发他们的动机。

为什么价值具有主观性？与目标一样，价值也是建立在我们已有知识基础之上的。事物之所以有价值，并不仅仅是因为其内在的特性，如食物可以吃，同时也是因为我们已经懂得重视它们。纸币没有内在价值，它只是一张纸而已。我们懂得重视纸币是因为我们可以用它购买我们真正看重的东西。还有一些价值更加个性化。我们重视一些事物，是因为它们可以让我们有好心情，后面我们还会继续讨论。尽管我们的一些生物机制会把我们吸引到舞蹈或音乐上去，几乎人人都会参与并重视它们，但是我们可能只重视其中一些特别的美学表现形式，如芭蕾、歌剧。

四、或有事项：经历的过去、预期的未来

"或有事项"（contingencies）反映的是知识、行为，以及结果之间存在的一些常见的、已经经历过的关系。或有事项指的是一件事发生的概率，如一棵树与另外一件事情（如一片树叶）的发生之间的联系。也许你会认为这是形成组块，以及组块连接在一起形成大型陈述性知识网络的机制。零星的知识结合在一起形成组块，组块与组块会基于其启动的频率连接在一起。换句话说，先前累积的启动频率反映了那些零星知识之间的或有关系。累积频率或偶发性越高，

其神经联系的强度就会越大。

你也可能已经认识到，程序性知识的基本结构，即条件与行为动作之间形成的"如果……那么……"关系，反映的就是一种或有事项。在"如果下雨，那就撑开雨伞"这一程序性知识的例子中，雨伞是否要撑开取决于是否下雨。只有在下雨时我们才会撑开雨伞。

或有事项是情景记忆的基础。回顾一下第三章，情景记忆组块是我们的生活中相同事情反复出现的频次计数。这些反复出现的相同的事情，即我们的情景图式或习惯，反映的是根据我们的经验经常发生的或有事项。例如，在我们生活的世界上，物体、行动、事件总是按照一定的规律紧密联系在一起的。我们回到一个地方，并能认出那就是我们的家，是因为里面的家具、装饰、颜色、气味等等跟之前我们见到的是一样的。我们的生活可以保持一定的稳定性，尽管我们生活中的一些事物与事情会有很多或有事项。生活中的一些事物与事情紧密联系，并按照可预测的方式发生。否则，我们会感到困惑、不确定，就如晚上我们回到家时发现所有家具都被重新摆放过的感觉一样。

这些情景性的或有事项成为一些被称为预期的激励因素的基础。或有事项反映的是过去的一些事情联系方式的累积频率计数。根据大数定律，凭借这种累积频率可以推断出先前那些联系在一起的事情未来同时发生的概率。这种概率属于一种预期。我们可以根据该预期来预测一些事情在未来发生的可能性到底有多大，就像过去曾经发生的那样。如果我在过去的学习中取得了好成绩，那么根据这种情景我知道了成绩可能与学习情况有关。在生活中，学习成绩提高的情况出现得越多，我的概念里学习与高分之间的联系就会越强。于是我就会想，今后学习了就会有高分回报。

虽然期望与我们对以往生活中所经历的一些或有事项的情景记忆相联系，但是它们也会受到一些间接经历的影响。我们无须直接经历车祸就可以知道不良驾驶有可能会引发交通事故。我们可能看到过别人发生过交通事故。也许我们看过有关交通事故的电影或在安全驾驶课上了解到交通事故是如何引起的。因此，或有事项也像其他语义知识一样是可以学习的。因此，我的期望是基于我个人的情景权变知识，以及其他一些也许像语义知识一样学过的或有事项。事实上，由于小孩的个人经验有限，因此语义知识等学习的或有事项可能占主体。最新研究已经找到了虚构事件会引起神经元变化的证据。[12]

或有事项是可以学习的，因此可以通过教学与外部干预的方式改变基于或有事项的期望。或有事项属于知识，因此它们与工作记忆的关系就像陈述性知识或程序性知识与工作记忆的关系一样。通过模式匹配可以把它们提取出来。被提取的或有事项具有激励作用，因为它们会产生期望，从而可以对所选择的行为可能产生的结果做出预测。这些期望可以让我们实现班杜拉（Bandura）所说的深谋远虑，即对我们的行为未来产生的结果进行预测的能力，以及"在脑海中"尝试各种选项的能力。[13]在统一学习模式中，就是指付诸行动之前在工作记忆中先尝试。激励我们去追求的一些行动都是那些我们所期望的，最有可能让我们实现目标的行动。

期望形成的基础来源广泛，包括权变知识、情景性或有事项，以及任何间接经历或习得的语义权变知识。工作记忆中的模式匹配会把任何相关的权变知识组块提取出来。每一个特定的知识组块都会产生概率估计，即对该知识组块的期望。最新的动物研究从神经学上解释了这些概率机制。[14]然而，实际期望值等于根据所有或有事项组块得出的总概率。这就使得期望带有"主观性"。期望都是新建的，而不是任何特定的或有事项的副本。因此，期望可能会偏离观察者可能认为的对象或真正的或有事项。在其他语义权变知识的干扰下，期望甚至可能会偏离我们过去的实际经验。

期望会激发工作记忆资源的分配，不像程序性知识和目标本身只是从神经上产生影响。由于期望是建立在反映过去经历的一些或有事项基础之上的，因此行动及工作记忆资源分配会偏向于过去那些起过作用的事情。如果某件事在过去起了作用，那么它更有可能被反复尝试，直至其不再起作用。这种对过去起作用的事情的偏向具有明显的自适应效用。如果我们刚好知道某事在此种情况下会起作用，并帮助我们实现目标，那么我们就可以预测有可能它会再一次发挥作用。于是每当我们需要决定做某事时，就不会再"从零开始"了。

另一方面，这也解释了为什么我们会坚持某一非最优行为。虽然其他人也许会认为还有一些更好的方法，而且一些研究也证实了这一点，但是我们依然继续使用以往对我们有用的方法，尽管其并不是那么有效。我们当中有人就是不练习"盲打"，尽管学校开设了打字课，很多同事与学生也提出过告诫，以及当盲打打字员当着我们的面在键盘上飞快地打出一篇短文时我们也会感到一丝嫉妒。我们这些习惯了用两根手指打字的人，希望真正有效的语音输入的电脑程序面世（东西没有坏就不要去修——俗语，意为不要破坏现状）。

五、具体的动机期望

研究发现有三种基于或有事项的期望对动机特别重要，它们分别是：手段—目标、结果，以及成功，这三者会对目标决策产生影响。

手段—目标期望指的是在采取某些行动之后我们期望可以实现理想的目标。手段—目标期望可以用"如果……那么……"句型表示，如"如果我学习了，那么我可以得高分"。以往我们在学习程序性知识，达到各种目标的过程中会取得成功也会经历失败。手段—目标期望就是建立在以往的成功或失败的情境性或有事项经历基础之上的。每当我们开始程序性知识的学习，该程序的情景性或有事项就会因执行程序、实现目标的过程中所经历的成功或失败而同步更新。程序性知识使用的时间越长，由此产生的期望值也会上升。任何特定目标都可以通过多种方式来实现。手段—目标期望反映了每一种可选的行动成功的可能性，而且它们会激励我们选择并继续展开那些最有可能让我们获得成功的行动。

结果期望是基于目标与其他结果之间的或有事项。手段—目标与结果期望反映的是事物的两面性。手段—目标期望回答的问题是："如果我想要什么（如得高分），那么可以通过哪些办法（如学习、行贿教师、作弊、祈祷）达到这样的目标？"结果期望回答的问题是："如果我把它实现了（如得到了高分），我可以期待获得什么呢（如通过这门课程、考上研究生、找一份工作）？"结果期望是对以下内容的情景性或有事项的记录：过去在我们采取了行动或实现了目标之后所发生的事情（即行为主义者所说的强化历史），以及如果我们再次采取那样的行动或实现那样的目标，很可能会出现什么情况。这包括一些预期的结果及其他可能产生的非预期的结果。这些结果会激励我们去追求一些目标并采取行动，以便获得更有价值的结果。

成功期望是基于为实现目标我们所付出的努力与成功实现了目标之间的或有事项的。如果我们一再试图实现某一目标，但是都失败了，那么我们对未来成功实现该目标的期望值就下降了。成功期望使我们倾向追求的都是我们有可能实现的目标。对此有个很好的例子：在奥运会上获得 100 米跑的金牌。很显然，这是一个很有价值的目标。金牌得主将会变得富有、出名，这一结果期望会非常强烈。那么我们为什么不出去练习以便获得金牌呢？这是因为，大多数人对实现这一目标都没有如此高的期望，仅有极少数人才会有如此的期望。从对当代很多有关期望值理论的研究可以看出，成功期望会对学校里学习努力程度及学习成绩产生很大的影响。[15] 成功期望表示的是在实现目标的过程中所经历的全部成功或失败。因此，成功期望会激励我们选择追求什么目标，它们不会为哪些行动可能有助于成功实现所选择的目标而规定具体的手段—目标期望。

六、自我效能

班杜拉指出，虽然结果期望告诉我们达成目标后我们可以获得什么，手段—目标期望也许会告诉我们需要采取哪些行动才能实现目标，但是如果我们认为自己无法完成这些行动，那么结果期望与手段—目标期望就起不到激励作用。假设孩子们知道好好阅读会让他们取得好的结果，如在学校里得高分，但是他们认为自己无法实现有效阅读，那么他们就不可能有动力花大量的时间去阅读。班杜拉把我们采取行动的能力称为"自我效能"（self-efficacy）。

统一学习模式中有些术语类似于班杜拉所说的自我效能机制。根据这些术语，自我效能表示的是我们主观上采取有效行动的可能性。如果按照一些知识术语来理解，自我效能就是主观上执行一系列程序性知识行动的可能性。[16]

当某一程序启动时，程序链中的神经元会放电，从而得到增强。程序重复得越多，就会变得越强。手段—目标期望是基于个别条件与行动之间的或有事项及一系列的条件—行动程序之间的或有事项的。自我效能则是基于这些联系的强度。我们不妨回想一下，在达到自动化之前，信息在工作记忆中进行动态、受控加工过程中会从长时记忆中提取程序性知识。程序是否能得到执行，取决于在其他干扰程序存在的情况下它所表现出的强度。那些在竞争中被选择出来的程序性知识提取的次数越多，其强度提高得会越快，下次被选择出来的可能性也会越大。自我效能是一种知识组块，它会跟踪记录认知活动，同时它也是工作记忆选择的情景记忆。从自我效能我们可以知道那些被选择概率为零因而从未被选择过的程序性知识，也可以知道被选择概率几乎是 100%，所以几乎每次都会执行的自动化程序。

与目标、期望一样，提取出来的自我效能知识及一些其他知识与感官信息一起参与工作记忆中问题的动态解决。在预先思考的过程中，自我效能会激发工作记忆注意成功概率更高的那些程序。自我效能所起到的激励作用似乎比期望要大，这个具有一定的意义。即使某一程序与目标的实现存在一定的联系，但是如果该程序不可能发挥作用，那么就没有太多理由执行该程序。自我效能会激励我们注意那些自己有可能成功完成的程序。

自我效能的形成有很多因素，但主要源自过去我们完成各种程序的成功与失败的经历。与或有事项一样，自我效能也可能会受到间接学习的影响。看到别人成功地完成某事可能会增加我们的自我效能。如果我们得到的反馈是我们可以成功做某事，那么我们的自我效能也有可能会增强。然而自我效能获得难，失去易。如果给我们的暗示是我们不会成功，那么我们的自我效能就会降低。与他人的比较会影响我们的自我效能。即使我们可以很好地完成某一动作，但由于我们看到别人做得更好，我们的自我效能可能会降低。自我效能会受到情绪状态的影响。我们可能会激动地认为这正是我们"勇往直前"的时候；我们可能因为太累了，无法尝试一些我们通常觉得有信心完成的事情。[17]与期望一样，自我效能与我们自己所经历的程序强度并非完全一致。与期望一样，自我效能的形成是基于多方面的，其中包括工作记忆选择的情景记录、间接经历的或通过学习获得的语义效能知识。任何时候自我效能都是指最近提取效能知识的总概率。这就解释了为什么班杜拉把自我效能称为主观概率，而不是程序成功的真实概率。[18]

学生在不断地学习新技能，如使用以前从未经历过的列算式做除法。我们的很多程序性知识，尤其是那些正在学习的程序性知识，都不会得到多少重复，我们可能只会重复一两次。仅仅做了几道算式除法题，无论做得对还是不对，所产生的自我效能概率都不会是真实的。另外，由于这些情况下自我效能实际起不到什么作用，因此自我效能的形成主要依靠间接学习与反馈。

自我效能的精确性及激励效果与程序性知识在实践过程中的实际强化程度

密切相关。随着自身的进步，我们的自我效能也会相应提升，并能更精确地反映程序性知识学习获得成功的真实概率。课堂上每个学生都具备一些通用的自我效能。尽管某个学生在学习 xyz 技能方面经验不多或者根本就没有经验，但是她可能与其他学生一样在学习 abc 技能及 def 技能方面获得了成功。该学习者往往会带着一种积极的自我效能感学习相关任务。

七、情　绪

目标、期望、自我效能都属于认知激励因素，情感也可以成为认知激励因素。"情绪"（emotion）植根于生物系统，其中包括快乐、痛苦与兴奋。有关情绪的神经生物科学研究也越来越多。拉巴尔（LaBar）与卡贝扎（Cabeza）的研究发现，与工作记忆相关的前额叶皮层脑区和与情绪相关的下脑区（如杏仁核）之间存在非常密切的相互关系。[19] 另外，大脑的情绪区与海马体之间也存在一定的联系。海马体是情景记忆实现长时程增强的主要场所。

情绪，有时候也被称为情感，在认知中有着多重作用。首先，在认知过程中它会与工作记忆相互作用。情绪会将一些信息输入工作记忆中，同时输入工作记忆中的还有感官信息，以及从长时记忆中提取出来的知识。工作记忆中的动态加工不仅涉及知识，还涉及情绪。在工作记忆中，情绪会起到激励作用。它会将工作记忆注意力转向带有积极情绪的事情上，有时候也会把注意力转向一些消极情绪，如再现一些令人沮丧的消极情绪。新输入的情绪信息会将注意力从当前的目标转移到别的上面去。由输入的情绪信息产生的情感可以使工作记忆的信息加工持续进行，可以实现信息重复或信息的转换加工。有证据表明，输入的情绪信息会占据工作记忆短时存储空间，因此，情绪会与其他的感官信息或从长时记忆中提取的知识一起争夺存储空间。[20] 学习时，情绪会减少用于学习任务的工作记忆容量。学生会因为焦虑而无法集中注意力学习或考试便是有力证明。另外，积极情绪会让学习者努力坚持学习活动。尽管某学生可分配的工作记忆不会超过其所拥有的全部工作记忆，但是情绪可以帮助他（她）对几乎所有的工作记忆资源进行分配。

情绪与知识密切相关。情景记忆与情绪的联系可谓相当紧密。事实上，与情绪的密切关系可以避免情景记忆衰退。几乎可以肯定的是，正在阅读本书的任何一个美国人都记得 2011 年 9 月 11 日早晨自己在做什么。重要的是，情景记忆会妨碍陈述性知识的学习。如果某一学生对学校的记忆都是带有消极情绪的情景记忆，一进入学校建筑物就可能会唤起这种消极情绪。这种消极情绪会占用工作记忆容量，将注意力集中在该消极情绪而不是课堂及学习任务上。消极情绪可能会产生一些回避目标，包括辍学。相反，如果与学校相关的情景记忆产生的都是积极情绪，那么它可以为学习任务提供额外的动力，这就是为什么关爱型教师与学生之间的友谊对学生，尤其是对那些努力奋斗的学生在学业上取得成功至关重要。这些积极的情绪会使努力的学生更富韧性，因此更有可能坚持下去并取得成功。

（一）知识的情绪内容

有个关于气味的影响的实验值得引起我们的注意。两组学生分别在弥漫着不同气味的教室里上课。[21] 其中一组闻到的是樟脑味，这是一种曾用于樟脑丸中的、略带毒性的化学物质。另外一组闻到的是巧克力味。考试时，先前在有樟脑味的教室里学习的学生中一半继续在樟脑味的教室里参加测试，而另外一半则换在巧克力味的教室里参加测试。先前在巧克力味教室学习的学生考试时也采用同样分组方法。结果在樟脑味教室学习的学生在樟脑味教室考试取得了更高的成绩；同样，在巧克力味教室学习的学生在巧克力味教室参加考试，取得的成绩也更高。很显然，气味与教学内容无关。那么这究竟是怎么回事呢？回忆（及测试）时需要模式匹配。学习时与考试时闻到的气味相同，那么考试时学生就多了一个模式匹配的条件，这就是对上述问题的解释。

情绪以类似的方式与陈述性知识相关联。对所谓的"情绪状态记忆"的早期研究表明，在快乐或悲伤的情绪状态下学习知识，当被试再次处在学习时的快乐或悲伤的情绪状态下时，所学知识回忆起来会更容易。[22] 情绪与知识之所以存在这样的联系，是因为情绪与知识相互作用的方式类似于感官信息或本体感受信息与情绪相互作用的方式。如果工作记忆中同时有某一情绪及某一知识，根据关联规则，工作记忆会在该知识存储在长时记忆中之后把它与情绪联系在一起。我们还可以用模式匹配来解释它们彼此之间看似存在的联系。实质上我们创造了一种情绪体验记忆，这种记忆会成为知识组块的一部分。如果工作记忆中有某一情绪，那么这一情绪可以帮助工作记忆中的新信息与长时记忆中提取的知识完成模式匹配。反之亦然，通过感官信息匹配特定的组块知识会被提取出来，与此同时，与该知识相联系的情绪也会被提取出来。设想你在电视上看到毛伊岛沙滩的某个画面，然后深情地回忆起你和家人在那片海滩上度过的一次假期。

几乎所有的知识刚开始都只是情景记忆，而且可能与以往自身的经历相关，如学习时表现出的情绪。每次提取陈述性知识时情绪并不会再次出现，除非情绪是知识的一个不可或缺的组成部分。在情绪缺位的情况下不断重复学过的知识，随着时间的推移，情绪通常会与知识剥离。

（二）作为目标的情绪

情绪本身可以是目标。认知或行为动作的目标也许是获得一种情感体验，如开心。教育家与心理学家谈论"内在"动机或为了做事而做事时，他们通常在暗示一种情绪目标。活动本身会产生一种积极的感觉，不需要任何其他的结果。例如，自尊就是一种基于情绪的目标，它通常是我们在校时所追求的东西。

追求情绪目标时可能会产生冲突。如果某个学生追求一个内在的情绪目标，那么他的工作记忆只是专注于获得该情绪，而不是达到某一学习结果。如果同时还有学习目标，则仅凭工作记忆是不可能同时完成两件事的。相反，它必须在两个目标之间轮回。在以上两种情况下，情绪目标可能会减少学习，因为工作记忆并不是全部都分配给学习。还有一种说法就是，如果学习本身就是目标，那么学习总是最有效率的。如果所有工作记忆都用在了学习上，没有任何其他让人分心的事情，那么工作记忆的工作效率就最高。由于情绪可以成为目标，认知激励因素同样会对情绪这样的目标产生影响，就像它影响其他目标一样。佩克伦（Pekrun）和他的同事发现，情绪评估同样会受到前面我们所探讨的价值、期望，以及自我效能的影响。[23]

（三）统一学习模式与情绪

统一学习模式可以帮助我们很好地理解"情绪"对其他认知要素的影响。根据统一学习模式，情绪会与其他认知实体一样发挥作用。情绪也会受统一学习模式中的三条原则五条规则的制约。与任何感官信息一样，情绪进入工作记忆，在工作记忆中跟其他感官信息一样遵守同样的存储与联系规则。它会作为知识在长时记忆中储存起来，并与其他知识一样随后会在工作记忆的认知过程中发挥作用。它是动态认知与问题解决的一种潜在要素，而且在这种相互作用的过程中可以起到激励作用。情绪可以是一种目标，与任何其他目标一样，它会与价值、手段—目标期望、结果期望、成功期望，以及和情绪目标相关的自我效能等一起引导、激励工作记忆资源的分配。与工作记忆的这些相互作用表明，情绪既是一种生物实体，又是一种认知实体，其本身可以作为已经习得的知识影响认知。尽管情绪与工作记忆在很多方面发生相互作用，但是我们可以通过统一学习模式中的一些原则理解这些相互作用。

八、兴　趣

人们对兴趣的生物与认知结构并不完全了解。它似乎有其情绪渊源，因为兴趣总是有积极情绪相伴。但是，情绪并非总是存在，而且即使存在情绪，这种情绪也不必总是积极的。另外，与情绪一样，兴趣似乎有一个类似知识的要素。我们可以对有趣的东西形成一种情景记忆，"趣味"可以像情绪记忆一样与知识组块相连。希迪（Hidi）对兴趣做过非常好的总结与讨论。[25]

（一）兴趣的种类

根据统一学习模式，"兴趣"（interest）会引导注意力与工作记忆的分配。我们把兴趣分为情境兴趣与个人兴趣两种。

1. 情境兴趣

"情境兴趣"（situational interest）是源自环境的感官信息的一种特性。有些感官特性似乎会吸引我们的注意力，它们通常是一些新颖的或不寻常的东西。化学与物理课上的演示能牢牢地抓住学生的注意力，以至于很多部门招聘全职的演示工作人员，其工作职责就是帮助教师确定演示方案并进行现场演示。兴趣似乎与这种新奇或独特性有关，因为新东西总是有趣的。对新事物和新奇的东西保持注意力对人类的演变、选择及发展都起到了一定的作用。吉布森（Gibson）把这些称为"环境赋使"。[26] 如果你想生存下去，那么关注环境中的一些新奇事物可能是件好事。新奇事物似乎会引起一种情绪反应，我们因此而体验到"兴趣"。学校新来的教师会引发我们的兴趣或好奇心。我们会马上转移注意力，尽可能多地了解我们的新同事。由于情境兴趣会引导工作记忆的注意力，因此很显然情境兴趣对注意力的转向、工作记忆资源的分配都起到了重要作用。兴趣的情景记忆也与储存有新颖事件的陈述性知识组块相联系。因此，兴趣也可以像情绪那样作为一种强化机制或激励机制，促进长时记忆中知识的提取。相当多的研究发现在人们觉得有趣的环境中有些事物具有引导注意力的特性。研究同时还发现，与学习中的其他信息相比，那些有趣的信息更有可能被回忆起来。最新研究找到了科学教学中情境兴趣的源头。[27] 兴趣也可能会给学习带来问题。当读者试图理解一篇课文中的重要信息时，她可能会因为其中的一些诱人细节而分心。加纳（Garner）和她的同事把这些无关的、让人分心的细节称为"……新颖的、能动的、具体的、需要个人参与的东西（p. 44）。"[28] 它们会把学生的注意力从一些更抽象，而且是重要的一般信息上转移开，而这些却是我们要求学生从课文上学习的东西。

2. 个人兴趣

当人们选择了他们的专业、学术领域、职业或业余爱好时，他们会对那一领域更感兴趣，因为他们变得更专注、更内行了。"个人兴趣"（personal interest）与我们所做的事情有关。这种兴趣似乎是一种经验属性。如果我们一心追求某些目标，我们就会对那些目标感兴趣。这种个人兴趣会让我们对一些长期目标保持动机，同时也会强化我们对生活和职业生涯所做出的各种选择。一旦失去兴趣，我们对这些追求就不再那么积极，甚至有可能把我们的精力都转移到一个新的追求上去了。在学习上，这种兴趣会向各学科及课题方面发展。一旦因某一新学科新颖性而产生的情境兴趣逐渐丧失，个人对某一学科的兴趣就会增强，因为学生的参与更多了。从某种意义上说，情境兴趣因为学习内容新颖而产生，而个人兴趣则是因为熟悉了学习内容才出现的。

我们并不真正了解个人兴趣内在的生物学原理。个人兴趣可能牵涉情绪，它常常与一般的积极情感联系在一起，但是这种联系并不是特别紧密。个人兴趣会引导注意力。我们会对自己作为职业或业余爱好而追求的事情感兴趣，而且我们会把注意力都集中在那些与之相关的事情上。有时候我们中有人觉得阅读一些有关技术的期刊有趣。与其他认知激励因素（如期望、自我效能）不同的是，个人兴趣似乎并不是由某些具体事物的陈述性知识组块产生的。正如我们所指出的，如果个人兴趣与那些我们经常追求的目标相结合，其自身的强度似乎的确可以增加。也许个人兴趣是一种情景记忆组块，它会对我们所追求目标的数目进行计数，这与偶然的目标成功或失败次数的计数不一样。相反，它记录的是我们主动花时间所做的事情。个人兴趣会在信息的动态加工过程中进入工作记忆。它是一种激励因素，实质上在说："这些是我以往一直在追求的目标，因此它们也许是我现在应该追求的。"如果个人兴趣这一情景记忆组块也能在情绪上产生积极影响，那么把它从长时记忆中提取出来后可以在决策阶段产生同样的积极情绪影响。个人兴趣在认知上所起的作用是不是这样，目前还属于一种推测。对于其中所涉及的一些内在认知过程我们并没有直接的证据去证明。

科尔文（Colvin）在他的著作《哪来的天才：练习中的平凡与伟大》中用了一整章篇幅来谈激情。[29] 我们把他所说的激情称为强烈的个人兴趣。我们从一些孩子身上看到了这样的个人兴趣，他们后来或成为恐龙方面的专家，或当了总统或成为足球队的队员。我们从填塞船缝的人、打桥牌的人或者美国内战时期的学生身上也看到了这样的个人兴趣。当我们在棒球运动员老虎·伍兹、神经科学家埃里克·坎德尔，或大提琴家马友友（Yo-Yo Ma）等身上看到了个人兴趣时不免感慨，"个人兴趣"的确是值得我们注意的一种品质。理解个人兴趣如何才能变得更浓厚并成为所谓的激情，似乎是一个值得追求的目标。

（二）兴趣的异质性

情境兴趣与个人兴趣都有高度的个性化，而且人与人之间可能会有很大的差异。很显然个人兴趣就是这样的，因为它是个体的个人经历与选择的结果。情境兴趣也体现了高度的个性化。虽然新颖性是情境兴趣较普遍的特征，但是每个人对"新颖"的定义并非总是一致的。新颖与经验成反比。我们首次接触一些事情的时候觉得新颖，但是在反复多次接触过后，这些事情就不再新颖了。由于个体的经历不同，他们会把不同的东西当作新奇或不新奇的东西。即使不考虑个体的经验，一个人所关注的新颖的东西，也未必与另外一个人所关注的新颖的东西一致。这里需要注意的是，我们假设事物普遍都是有趣的，但并非所有学生都会对同样的东西感兴趣。有些学生对亲力亲为的活动感兴趣，而有些学生则对此不感兴趣。有些学生对集体活动感兴趣，还有些学生对此不感兴趣。认为某件事同时对所有人来说都是有趣的或仅对个别人来说是有趣的，这种假设几乎总是错误的。

九、动机的层级结构

与其他陈述性知识一样，认知激励因素有从特定到一般的层级结构。就以目标为例，针对具体情况我们有特定的目标，这些目标在一个更一般的抽象层级上会聚合成目标导向，也就是在循环圈中我们通常要设置的各种目标。关于学校的成就动机，研究已经明确了三个目标导向：学习（获得新知识或技能）；业绩表现（比其他人做得更好或看起来更加聪明）；任务（把学校的任务完成好或花最少的精力就可以完成）。[30]这三个目标导向的更一般的各抽象层级也有明确规定。[31]针对一些特定的程序或行为动作，会有期望、自我效能、兴趣，以及情绪，它们会像目标一样聚合成更一般的集群。在学校里，我们可能会谈论完成某一特定任务的自我效能，我们在某一学科领域（如数学或阅读）的自我效能，以及我们在学校的总体自我效能。一般的手段—目标期望把在课堂、课题，以及学校里获得的成功或遭遇的失败归因于我们的努力程度、个人能力、任务难度或运气。针对一些特定的行动和一些技能领域，如阅读或数学，我们可以形成结果期望。如果行为的结果只是一种偶然（即认为事件不受个体控制的倾向，也就是朱利安·罗特 [Julian Rotter] 所提出的"控制点理论"[32]），那么我们只能形成一般期望。针对一些特定的活动、课程、教师、与具体学科相关的东西(如数学焦虑)，或整个学校，我们会产生兴趣或在情绪上产生某种反应。这种嵌套层级与大脑的一般层级结构及陈述性知识的层级结构成正相关。

从动机的角度来看，这种嵌套层级会引起自上而下及自下而上的动机交互。从自上而下的视角来看，学生搞学术研究或做功课的一般自我效能，会对某一学科（如数学）的自我效能产生影响，并将影响学生完成具体数学作业时的自

我效能。从自下而上的视角来看，学生回答一些具体的数学问题时的自我效能
会增加或降低他（她）学习数学这门学科的自我效能，从而增加或降低他（她）
在学校的自我效能。

在整个层级中认知激励因素之间会相互影响。认知激励因素的影响自上而
下，直至对某一特定行为动作最低层级的认知激励因素的水平产生影响。该行
为动作的结果会改变与其密切相关的动机，并向上传播到层级结构的更高层。
一个人认为自己越好，则其任务将完成得越出色。正如你所想的，根据一般的
扩展激活原理，层级相距越远，受到的影响就越小。因此，与课堂上的一些具
体活动激励因素相比，课题激励因素受到学校层级激励因素的影响更大。按照
自下而上的方式，具体活动激励因素的变化给课题层级激励因素带来的变化要
大于给学校层级激励因素带来的变化。

在这种层级结构下，动机可以是动态的、稳定的。我们需要记住的是，学
习是一个过程，它会将工作记忆容量即刻、实时地分配给特定的、正在完成的
任务。工作记忆的储存容量是有限的，它不可能将长时记忆中的大量信息及要
学习的新信息都提取到工作记忆中。任务的即时动机是从特定的目标、期望、
自我效能、情绪，以及与即时任务相关的兴趣衍生而来，但是这些特定的目标、
期望等会因学习任务随时间展开的情况不同而有很大的差异。因此，有可能出
现非常极端的动机转移情况。然而，认知的层级嵌套可以自上而下，可以从更
稳定的课题及学校层级的动机开始。由于更高层级的知识组块会接纳更大数目
的输入信息，因此较高层级知识组块的概率比较低层级知识组块的概率要稳定
得多。如果任务进展并不顺利，完成该任务的动机就会衰减，并被更高层级的
动机取代。较高层级的动机可能会让学生认为："以前我成功过，如果我坚持下
去，我就能在这类任务中获得成功。"作为陈述性知识组块的认知动机层级越
高，就越有可能取代较低层级的动机。这些陈述性知识组块具有层次结构，并
且可以通过扩散激活的方式从长时记忆中提取出来。

十、激活工作记忆资源的分配

到目前为止我们已经讨论了各种促进动机的、基于认知与情绪的实体，但

是我们没有把它们对工作记忆资源分配的影响放在一起来讨论。如果我们认为大量的感官信息、知识组块及一些可能的程序链在任何特定时候都在运转，那么可以把我们所讨论的一些动机激励因素视为一个"筛漏"，它会把过多潜在的工作记忆要素减少到一个更易于管控的数目。除此之外，它还能形成一组简化的要素，可以对所选择的东西进行优化。这种筛漏作用体现在以下方面：

（1）各种目标将注意力仅仅集中在与目标相关的知识及感官信息，剔除那些与目标无关的东西。

（2）价值与结果期望仅保留那些最有可能产生最有价值、最重要及最期望的结果的目标。

（3）手段—目标期望将注意力及知识的提取集中在一些可能帮助我们实现当前目标的手段上。

（4）自我效能会让我们选择那些我们最擅长的手段。

（5）积极的情绪与兴趣会把我们的注意力和分配的工作记忆资源留给我们选择的目标，以及这些目标实现的手段。

由于这些动机激励因素会反映我们以往的学习情况，因此它们会把工作记忆资源分配给曾经对我们的学习发挥过作用的知识与行为。结果，它们会让我们过去的经历影响当前及未来工作记忆资源的分配。

注 释

[1] Brooks, D. W. & Shell, D. F. (2006). Working memory, motivation, and teacher-initiated learning. *Journal of Science Education and Technology*, 15(1), 17-30.

[2] Cowan, N. (2005). *Working Memory Capacity*. New York: Psychology Press; Engle, R. W., Kane, M. J. & Tuholski, S. W. (1999). Individual differences in working memory capacity and what they tell us about controlled attention, general fluid intelligence, and functions of the prefrontal cortex. In A. Miyake & P. Shah (Eds.), *Models of Working Memory*. Cambridge: Cambridge University Press.

[3] Ellis, H. C. & Ashbrook, P. W. (1988). Resource allocation model of the effects of depressed mood states on memory. In K. Fiedler & J. Forgas (Eds.), *Affect, Cognition and Social Behavior* (pp. 25-43). Toronto: C. J. Hogrefe.

[4] Tsai, H.-C., Zhang, F., Adamantidis, A. et al. (2009). Phasic firing in dopaminergic neurons is sufficient for behavioral conditioning. *Science*, 324(5930), 1080-1084.

[5] Maslow, A. H. (1943). A theory of human motivation. *Psychological Review*, 50, 370-396. 简要评论参见 http://en.wikipedia.org/wiki/Maslow's_hierarchy_of_needs [2009-03-23].

[6] Center for Mental Health in Schools at UCLA (2008). *Conduct and Behavior Problems Related to School Aged Youth*. Los Angeles, CA: Author.

[7] Wentzel, K. R. (1998). Social relationships and motivation in middle school: The role of parents, teachers, and peers. *Journal of Educational Psychology*, 90(2), 202-209.

[8] Atkinson, J. (1964). *An Introduction to Motivation*. Princeton, NJ: Van Nostrand.

[9] Locke, E. A. & Latham, G. P. (1990). *A Theory of Goal Setting & Task Performance*. Englewood Cliffs, NJ: Prentice Hall.

[10] 最新评论文章请参阅 Fryer, J. W. & Elliot, A. J. (2008). Self-regulation of achievement goal pursuit. In D. H. Schunk & B. J. Zimmerman (Eds.), *Motivation and Self-Regulated Learning: Theory, Research, and Applications* (pp. 53-75). New York: Erlbaum/Taylor & Francis Group; Kaplan, A. & Maehr, M. L. (2007). The contributions and prospects of goal orientation theory. *Educational Psychology Review*, 19, 141-184.

[11] Pereboom, A. C. & Crawford, B. M. (1958). Instrumental and competing behavior as a function of trials and reward magnitude. *Journal of Experimental Psychology*, 56, 82-85.

[12] Hayden, B. Y., Pearson, J. M. & Platt, M. L. (2009). Fictive reward signals in the anterior cingulate cortex. *Science*, 324(5929), 948-950.

[13] Bandura, A. (2001). Social cognitive theory: An agentic perspective. *Annual Review of Psychology*, 52, 1-26.

[14] Kiani, R. & Shadlen, M. N. (2009). Representation of confidence associated with a decision by neurons in the parietal cortex. *Science*, 324(5928), 759-764.

[15] Wigfield, A., Tonks, S. & Eccles, J. S. (2004). Expectancy value theory in cross-cultural perspective. In D. M. McInerney & S. Van Etten (Eds.), *Big Theories Revisited: Research on Influences on Motivation and Learning* (Vol. 4, pp. 165-198). Greenwich, CT: Information Age Publishing.

[16] Bandura, A. (1997). *Self-Efficacy: The Exercise of Control*. New York: W. H. Freeman.

[17] Bandura, A. (1994). Self-efficacy. In V. S. Ramachandran (Ed.), *Encyclopedia of human behavior* (Vol. 4, pp. 71-81). New York: Academic Press, http://www.des. emory.edu/mfp/BanEncy. html [2009-03-20].

[18] Bandura, A. (1997). *Self-Efficacy: The Exercise of Control*. New York: W. H. Freeman.

[19] LaBar, K. S. & Cabeza, R. (2006). Cognitive neuroscience of emotional memory. *Nature Reviews Neuroscience*, 7(1), 54-64.

[20] Ellis, H. C. & Ashbrook, P.W. (1988). Resource allocation model of the effects of depressed mood states on memory. In K. Fiedler & J. Forgas (Eds.), *Affect, Cognition and Social Behavior* (pp. 25-43). Toronto: C. J. Hogrefe.

[21] Schab, F. R. (1990). Odors and the remembrance of things past. *Journal of Experimental Psychology*, 16(4), 648-655.

[22] Blaney, P. H. (1986). Affect and memory: A review. *Psychological Bulletin*, 99, 229-246.

[23] Pekrun, R., Goetz, T., Titz, W. et al. (2002). Academic emotions instudents' self-regulated learning and achievement: A program of qualitative and quantitative research. *Educational Psychologist*, 37(2), 91-105.

[24] 参见 Pekrun, R., Elliot, A. J. & Maier, M. A. (2006). Achievement goals and discrete achievement emotions: A theoretical model and prospective test. *Journal of Educational Psychology*, 98, 583-597.

[25] Hidi, S. & Ainley, M. (2008). Interest and self-regulation: Relationships between two variables that influence learning. In D. H. Schunk & B. J. Zimmerman (Eds.), *Motivation and Self-Regulated Learning: Theory, Research, and Applications* (pp. 77-109). New York: Erlbaum/Taylor & Francis Group; Hidi, S. (2006). Interest: A motivational variable with a difference. *Educational Research Review*, 1, 69-82.

[26] Gibson, J. J. (1979). *The Ecological Approach to Visual Perception*. Boston: Houghton Mifflin. (1986 年由 Erlbaum 出版社重印出版)

[27] Palmer, D. H. (2009). Student interest generated during an inquiry skills lesson. *Journal of Research in Science Teaching*, 46(2), 147-165.

[28] Garner, R., Gillingham, M. G. & White, C. S. (1989). Effects of "seductive details" on macroprocessing and microprocessing in adults and children. *Cognition and Instruction*, 6(1), 41-57.

[29] Colvin, G. (2008). *Talent Is Overrated: What Really Separates World-Class Performers from Everybody Else*. New York: Penguin Group.

[30] Ng, E. & Bereiter, C. (1991). Three levels of goal orientation in learning. *Journal of the Learning Sciences*, 1, 243-271; Harackiewicz, J. M., Durik, A. M., Barron, K. E. et al. (2008). The role of achievement goals in the development of interest: Reciprocal relations between achievement goals, interest, and performance. *Journal of Educational Psychology*, 100, 105-122.

[31] Spence, J. T. & Helmreich, R. L. (1983). Achievement-related motives and behaviors. In J. T. Spence (Ed.), *Achievement and Achievement Motives: Psychological and Sociological Approaches* (pp. 7-74). San Francisco: Freeman.

[32] Rotter, J. B. (1966). Generalized expectancies for internal versus external control of reinforcement. *Psychological Monographs*, 80(1), 1-28.

第五章

统一学习模式之调适

在此我们认为，围绕着工作记忆这一概念我们已经提出了一个统一的学习模型，其中工作记忆容量、先备知识，以及工作记忆资源的分配解释了学习的过程。我们的任何一位读者都不太可能是从这一视角出发理解学习的。本书的目的就是介绍该统一学习模式。大部分读者都将获得一些（如果不是很多的话）采用不同视角与词汇的概念方面的培训。因此据我们所知，没有其他模型能像统一学习模式那样解释动机。本章的目的是将统一学习模式中的一些概念和用到的一些词汇与读者更熟悉的其他概念、观点及理论联系起来。

一、能　力

多数教师会告诉你，成功的学习取决于三件事情：先备知识、能力、动机。那么，我们所说的"能力"（ability）指的是什么？近年来，在教育及很多文献中普遍出现的一个概念就是"智力"（intelligence），这是一种与"心智能力"（mental ability）相关的概念。

虽然我们并不打算回顾有关智力的文献，但有些背景知识可以了解一下。经常认为智力是可以用单个数字来衡量的，如智商（IQ）。[1]斯皮尔曼（Spearman）第一个发现了几乎所有心智测试都有一个共同的因素，他称之为一般因素（general factor）或直接用"g"表示。[2]一般来说，高智商的人会被认为比低智商的人拥有更强的心智，由此人们认为，学习障碍通常是由IQ测量值与水平测试标准成绩之间的差异来判断的，然而这一观点仍然存有争议。[3]很久以前，一般因素 g 被分成两个不同的部分：流体智力（fluid intelligence）与晶体智力（crystallized intelligence）。流体智力指的是适用于新的、不熟悉的问题的所有一般心智；晶体智力指的是已经掌握的知识与技能，可以用于解决那些之前积累了丰富经验的问题。[4]

正如我们前面所讨论的，根据统一学习模式，能力或智力与工作记忆容量及知识成正比关系。越来越多的人认为，流体智力基本上就是工作记忆能力。[5] 例如，人们发现对工作记忆进行训练可以提高流动智力测量成绩。[6] 根据统一学习模式，在工作记忆中认知加工能力会受到限制，这与作为基本认知能力或心智能力的流体智力的概念是一致的。工作记忆的原始容量大约为 4 个箱位。当然，这其中也存在个体差异，类似于在一般人群中发现的流体智力的差异。随机数字或字母的记忆本质上是对工作记忆广度的检测，是衡量流体智力的常用方法。我们还认为，与以往用一般因素或流动智力来评判智力的方法相比，从根本上来说，工作记忆是一种更合理的评判能力的方式。工作记忆可以采用更精准的神经学或计算的方法进行分析，这超越了通常用于智力测量的心理测试。

每个人都可以在某一领域变得非常熟练，尽管在原始的工作记忆容量或测得的流体智力方面存在差异。由于在医生和科学家等领域的职业准入中都有重要的筛选，因此不同能力的医生与科学家在他们各自的职业中会取得类似的成功。很难找到一个我们认为智力迟钝的核物理学家。在职业群体（如物理学家、医生、电工等）中，流体智力或原始工作记忆容量的重要性较小。相反，在职业群体内重要的是知识。知识反过来又取决于工作记忆中的组块，这一点已在大量的专业研究中得到证实。在此不妨回想一下我们在第三章对国际象棋大师的讨论。统一学习模式用组块解释了固定智力。

当遇到新的或不寻常的问题，或不熟悉的情况时，工作记忆容量（流体智力）的作用就显得更加重要了，因为没有通过经验形成的知识组块可用。在具备专家经验的情况下，用知识（晶体智力）即可获得的组块，就显得重要了。

二、遗　传

本书作者就是否要用一节来讨论"遗传"（heredity）曾展开非常激烈的讨

论。遗传方面的文献都与智力测量有关。请注意，到目前为止，在对统一学习模式的描述中，我们既没有使用"智力"这一词语，也没有使用 IQ 这个标签。在前一节中我们首次提到了这两个问题。许多人认为智力是遗传的，以同卵双胞胎（即单个受精卵的双胞胎）为例，分开抚养的双胞胎的智商相关性很高，而一起抚养的双胞胎的智商相关性更高。基于核磁共振成像研究，同卵双胞胎的大脑图谱显示出极大的相似性，而异卵双胞胎的相似点少一些。[7] 无论是心理测量还是生理测量，当对双胞胎的数据进行分析时，就会发现基因产生的影响。

另一方面，研究中发现环境也产生了非常重要的影响。例如，一些国家在一代人的时间（25 ~ 30 年）里人们的智商有了很大的提高。[8] 如果智商确实受到强大的基因控制，那么我们就很难看出智商会有如此快速的增加。此外，许多研究者对智商是通过遗传获得的论调提出了质疑。最近的一些元分析和文献综述表明，早期的研究高估了双胞胎智商之间的相关性，而对领养儿童的研究可能高估了遗传对智商的影响。[9] 就在本书付印之际，另一项关于双胞胎的研究又开始了，并可能会再一次高估遗传的作用。[10]

最近一篇有关大脑结构与智力的遗传学的文献综述得出结论："大自然是不民主的。每个人的智商各不相同，但根据本综述和其他文章中提供的数据我们并不能得出这样的结论：我们的智力完全是由基因决定的。相反，基因与环境的相互作用表明，充实的环境将帮助每个人实现他们的潜力，但每个人达到的程度是不一样的。我们的潜力似乎在很大程度上是预先决定的。"[11] 曾有一些研究这样指出："遗传对智商会产生重要影响，但这种影响被误解为教育或受教育没有任何意义，或认为智商绝不会因任何环境变化而发生改变。这是一种谬论，因为很多环境因素，包括家庭养育环境、社会经济地位、饮食和学校教育，都会影响智商。正如其他研究所指出的（Plomin & Kosslyn，2001），[12] 大脑中的灰质体积可能与智力有关，部分原因是更聪明的人会寻找对大脑具有挑战性的活动来增加他们的灰质体积。"

《统一学习模式》是一本关于学习的书。如前所述，大脑的宏观结构在出生时就已基本确定，而微观结构则是通过学习和经验确定的。显然，大脑的宏观结构是由基因和子宫环境决定的。核心工作记忆容量的差异，正如我们所讨论的，很可能是因为流体智力的差异，很大程度上可能是遗传的原因，它可能是可测量的，而且在遇到真正特殊的情况时这种差异才可能显现。然而，特定个体工作记忆容量差异的理想边界通常都是可以超越的。一些数据充分说明，随着知识的增长我们的工作记忆容量也在增加。不管一个人是否有天赋，最终都必须付出努力。比如这个人二年级时智商测试 145，但是如果个人不努力，最终也不会有什么结果。智商测试在 90 左右并不意味着成功于其而言是遥不可及的。[13][14]

尽管我们生活的社会十分强调那些幸运儿与生俱来的天赋，但至少有两本书对这个问题的看法截然不同。在《培养年轻人的天赋》（*Developing Talent in Young People*）一书中，布卢姆通报了对 100 多名职业顶尖人士的研究，其中包括数学家、神经学家、网球运动员、游泳运动员、雕刻家和钢琴家。[15]他们的社会地位都很高。例如，所有的游泳运动员都是奥运会选手，所有的网球运动员排名世界前十，所有的神经学家都获得过国家健康协会职业成就奖。该研究结果指出，并没有任何早期迹象可以告诉我们，这些人今后一定可以取得如此高的成就。尽管这些人最初就下定决心今后要有所作为，但是这些决心并不能让我们很早就知道他们今后一定可以取得如他们最终取得的成就一样高的成就。

格拉德韦尔（Gladwell）在《异类：成功的故事》（*Outliers: The Story of Success*）中指出，机遇和遗产是决定社会成功人士成败的关键因素。他认为："为了建立一个更美好的世界，我们需要用一个为所有人提供机会的社会来取代今天让人获得成功的各种因素：运气、随意的优势、幸运的出生日期，以及历史上令人高兴的意外事件。"他接着说道："超级明星是历史和社会的产物，是机遇和遗产的产物。他们的成功既不例外也不神秘。这样的成功是建立在优势和遗产的基础上的，有些人本应拥有这些，而有些人却没有；有些人通过努力得到了，有些人只是因为运气好而得到了，但这些都是造就他们成为今天的自己的关键。异类最终根本就不是异类。"（p. 268）

对于遗传差异，有观点认为遗传产生的差异的确很小，但是环境会使差异成倍增加。经济学家经常谈到"乘数效应"（multiplier effects）。教育家们谈到的"马太效应"（Matthew effect），也被称为"富人越富"现象。[16]在这个概念中，当差异得到激励，微小的差异就会被放大，从而使某些行为可能渐次增强，包括更多的练习与训练、更好的训练等等。先把遗传的争论放在一边，下面我们来看看与某个固定日期相比，出生日期对个体发展产生的影响。运动队通常用年龄来划分比赛的级别。例如，没人指望 6 岁的孩子能与 8 岁的孩子竞争。加拿大的优秀曲棍球运动员更有可能出生在一年的第一季度（1、2、3 月），而不是最后一个季度（10、11、12 月）。[17] 对此最简单的解释是：打曲棍球的孩子是按照 1 月 1 日这一神奇的出生日期来划分组队的，1 月 1 日之前出生的比当年 1 月 1 日之后出生的身体发育会更好（个子更大，身体更强壮），这是划分竞技水平的标准。因此，他们会得到更多的表扬、更好的指导、更多的机会等等。这样的影响（这种情况下很可能会因为出生日期造成）是真实的，但很小，但最终会夸张地说他们是因此成为精英的。将划分日期改为 7 月 1 日，然后等待 25 年来确定结果，便可以验证这一假设。这是极不可能的，因为这一说法表面上很有道理，但不太可能得到验证。关于遗传还有一种观点，即微小的遗传差异对个体后天的发展产生的差异可能会变得很大。就个体的身份状况人们可能会提出类似的观点。也就是说，一个购买了辅导课程的 3 岁孩子比一个没有机会参加辅导课程的孩子更可能拥有出色的表现。

什么时候工作记忆核心容量的差异会起到至关重要的作用？一方面，当你什么都不知道时，那么在处理工作记忆中的信息时有更多的箱位也许就非常有用。另一方面，当你什么都知道时，即假如你是一个曾经做过很多研究的专家，知道的和其他最优秀的专家一样多，那么拥有更多的工作记忆核心容量也会有所帮助。我们大多数人在多数时候都是介乎两者之间的。也就是说，我们仍然在获取的知识，很可能是通过刻意的练习，并将这些知识自动化的方式来实现。[18]

《统一学习模式》的六名作者中，一人肥胖，三人超重。我们四个人都想把这归咎于我们的基因。然而，对我们每个人来说，减少卡路里消耗和 / 或加强锻炼都会使体重减轻。该死的！

三、认知发展及不同发展阶段

人的发展是显而易见的，这对那些有子女或孙子女的人来说感受尤其明显，小学教师的感受比大学教师更明显。很显然，这是生物上的成熟。儿童会有身体上的成长，这种身体成长包括大脑和神经系统的发育。有证据表明，童年时期工作记忆容量不断增加，要到青少年时期 4 个箱位的容量才会完全确定。[19]

　　从描述性的观点来看，很明显，儿童的知识和思维也得到了发展。在认知发展这个领域，皮亚杰最早注意到儿童的思维方式与成人有质的不同。孩子们不仅仅知道得少一些；他们推理的方式及感知世界的方式都不一样。皮亚杰第一个系统地研究了这种思维发展，并阐述了也许是传播范围最广、最著名的认知发展理论。

　　在统一学习模式中，思维和行为与长时记忆中的知识成正相关。知识的变化会引起思维的变化。知识是通过我们前面讨论过的学习机制获得的。在统一学习模式中，这些学习机制是神经系统中神经元的特性。因此，这些学习机制离不开神经系统生物学或基础生物学中生殖细胞的生成。正如我们在第一章和本章关于遗传的讨论中所指出的，统一学习模式认为大脑的宏观结构是由遗传决定的，而大脑的微观结构是由学习和经验决定的。因此，统一学习模式将拒绝强大的本土主义和模块化的认知能力发展理论，这些理论支持强大的基因驱动发展，忽略经验输入。[20] 但是，正如本章后面所要讨论的，统一学习模式与"弱"模块理论，如吉尔里（Geary）的"初级学习"与"次级学习"分类相一致。[21] 统一学习模式也与那些认为工作记忆容量的发展是促进认知发展的主要因素的理论相一致。[22] 坎德尔的学习的神经学研究，使我们弄清楚了大部分学习的神经机制。他的研究已经开始关注神经元内的基因表达如何与环境刺激相互作用，从而产生我们之前所描述的神经学习。[23]

　　教师们可能非常熟悉皮亚杰的理论。皮亚杰将"知识结构"称为"图式"，这一术语已成为当代学习和认知理论中描述大型集成知识网络的标准术语。在本书中我们也采用了他的术语来描述大型陈述性知识网络。皮亚杰认为图式就是通过"同化"和"顺应"与外部世界的互动。他认为同化与顺应是通过一个"平衡"（equilibration）的过程来实现的。平衡过程就是对现有图式在某些方面不充分的情况做出的反应，这些情况要么是不能识别或分类某物（例如，将 X 的一个特例同化），要么是不能适应某些情况（例如，适应特定的环境）。平衡就是通过改变知识结构来补偿这些干扰或不平衡。这种补偿部分是通过皮亚杰所说的"反思抽象"（reflecting abstraction）或将一般知识从其特定内容中分离出来的方式完成的。在统一学习模式中，这类似于去除概念中不重复的地方，保留一般属性的神经反应过程。皮亚杰的这些儿童认知发展过程也被用于理解概念的形成和变化，特别是用于理解科学教育中概念的形成与变化。[24]

皮亚杰是一位科学家，他把知识的增长和变化看作是成人或儿童与其所生活的外部世界之间互动的结果，这里所说的成人或儿童是一个活跃的、自我调节的生物实体。统一学习模式和当代其他的一些学习理论对学习的看法在很多方面与皮亚杰的"发展理论"相同。当代一些概念学习理论甚至采纳了类似皮亚杰的学习机制。[25]几乎所有的当代学习理论，包括统一学习模式，都把学习看作是一个主动的、自我调节的过程，并认识到现有知识对知觉、注意力和学习的影响。因此，皮亚杰的发展学习理论与当代的一些学习理论之间有着很多共同点。

我们认为，与多数其他当代学习理论相比，统一学习模式更多地借鉴了皮亚杰对知识和智力的观点，即知识和智力与生物体的生物学相关。根据统一学习模式，记忆并不是一块"光光的石板"。工作记忆和长时记忆都是神经系统实体，它们的生物特性与环境相互作用，并且会对感受器官从环境中获取信息进行限制。统一学习模式已经摒弃了皮亚杰的高阶知识学习的发展机制，取而代之的是不断变化的组块、程序及所有这些整合在一起所形成的更大网络的神经学习的学习机制。然而，统一学习模式认为智力是知识按照一定的方式进行架构与组织的产物。总体上来说，这一观点与皮亚杰的观点非常相似。

在教育方面，皮亚杰的理论最突出的方面是儿童发展阶段论。皮亚杰提出，思维能力的发展经历了一系列可识别的、截然不同的阶段。儿童发展之所以会出现阶段变化，是因为均势造成了知识的质变或重组。这种知识的重组过程是断断续续的，因为学习而引起的知识的变化却是持续的、不断增加的。皮亚杰的发展理论包括四个阶段：感知运动阶段（婴儿期）；前运算阶段（2～6岁）；具体运算阶段（7～11岁）；形式运算阶段（11岁到成年）。

然而皮亚杰的认知发展阶段理论一直是其理论中被误解和误用最多的。皮亚杰指出，他所提出的几个不同发展阶段有一个时间序列；它们随着时间的推移相继发生，一个接一个，并且顺序固定不变。他指出，在西欧的典型案例中，这些不同发展阶段会在前面提到的一些典型年龄段出现。在把皮亚杰的理论应用到教育中时，大部分的重点放在了各阶段的年龄界限。皮亚杰自己从来没有说过他的认知发展阶段有固定的年龄界限。他只是说各个不同阶段是按固定的顺序发生的。不幸的是，在学校里，皮亚杰阶段发展理论的年龄界限常常被理解成"准备就绪"界限。人们认为，有些内容不能教授给学生，因为他们不在合适的年龄阶段。当然皮亚杰从来没有把他的认知发展阶段的典型年龄界限看作是准备就绪的约束或标志。他认为思维的阶段性限制了某些类型的学习，尤其会对概念的解释和理解产生影响。然而，任何年龄的学生能否学到东西，决定因素并不是他们的年龄，而是他们所处的认知发展阶段。

根据统一学习模式，学习会受到先备知识的约束。先备知识可以帮助学生理解他们正在学习的内容，并扩展工作记忆容量，从而构建更精细的记忆组块和相互关联的网络。这种对学习的约束类似于皮亚杰所说的约束学习的"儿童发展阶段"，或类似于维果茨基所说的"最近发展区"。一个人不可能完全理解远远超出其当前理解水平的内容。根据统一学习模式，这种现象是由先备知识效应造成的。

在统一学习模式中，我们关注特定内容和特定主题的知识增长，特别是那些与正式的学校教育相关的领域。皮亚杰一直承认，知识的增长和我们所称的特定主题的专业知识的发展都归因于学习。他甚至认识到，孩子可以在特定的话题或领域获得非常高水平的专业知识和思维能力，因此，在皮亚杰看来，针对具体内容，高层级的思维是可以教出来的，无须为此大惊小怪。[26] 皮亚杰关注整体思维模式及这些整体思维模式的发展。统一学习模式只是没有从整体上研究知识。

根据统一学习模式，所有特定主题知识的学习都依赖于我们前面所描述的各种学习机制。对于整体知识或思维是否会出现阶段性的变化，我们没有明确的立场。然而，联结主义或神经网络建模研究表明，皮亚杰的感知运动的整体发展可以通过统一学习模式中的那些计算和神经机制来实现。[27] 根据统一学习模式，这些过程，如果有的话，就像我们前面所说的，对学习产生的影响即使有也并不会有多大。我们也没有说过学习会对整体思维模式带来任何形式的改变。学习代数的孩子会更加精通代数。他（她）甚至可能展示出皮亚杰所说的代数的形式运算思维，但是这并不意味着他（她）在其他领域也很在行，也无法说明是否他（她）在其他领域都具备形式运算思维。在统一学习模式中我们的立场是，如果阶段式的发展进程的确存在，那么某一领域知识的获取就不会受到发展阶段的限制，发展阶段也不会是特定主题学习的产物。

当代发展理论一般都与影响力甚大的皮亚杰的发展阶段模式分离了。在认知心理学中，当代的发展理论与学习理论之间存在着很多相似之处。人们普遍认为，皮亚杰的平衡机制总体上可能是准确的，但还不够具体，不足以成为一个影响力巨大的理论。大多数当代发展理论都没有像皮亚杰那样把普遍性水平归因于整体思维。现在，人们认为个体发展既要注重整体性，又要体现专门性。很少有人相信从某一单个"发展阶段"就能发现个体在所有领域的全部思维特征。当代发展与学习理论，包括统一学习模式，都认为知识是由学习者主动构建的，而不是被动接受的。弗拉维尔（Flavel）等的著作《认知发展》及莫什曼（Moshman）的《青少年发展》对当代发展心理学做了非常棒的综述。[28]

与发展阶段理论一样，现有的任何发展机制与统一学习模式之间也没有任何不兼容的地方。根据统一学习模式，学习是通过我们所描述的一些机制而发生的，不会受到其他影响。因此，学习不会受到某一发展机制的影响，除非某个发展过程能够独立于我们所描述的学习机制而改变长时记忆中的知识。这种变化会通过改变现有的知识来影响先备知识效应。在任何情况下，这都不会改变学习的发生机制，它只会改变正在使用的先备知识。因此，统一学习模式中所描述的学习过程将保持不变。

四、维果茨基的最近发展区和社会建构

如上所述，统一学习模式指出，为了高效率学习，新的学习材料有一个最佳的内容难度。你可能已经听说过维果茨基的最近发展区。[29]统一学习模式所要做的就是要明确最近发展区的要求。也就是说，学习材料必须填满或接近填满学习者的工作记忆，但不能超过学习者的工作记忆容量。这便将学习者的最近发展区和先备知识紧密地联系在一起，因为根据统一学习模式，对一个人的工作记忆容量产生主要影响的就是先备知识。

你可能听说过"社会建构主义"这个词，它可能也和维果茨基的名字有关。维果茨基指出，某些类型的知识不是物理环境的属性（也就是说，不是感官知

识）。有些知识是符号性的，是人类思想和创造的产物。这包括词语的含义、道德准则和法律、我们对世界上各种现象的理论解释，如物理定律、数学知识、故事、艺术、音乐和文学。维果茨基指出，这种符号知识就是一种社会建构。它是基于人们对社会上的一些东西形成的共识而创造出来的，并被赋予一定意义。社会建构的知识不是客观的，它的真实性或准确性来自社会认同的符号系统中的规则和关系。因此，维果斯基认为，基于社会建构意义的符号知识只有通过社会传播才能获得。这种知识不可能从与物理环境的直接互动中获得，因为它是人类社会的属性，而不是物理环境的属性。

社会互动无处不在。相当一部分社会建构的知识是从家庭中父母、孩子和兄弟姐妹之间的互动中获得的，或从社会环境中的同龄人中获得，或从日常生活中的其他成年人那儿获得。也许我们视为常识的一切都是在这些非正式的环境中获得的。在更正式的层面上，对于大多数人而言，工作技能都是在工作中学习的，从有经验的工人或手工艺大师那里传给初学者或学徒。这种在职经验不仅包括身体技能的培养，还包括对特定工作、工艺或职业中现象的思维方式的理解。任何在大型企业工作的人都知道，每个企业都有自己独特的"企业文化"。类似的知识和意义的社会建构文化是所有有组织的社会团体（从运动队到宗教团体）的核心。

创建正规学校的关键原因在于符号性的、社会建构的知识需要社会传播。我们的知识储备增加了，并且变得更加正式化，形成高级符号系统，如书面语言、高等数学（如微积分）和科学理论。这些都不太可能从日常或在职的社会经验中学到。学校的建立是为了更好、更系统地传播这些知识。

统一学习模式并不否认符号知识是社会建构的。然而，统一学习模式是从个体视角建立的一种学习模式。新的知识和技能可能会在社会群体中被创造或发现，新的知识甚至可能会被编码到一件人工作品中，比如一部著作中。然而，根据统一学习模式，这种社会创建的知识和技能必须进入个体的思维中才能被个体习得，无论他（她）是创建该知识的社会群体的元老还是参与了包含该知识的某件人工作品（如一部著作）的某个人。当一个人大脑中的神经元发生变化时，学习就发生了。这就要求社会建构的知识最终对个体的变化产生影响。

在教育方面，维果茨基的知识社会建构理论被用于提升特定的教学方法，

如协作 / 合作学习、脚手架、指导和学徒制。这是否真的有道理还有待商榷。知识最初可能是社会创造的，但这并不意味着它最好是通过"社会"学习或一些诸如小组合作学习的教学方法来传授给学生。日常常识性知识或工作过程中得到的锻炼的非正式传播并不意味着这些是传播这类知识的最佳途径。维果茨基本人也并没有特别强调那些反映社会知识建构过程或日常知识间接传播的教学方法的作用。他列举了许多教师采用直接教学的例子，包括在学校以讲座的方式教授和传播社会建构的知识。[30]

在教学方法上，我们与维果茨基的意见一致。正如我们将在后续章节中讨论的，他的许多教学方法都与统一学习模式是一致的，包括那些通常与社会建构主义方法相关的协作 / 合作学习、脚手架、指导和学徒制等方法。统一学习模式还发现，按照社会建构新知识、理解新知识的方法，学生之间可以互动，并与教师互动。学习可以在社会环境中发生，学生从中会得到教师、同伴和其他人的帮助。这些方法本身无好与不好之分，问题主要在于我们是否能合理使用这些方法。

最后对统一学习模式和建构主义理论做一些评论。建构主义这一术语与皮亚杰，[31]尤其是维果茨基[32]有关。统一学习模式的核心主要有两点。首先，学习需要在学习者大脑内部重新组网。大脑内部事先并不存在可以通过成长、环境或其他方式就可以显现的知识网络。从这一意义上说，我们在前几章所讨论的所有知识（神经元的重组）都是学习者主动建构的。知识始终都是工作记忆中各种信息的转换与连接的产物。在第三章，我们甚至注意到在解决问题和批判性思维过程中出现的一些特别富有建设性的认知过程，从而引发独特的新知识的建构。统一学习模式是建构主义的，因为大脑中的神经连接是建立在可塑性的基础上的，这种可塑性有助于在神经元之间建立独特的连接。其次，与其他建构主义理论一样，学习者在获得学校教授的一些符号性知识时需要自己积极参与才行。诚然，我们并不需要特别努力就可以回忆起日常经历的一些事情。同样，在一些特殊情况下，我们可以创造环境，从中会有一些非常重要的学习在意料之外就发生了。例如，通过玩游戏，玩家必须反复注意和应用规则，如果没有玩游戏，这些规则也许需要通过更传统的学校课程的学习才能获得。最后，社会所期望的学校里的大部分学习都要求学习者自身努力才行。

五、短时记忆

短时记忆的概念早于工作记忆。短时记忆是一个信息临时存储区域，信息在这里存储的时间很短。与之不同的是，信息可以在长时记忆中永久存储。工作记忆模型涵盖了临时或短时存储区域这一概念。[33]统一学习模式也是如此。在第二章我们对工作记忆是这样定义的：工作记忆含有一个工作记忆存储区域，用来临时和短暂地保存输入的感觉信息和（或）从长时记忆中提取出来的知识。关于短期记忆是否应该作为一种不一样的、独立于工作记忆的概念被保留，一直存在争论。作为这一区别的早期倡导者，恩格尔（Engle）最近重新评估了这一立场的依据。[34]与其他工作记忆模型一样，统一学习模式既考虑了"短时"记忆中信息存储的短暂性和容量的有限性，又考虑到了工作记忆操作的广泛性。更多关于这些记忆是认知上的还是神经上的独特记忆的技术层面的争论，不影响我们对统一学习模式中工作记忆的操作方式的描述。

六、认知负荷

最初由斯威勒（Sweller）提出的"认知负荷理论"（cognitive load theory）也许是到目前为止与统一学习模式最接近的学习理论。[35]与统一学习模式一样，认知负荷理论的理论基础是：人类的认知容量是有限的。20世纪80年代，约翰斯通（Johnstone）将认知容量有限的观点应用到了科学教育中。[36]统一学习模式与一些特定的工作记忆过程之间存在明确的联系，但是认知负荷理论与之则没有显现出这样的联系。不过，认知负荷理论与统一学习模式的第一条原则都认为，学习与有限的认知容量的分配方式密切相关。认知负荷理论也认同统一学习模式的第二条原则，即知识会影响认知容量。两者之间的差异在于，是否认为动机会影响认知容量。动机对认知容量的影响是统一学习模式的核心原则。

认知负荷理论广泛地关注教学环境和教学材料如何影响有限的认知容量。斯威勒指出，教学环境对学习者可利用的认知容量提出了各种要求，他称之为"负荷"。早期的研究设想一共有两种认知负荷。第一种是由学习材料的固有难度造成的负荷，称为"内部负荷"（intrinsic load）。内部负荷与材料的复杂程度、困难程度及需要在工作记忆中存储、处理的信息量有关。想想学习一个特定的事实和学习如何配平化学反应之间的区别就能明白其中的道理。根据统一学习模式，通过其中的第二条规则（重复的方式）学习比通过第三规则（建立联系的方式）学习所要求的负荷要小。第二种是"外部负荷"（extrinsic load），由学习环境的各种特征组成，而这些特征本身不是要学习的内容，但需要使用一定的认知容量。通常来说，外部负荷是由于教学设计不佳或设计中存在分散注意力的一些东西而产生的。外部负荷会妨碍学习，因为一部分认知容量用于处理外部负荷，于是用于学习的认知容量就变少了。例如，把所有内容都放在一页或一屏上比把它们分别放在两页或两屏，或一页加一屏上产生的学习效果总体来说会更好，因为后者需要学习者在学习时不停地前后翻看。统一学习模式持有类似的观点，即只要用于学习任务的工作记忆容量分配减少了，学习就会受阻。

最近的研究又确定了第三种负荷，即"生成负荷"（germane load）。生成负荷与内部负荷相伴，前者与后者之间的差异类似于统一学习模式中信息的存储与加工之间的差异。内部负荷现在被认为是一种存储负荷，它包含了因为学习而存储在工作记忆中的一些特殊的东西的数量。生成负荷指的是对存储的信息进行加工产生的负荷，如建立联系或进行转换。[37] 根据统一学习模式，工作记忆容量需要在信息的存储与加工所需要的空间上进行平衡。对此我们可以结合工作记忆中的箱位模式来理解。假设你的工作记忆中有一个箱位装满了关于角的知识，另一个箱位装满了关于三角形的知识，两个实体造成内部负荷，你需要把它们放在一起形成一个概念：三角形的三角之和是 180 度。在第 3 个箱位你需要处理内部负荷并开始将那些概念集绑定在一起。

也许认知负荷理论和统一学习模式之间最重要的区别在于，前者几乎都没有涉及学习者动机的问题。斯威勒在最近的一本书中只是用了一个动机的索引，引导读者阅读标题为"动机的情绪源与认知源"的一小节内容。[38] 该小节提到了迈耶（Mayer）的两项研究，认为在学习材料中包含一些花边细节会对学习产生负面影响。[39]

如果我们不是非常熟悉斯威勒等人在认知负荷领域的研究，那么我们就不太可能研究出统一学习模式。[40] 几乎所有由认知负荷研究者得出的教学原则和给出的建议都与统一学习模式一致。我们认为没有理由在本书中详细讨论这项研究。我们鼓励读者去看看斯威勒的著作《学习效能》。[41] 最近，《教育心理学评论》用了整整一期刊登有关认知负荷理论前沿探索方面的文章。[42]

七、"啊哈"时刻为日后知识提取留下特殊标记

我们都经历过"啊哈"时刻（有时我们会认为这一叫法源自阿基米德。他通过位移搞清楚了如何测量体积，所以有时也被称为"我发现了"或"有了"时刻）。[43] 有时候当你刚刚结束学习，你会意识到自己已经为考试做好了准备。有时候当你粉刷完房间，清理完毕，你可以对自己说："做完了，现在我可以做一些有趣的事情了。"在大多数情况下，上述例子都不是教师们所说的"啊哈"时刻。

很多逸闻趣事就属于学习上的一些特殊的"啊哈"时刻，此时学习者明显会带着某种情说："现在我明白了。"在文献中，尤其是概念化的文献中，研究者通常认为"啊哈"时刻反映了思维上的质变，这是知识重组的结果，类似于皮亚杰所说的认知发展。重构理论普遍认为，知识的质变是由一种特定的"重构"学习机制造成的，这种学习机制产生的质变有别于常规学习机制可能产生的持续变化，尽管以前的文献并没有对这些机制给出明确的定义。[44]

在开发统一学习模式过程中，我们一开始认为"啊哈"时刻的出现是常规组块的结果。[45] 这种归因部分是受认知建模方面的研究的影响，但该方面的研究并没有发现质性重组机制。[46] 现在我们认为，"啊哈"时刻是由别的原因造成的。在第三章我们讨论了工作记忆的某一关键过程是如何以不同的方式将输入工作记忆中的信息连接起来的。我们注意到，在解决问题或批判性思维过程中出现的这些新联系创造或构建了新的知识。很显然，从这些知识建构中产生的任何新知识都将与以前知识的相互联系方式有质的区别。根据统一学习模式，重复是量化的学习机制，联系是质性的学习机制。我们认为统一学习模式的第三个学习原则就是以前的文献中提到的"重构"机制。

当我们知道已经新建知识时，我们会经历"啊哈"时刻。正如我们之前提到的，工作记忆过程，包括建立新的联系，不一定是有意识的。"啊哈"时刻似乎

尤其是在最初有意识地寻求解决方案但未能成功，后来又无意识地继续寻求解决方案时出现……当我们终于知道解决方案时，我们会感到欣喜不已。有人可能会问，为什么会有这样的欢乐时刻？我们先前讨论过情绪会对某些知识进行标记从而更易存储，情绪还会使长时记忆中的知识更易提取。我们在"啊哈"时刻的情感体验可能是一种标记新建构的知识的方式，确保以某种特殊方式存储，方便日后提取。

已经从神经层面通过试验证明存在这样的"顿悟"时刻。举个例子，给学习者提供一组三联单词，如 date/alley/fold，要求找出一个单词把这三个词串联起来。此题的答案是"blind"。通过功能性磁共振成像（fMRI）和脑电图（EEG）测量，在解决方案出现的瞬间会有一个突然爆发现象出现。[47] 试验中要求受试者说明他们是不是通过顿悟解决问题的。"顿悟"（insight）指的是在解决问题的过程中陷入"僵局"，但感觉自己在继续向前推进，并突然找到了解决方案。事实上，没有参与常规问题解决的神经区域却参与了那些有见地的解决方案的形成。

八、普通的学习时刻不需要特殊标记

"啊哈"事件中有一个方面需要特别强调，即"啊哈"事件通常发生在解决方案寻求失败之后。一般来说，当我们认为自己已经停止了有意识地搜寻解决方案时，才会出现"啊哈"事件。所以，成功的搜寻一定是一次潜意识的搜寻。对于像统一学习模式这样的学习模式，你可能会认为你可以控制 4 个箱位，并且可以有意识地往里面添加信息。事情可不是这样的。工作记忆资源的分配过程只是部分由意识控制。工作记忆资源分配过程的大部分细节，我们都是看不到的，甚至在我们进行资源分配时也是这样。

"啊哈"时刻是好是坏？在统一学习模式的制定过程中就出现过这样的时刻。例如，有一种观点认为，动机等同于工作记忆分配。数年后，人们意识到神经科学家在谈到工作记忆中最重要的东西时使用了"注意力集中"（focus of attention）这个术语，因此他们在集中注意力方面所做的所有研究都可以从动机的角度进行重新审视。[48]

然而，并不能因为从"啊哈"时刻获得了良好感觉，就认为教学设计得不好也没有关系。我们可以要求学生思考一些事情或设计解决问题的活动，这些活动需要应用特定的知识，但我们不能保证学生真的就能在新旧知识之间建立有意义的新联系。我们曾经和一位开发了"学习循环"实验活动的大学课堂教师进行过一次谈话。如果所有的学生都能立即完成活动任务，那么这一活动就不是一个好活动。然而，如果没有学生可以完成活动任务，那么这一活动就更糟糕。[49]

九、专家：天才

在写这本书的最初阶段，一个作者对另一个作者说，那专家又该如何解释呢？当时，我们都认同民间一种根深蒂固的观点，即专家是独特的，但又是非常重要的特殊案例，他们不用通过传统方式学习就可以掌握知识。

患有"学者症候群"（savant syndrome）的人通常表现出较低的技能，而且通常会出现功能障碍，但在一些特殊的领域表现出很强的不同寻常的技能（例如，回忆特定日期的天气或这一天是星期几，以及钢琴、绘画领域）。如上所述，人们曾经认为，这些技能是自发出现的，从而支持了这样一种说法：人类的能力在某种程度上是天生的，而专家能够很好地利用这些天生的能力。根据统一学习模式，没有人是预先具备高级技能的。也就是说，统一学习模式坚持认为，没有人天生就能驾驭或弹奏钢琴，这些技能都是必须通过学习才能获得的。不管人类天生具备什么样的本领，统一学习模式认为天生成分的占比是非常小的。最近一项深入的研究表明，专家技能是更传统的教学的结果，即不断练习并及时获得反馈。目前人们对这一现象的看法可以总结为："一个大脑功能正常的人可能成为历法方面的神童，但由于他们不太可能发现为之奋斗的过程最终会让他们得到足够的回报，从而不会一直坚持下去。"[50]

这一点的指出有着非常重要的原因，即如果一个专家在没有学习的情况下就具备高级技能，那么统一学习模式就不可能是正确的模型。根据统一学习模式，微观结构是主动建构出来的，而不是从其他的、遗传的、预先存在的状态"显现"出来的。事实上，只有通过练习才能获得特殊的技能。例如，学生需要对现象和材料不断练习才能获得比例推理这一通用技能。

有些人被认为是天才，如音乐家莫扎特和国际象棋大师菲舍尔（Fisher）。对天才生活的仔细研究似乎总是会给人鼓励，让人知道一些有效的训练方法，以及获得大量的资料。尽管有人说莫扎特都是靠突发的灵感创作音乐（即将脑子里闪现的东西直接写在纸上，不做任何修改），但是证据表明，他也跟大多数作曲家一样对作品进行长时间的修改。[51] 许多文献指出，若要获得专门知识，必须经历大约十年的学习。[52] 所谓的十年法则似乎可以从莫扎特、菲舍尔等精英专家身上找到影子。

十、特殊的记忆

有报道说有些人在记忆力方面确实与众不同。例如，AJ 基本上记得自己所有的生活经历。[53]"她的记忆是'不停的、不受控制的、自动的'。AJ 花了大量的时间回忆自己的过去，而她回忆的准确性和可靠性相当高。"有些人怀疑她像我们一样，为了达到死记硬背的效果，花了很多时间演练。若未付出大量的精力去记忆，普通的情景记忆对我们大多数人来说是脆弱的、短暂的。AJ 并没有把这种不寻常的回忆能力作为一种天赋，而是说自己存在功能障碍，需要帮助。还有许许多多有关天才记忆的报道，这种记忆也被称为超强记忆或过目不忘。这些报道经常出现，但大多数都充满争议。[54]

专家往往具有很强的记忆力。他们可以在参加完研讨会后回忆起几乎所有的发言内容，尽管不是一字不差。这表明先备知识与动机都非常重要。最有可能的是，他们已经知道了很多所讲的内容，并且经常思考那些新的内容，所以他们真的是在一遍又一遍地演练那些内容。这是许多专家的特点，也是他们处理信息的方式。有两位记忆力很好的作者。其中一个叫 DS，他稍微花一点精力就能够回忆起大量的内容。另一个叫 DWB，他有 1000 名学生，无论是在课堂上，还是在校园里与他面对面时，他都能叫出其中 750 个的名字。这不是什么特殊的天赋，而是他将学生的照片排成网格，与学生在实验室的位置相匹配，一小时又一小时熟悉学生的结果。他会在教学实验室里与学生对话，为记住学生的名字马上进行演练，小班授课的教师如果没有试验环节是没有机会做这些事情的。

十一、多元智力

加德纳（Gardner）在对天才、专家和失语症患者的研究中提出了一个非常流行的概念——多元智力（multiple intelligences）。[55] 在这一概念里，智力可以分为几个子类，如逻辑数学、空间、音乐、人际关系等等，而且个体在智力子类的拥有数目上可能存在差异。然而，对这些子类的测量方法研究者还没有达成一致意见，流体智力的测量方法也无法对这些子类做出较好的预测。[56]

与此同时，还没有任何严肃的科学可以用来验证多元智力，但它仍然是受到课堂教师热捧的概念。毕竟，它经得起时间的考验：我们都知道有些人在某些方面很擅长，但在另一些方面很弱。统一学习模式从先备知识方面解释了这些差异。此外，当我们变得擅长某件事时，我们通常也会在同类事情上做得更好。这就形成了班杜拉所说的良性循环。[57]

我们引用了布卢姆及其同事在《培养年轻人的天赋》杂志上发表的有关专业技能的一些重要证据。他们把天赋定义为："在研究或兴趣爱好的某一特殊领域表现出的极其高水平的能力、成绩或技能。"[58] 他们还认为："虽然我们无法确定，但我们相信，这些有天赋的人中只有一小部分（10% 或更少）的人在 11 岁或 12 岁时有了非常大的进步，并可以大胆预测这些人在 20 ～ 30 岁时会成为他们所在领域里最优秀的 25 位。即使回顾过去，我们认为通过完善能力倾向测试或其他预测工具，我们或该领域的其他人员并不能预测这么小的年龄的孩子是否具有潜在的高阶天赋。"[59]

既然人们普遍认为加德纳是多元智力的主要倡导者，那就有必要更详细地研读他的著作。他从生物心理潜力的角度来描述多元智力，援引了疾病的遗传倾向，将这种遗传与人的智力联系起来，然后强调了许多科学家的假设，即基于智商测试人的智力高达 80% 都是可以遗传的。[60] 虽然加德纳并不否认环境对智力发展可能产生的影响，但他的理论并不能为那些将会超越自己潜能的人描绘出一幅有希望的图景。这些观点与统一学习模式之间有许多不同之处。统一学习模式将学习理解为神经元的变化：神经元就是通常说的神经元（不是音乐神经元或审美神经元）；先备知识会对一个人能否成为布卢姆所说的"有天赋的"人的能力产生非常大的影响。

最后，这可能并不重要。在《创造心智》一书中，加德纳列举了一小部分得到人们高度认可的个人（如爱因斯坦、甘地），并在其中引用了所谓的"十年规则"（一般公认的十年法则指的是：无论在何领域，一个人都需要大约十年的认真学习，加上适当的教导、指导和支持，才能达到专家的地位）。[61]格拉德韦尔称之为一万小时规则。[62]花在练习上的时间长短决定了音乐家的优秀程度。[63]因此，即使人们相信存在多元智力，这也无法改变培养专业技能需要花费一定量的时间和付出一定的精力这一事实。

加德纳的文章中有一点特别值得注意，那就是，在自己擅长的领域中最优秀的那些人会用一种积极的方式来构建自己的经历，[64]这也许就是从错误中吸取经验教训的能力。

十二、学习方式

研究者认为学习方式是一个人如何与学习环境互动的各种特征（包括认知、情感、心理方面）的集合。[65]这一观点植根于这样一种信念，即人类对刺激物的感知方式是不同的，这些不同的感知方式可以让不同的人学习效果最好，包括吸收、记忆和处理新信息。[66]许多研究都没有找到这些不同的学习方式的证据。例如，克莱茨希和阿巴思诺特（Krätzig & Arbuthnott）得出结论："目前的结果表明，人们对自己学习方式的直觉可能被错误地归因。具体地说，这些学习方式也许显示的是学习的偏好和动机，而不是通过各种具体的感知模式吸收与回忆信息的固有学习效率。[67]科菲尔德（Coffield）等人对此持批判观点。[68]统一学习模式对学习方式有何看法？首先，目前还没有令人信服的数据证明存在不同的学习方式。统一学习模式的第五条原则指出，学习是一种学问，人类的学习不存在任何生物上的约束，我们中的任何一个人最终对每一种学习方式都会重视（如果这种学习方式真的存在的话），对此我们表示怀疑。[69]简而言之，我们并不相信这种有意义的、可测量的现象的存在。如果这样的现象确实存在，它当然属于学习方式（即先备知识），而且没有特定的遗传要求（就像数目不断增加的多元智力中的某一智力一样）。

当然，学生都认为自己的学习方式是不同于他人的。不管从客观上来说真实与否，学生们都会说"在课堂上听老师讲比我自己阅读学习效果更好"或"自己阅读之后会有更深的理解"。如果学生认为自己学习某一内容或借助于某些媒体会比其他人学习得更好，那么结合我们之前讨论的预期，完全可以认为学生对不同的学习方式产生了特定的动机偏好。我们所讨论的与其说是学习方式，倒不如说是"动机"方式。根据我们在第四章中所讨论的内容，我们很容易看出，如果某个学生认为阅读材料比听材料会让自己学得更有信心，学习效果也会更好，那么他（她）很可能会有更强的学习动机，并且在学习视觉材料时工作记忆资源也会得到更有效的分配。

十三、执行系统

执行系统的概念可能是由传统演变而来的，也许与"小人"（homunculus）的故事有关，而不是根据附有解释的大量数据得来的。[70] 翻阅这本书，你会发现书中的"executive"一词并不表示"首席执行官（CEO）"或"决策者（decider）"的意思。巴德利与希契的早期工作记忆模型包括三个部分：中央执行系统（central executive）、语音回路（phonological loop）和视觉空间模板（visuospatial sketchpad）。[71] 2000年，巴德利发现需要增加情境缓冲区（episodic buffer）。[72] 统一学习模式没有用到巴德利工作记忆模型中的任何一个部分。相反，记忆中的任何东西都是工作记忆的潜在素材。如果是这样的话，那么如何做出决策？在某种程度上，关于这些问题的争论还得回到加州大学伯克利分校的哲学教授约翰·瑟尔（John Searle）提出的"中文屋"（Chinese Room）思想实验中有关小人的争议："有人也许这样解释人的视觉：感知外部世界的光，随后在眼睛的视网膜上形成影像，大脑中的某物或某人就好像是电影屏幕上的影像……"[73] 在我们做决定的时候，我们听到的声音一遍又一遍地愚弄我们。鉴于神经网络的工作方式，在统一学习模式中我们不需要任何这样的"决策者"。[74]

正如我们在第二章和第三章所讨论的，不需要特殊的归纳或决策神经机制或认知机制来解释工作记忆是如何运作的或知识是如何存储的。统一学习模式中的注意、重复、模式匹配和其他机制不需要监督者或任何监督系统即可运行。尽管我们也可以探讨人们决策、自我调节，或控制自己工作记忆的信息加工，但这与认知或大脑内的执行系统的概念不同。我们注意到，统一学习模式中的工作记忆、长时记忆、动机认知和神经系统流程都不需要人控制，它们可以自动工作。同样，它们也不需要一个认知执行系统来启动或监督他们。

十四、性别差异

男性和女性在认知能力上确实存在差异。一般来说，这些差异很小。几十年前，性别差异很大，比如在数学成绩方面，造成这些差异的原因很多。最近一个科学教育论坛的标题说明了一切："性别相似性决定数学成绩。"[75]我们毫不怀疑性别差异的存在，而且性别差异也许是非常重要因素。然而，就像我们在统一学习模式中就几乎所有其他事情所主张的，造成这些差异的最大因素需归结为知识差异（即先备知识的差异）。[76]在自我效能方面也存在性别差异，我们将在后面讨论。[77]

十五、初级学习与次级学习

2008年末，《教育心理学家》出版了一期题为《受教育物种的进化》的特刊（第43卷第4号）。其中有一篇重点论文是由吉尔里基于其早期的研究成果而写的，文章包含了许多新颖的观点。[78]其中的一个重要看法就是，学习可以从生物学上分为"初级学习"和"次级学习"两大类别。生物学上的初级学习，指的是与大脑中专门的神经加工区域相关的学习，这些区域已经进化，能够优化学习和信息加工的速度。我们之前已经提到过其中的一些区域，比如专门负责视觉、听觉和其他感觉输入的感官信息加工区域，以及专门负责像手指这样的外围肌肉群的运动皮层区域。人类更高级的功能上也存在生物上的初级学习，如语言学习，至少口头语言学习是这样的。吉尔里注意到这些特殊的区域已经进化，对与它们的特殊信息加工相关的特定学习非常敏感。

生物学上的次级学习，指的是没有专门的神经区域来加工知识的学习。这基本上包括维果茨基所说的所有社会建构和传播的知识，我们在学校教授的几乎全部知识都包括在内。大脑中根本没有专门用于学习化学、社会学、代数或文学学习的区域。这些学科知识的学习是在大脑的一般非专门区域进行的，或者如吉尔里所说的，通过依附和改变主要生物区域用途的方式进行学习。

这种学习上的区别的一个典型例子就是语言学习。口语在生物学上属于原发性的。在生命早期——婴儿期就会有口语的学习，只要在一个使用语言的环境中学习语言就足够了。各种特殊的学习动机似乎也不需要。事实上，动机似乎是内在的。大脑中有一些潜在的专门负责语言学习的区域，它们通过特定功能促进语言的加工。然而，学习书面语言、阅读和写作，在生物学上属于次级学习。没有专门负责书面语言的大脑区域；书面语言会占用负责口头语言学习的区域，并改换其用途。学习通常需要明确的指导和刻意的动机。学习会表现出不确定性。几乎所有的人都精通他们的母语口语。精通阅读和写作的人则远没有那么普通。即使在大多数人都受过教育的地方，在阅读与写作熟练程度方面人们之间也存在很大差异。

吉尔里的观点是我们之前讨论过的关于遗传、先天和后天的观点的延伸。吉尔里的学习分类不会真正影响统一学习模式的前提。初级生物区域与次级生物区域的学习都符合我们之前描述过的神经学习原则。无论是在大脑的特定区域还是一般区域，神经元的强化方式都是一样的。因为生物学上的初级区域只对某些类型的刺激敏感，所以它们的频率计数可以更快达到精确。吉尔里认为，注意力会集中到与生物学上初级学习相关的感官信息上。我们似乎也会自然而然地被吸引或被激励去学习生物学上的初级知识。他认为，大部分日常学习，也就是我们所说的常识或通用知识，都与生物学上的初级学习有关，初级学习的内容经过长时间的演变推进，反映的是人类物质与社会环境中的一些常见的东西。

吉尔里还认为，学校里主要学习的是生物学上的一些次级学习的知识。学校里学习的一些学科知识不会因为大脑中的特定神经区域而学习效率更高、学习动机更强。学科知识的学习需要遵循我们讨论过的统一学习模式的所有规则。这种差异对教学也有一定的启示。许多情境认知、学徒制和建构主义教学方法都试图将日常学习视作一种学习模式。他们认为，如果我们能让学校更像日常生活，或者让学校的教学更像日常生活中使用的一些非正式方法，那么学生学起来会更容易，也会更有动力。吉尔里则认为这不太可能。日常生活中的学习之所以与学校的学科学习不同，并不是因为它发生在校外，而是因为它是属于生物学上的初级学习。这种生物学上的初级学习不会转换到学校学科学习所要求的生物学上的次级学习。

十六、历史与背景

统一学习模式不是自发形成的，寻找统一模型也并不是什么新鲜事。1987年，艾伦·纽厄尔（Allen Newell）在哈佛大学做了一系列演讲，并在此基础上写成了《统一的认知理论》。[79] 他认为，一个统一的理论必须具备三个优势：解释、预测和控制的手段。他指出，认知理论必须处理一系列问题，从通过语言解决问题到做白日梦。他提出的模型是基于他对 SOAR 的研究。SOAR 是一种用于一般智力的架构，最初被视为一种计算机人工智能系统。[80] 那么，依据艾伦·纽厄尔的观点，统一学习模式是统一的认知理论吗？答案是否定的。虽然统一学习模式在解释、预测和控制手段方面做得很好，但它肯定还远远没有实例化为一个可操作的人工智能计算机结构。然而，我们并没有着手开发一个完全可以实现的认知模型，而是着手创建一种综合体，将我们对学习的了解，特别是课堂学习，整合成一个详细描述学习过程的可行的模型。

值得注意的是，其他一些人所做的相关描述实质上与统一学习模式非常接近。例如，贝赖特（Bereiter）写道：（以下内容去掉了他引用的一些东西）[81]

情境模块不只与情境相关。它还体现了人与情境的关系。文化的影响，最初可以在特定的信仰、目标和行为规则中发现，现在只能影响整个模块。情境不再有单独的表征。相反，情境表征隐含在模块所体现的人与环境关系的整体结构中。这就是情境认知在基于情境模块的理论中所传递的意义。情境认知是模块化的一种自然属性，而不是学习过程本身的属性。（pp. 613-614）

似乎没有理由认为，在情境模块的发展过程中会出现任何特殊的过程。这里所说的特殊过程与学习和发展理论中所涉及的各种过程不同。基于计算机的理论中有些过程有助于模块化。组块将反复激活的心理内容形成更大的单元。组块可以在组件之间形成，也可以在组件内部形成，例如，将某一情境表征及与它相联系的情感因素、通常在该情境中追求的目标等组合在一起。组块过程中可以将程序性知识简化，以陈述性知识的形式储存起来，于是不用再执行程序，不需要反复解决同样的问题。最后，组合会生成简化的程序性知识，不需要外显的陈述性知识或情境表征，因为这些都内隐在程序性知识当中了。语境模块概念的新颖之处不在于所涉及的过程，而在于结果。结果产生了一个具有真正人类意义特性的认知单位，而较小的心理单位并不具备这些特性。（p. 614）

由此可以很清楚地看出，贝赖特所期望的是真正完整的组块，其中还包括了动机。两位备受尊敬的研究者埃里克森和金茨致力于工作记忆的有限容量研究，提出了"长时工作记忆"这一概念。[82] 研究中他们遇到的困境如下：

经过对记忆长达 100 年的实验室研究，许多理论家得出结论，长时记忆既不能满足存储所要求的速度和可靠性标准，也不能满足提取的标准。

施劳（Schraw）认识到，能力、先备知识和动机对成功的学习都是非常重要的，但是他的模型将它们分开来处理，并且谈到了一个方面如何弥补另一个方面，而没有认识到实现成功学习的生物基础。[83]

我们假设每个模块（知识、能力、动机）都直接或间接地对学习产生影响，并且会弥补其他组件的潜在缺陷。具体地说，我们认为，认知能力通过知识和规则直接和间接地与学习关联。策略和元认知通常是共同发展的，并且彼此之间密切相关。知识、规则和动机相关。认知能力与动机无关。知识、规则和动机都与学习直接相关。

心态很重要。为什么自 20 世纪 80 年代以来建立一个统一的模型会如此迫在眉睫呢？这也许是因为我们提出的先备知识这一概念。例如，巴德利和希契关于工作记忆的论文一开始只提到了两个分开的缓冲区和一个执行系统。[84] 事实上，为了解释一些数据，巴德利在 2000 年增加了一个"情景缓冲区"。[85]

我们并非第一个提出更好地整合对动机和认知的理解。像西蒙与平特里奇（Simon & Pintrich）这样杰出的研究人员都写了大量要求对两者进行整合的文章，但是一直都没有开发出与统一学习模式同样详细的模型来实现这样的整合。[86]

在开发统一学习模式时我们所面临的最大挑战是把部分旧的解释和理论放在一边，同时还要对建立那些模式所依据的数据进行分析。

十七、本章的目的

我们显然相信统一学习模式是一个强大的模型，它基本上解释了学习的所有各个方面。本章的目的是解释其他人在使用统一学习模式（而非其他模式）建立他们自己的模式时引用的数据。因此，能力变成了工作记忆容量和先备知识的混合体，而不是流体智力和晶体智力。技能一次次的显著提升会形成不同的组块，而不是形成各种不同阶段，这个可以用统一学习模式中的先备知识来解释。学习者与教学材料的匹配其实是工作记忆能力和先备知识的问题，而不是最近发展区的问题。了解拥有截然不同技能的人属于先备知识，而不是多元智力或学习方式。无论大脑皮层中的神经元在哪一皮质组织块（叶）中，它们都会"学习"。当工作记忆中的组块被同时激活，"啊哈"时刻就出现了，尽管它们以前很少在同一时间被激活。

在一些重要的案例中，我们使用了更好的数据。专家的经历告诉我们知识是靠学习获得的，而不是靠特殊的天赋，这一观点与人们普遍接受的有关学习的观点存在部分差异。

统一学习模式中有科学家们一直追求的东西：简约。也就是说，我们做出的假设几乎比任何其他模型都要少。我们认为，学习取决于你的工作记忆：你从工作记忆中分配到了多少（认知容量），过去你如何使用它（先验知识），以及现在你如何使用它（动机）。统一学习模式不仅解释了现有数据，而且蕴含了测试模型和应用模型的两种方法。

注　释

[1] http://en.wikipedia.org/wiki/IQ [2009-03-23].

[2] Spearman, C. (1904). "General intelligence," objectively determined and measured. *The American Journal of Psychology*, 15(2), 201-293.

[3] Harrison, P. L. & Flanagan, D. P. (2005). *Contemporary Intellectual Assessment: Theories, Tests, and Issues*. New York: Guilford Press.

[4] Horn, J. L. & Cattell, R. B. (1966). Refinement and test of the theory of fluid and crystallized general intelligences. *Journal of Educational Psychology*, 57, 253-270.

[5] Colom, R., Rebollo, I., Palacios, A. et al. (2004). Working memory is (almost) perfectly predicted by g. *Intelligence*, 32, 277-296; Kyllonen, P. C. (1996). Is working memory capacity Spearman's g? In I. Dennis & P. Tapsfield (Eds.), *Human Abilities: Their Nature and Measurement*. Mahway, NJ: Lawrence Erlbaum; Engle, R. W., Kane, M. J. & Tuholski, S. W. (1999). Individual differences in working memory capacity and what they tell us about controlled attention, general fluid intelligence, and functions of the prefrontal cortex. In A. Miyake & P. Shah (Eds.), *Models of Working Memory*. Cambridge: Cambridge University Press.

[6] Jaeggi, S. M., Buschkuehl, M., Jonides, J. et al. (2008). Improving fluid intelligence with training on working memory. *Proceedings of the National Academy of Sciences*, 105(19), 6829-6833.

[7] Thompson, P. M., Cannon, T. D., Narr, K. L. et al. (2001). Genetic influences on brain structure. *Nature Neuroscience*, 4, 1253-1258; Chiang, M.-C., Barysheva, M., Shattuck, D. W. et al. (2009). Genetics of brain fiber architecture and intellectual performance. *The Journal of Neuroscience*, 29(7), 2212-2224.

[8] Flynn, J. R. (1987). Massive IQ gains in 14 nations: What IQ tests really measure. *Psychological Bulletin*, 101(2), 171-191.

[9] Devlin, B., Daniels, M. & Roeder, K. (1997). The heritability of IQ. *Nature*, 388(6641), 468-471; Richardson, K. & Norgate, S. (2005). A critical analysis of IQ studies of adopted children. *British Journal of Educational Psychology*, 75(3), 339-350.

[10] 这项研究涉及三人组——一对单卵雄性双胞胎（几乎 100% 相同的基因）和一个兄弟（约 50% 的基因与双胞胎重叠）。这项研究表明：用磁共振成像来观察，双胞胎在解决问题期间更相似。但是这项研究没有指出，双胞胎通常比其他成对的兄弟姐妹具有更相似的学习环境。同样，双胞胎一般来说更晚学会说话，并且他们发展了只有自己才能感知的人际交往图式。因此，研究大量差异较大的单卵双胞胎以便能更好地理解环境影响将是非常重要的。Koten Jr., J. W., Wood, G., Hagoort, P. et al. (2009). Genetic contribution to variation in cognitive function: An fMRI study in twins. *Science*, 323, 1737-1740.

[11] Toga, A. & Thompson, P. (2005). Genetics of brain structure and intelligence. *Annual Review of Neuroscience*, 28, 1-23.

[12] Plomin, R. & Kosslyn, S. (2001). Genes, brain and cognition. *Nature Neuroscience*, 4, 1153-1154.

[13] Gladwell, M. (2008). *Outliers: The Story of Success*. New York: Little, Brown, and Company.

[14] Colvin, G. (2008). *Talent Is Overrated: What Really Separates World-Class Performers from Everybody Else*. New York: Penguin Group.

[15] Bloom, B. S. & Sosniak, L. A. (1985). *Developing Talent in Young People*. New York: Ballantine Books.

[16] http://en.wikipedia.org/wiki/Matthew_effect [2009-03-23]; Stanovich, K. E. (1986). Matthew effects in reading: Some consequences of individual differences in the acquisition of literacy. *Reading Research Quarterly*, 21, 360-407.

[17] Wattie, N., Baker, J., Cobley, S. et al. (2007). A historical examination of relative age effects in Canadian hockey players. *International Journal of Sport Psychology*, 38(2), 178.

[18] 就在本书即将出版之际，还有一部著作也谈到了有关天赋获得的事情。参见 Coyle, D. (2009). *The Talent Code. Greatness Isn't Born. It's Grown. Here's How*. New York: Random House. 本书的书名及其内容与先天才能绝非事实的观念十分吻合。

[19] Bayliss, D. M., Christopher, J., Baddeley, A. D. et al. (2005). Mapping the developmental constraints on working memory span performance. *Developmental Psychology*, 41, 579-597; Dempster, F. N. (1981). Memory span: Sources of individual and developmental differences. *Psychological Bulletin*, 89, 63-100.

[20] 参见 Newcombe, N. S. (2002). The nativist-empiricist controversy in the context of recent research on spatial and quantitative development. *Psychological Science*, 13, 395-401; Kagan, J. (2008). In defense of qualitative changes in development. *Child Development*, 79, 606-1624.

[21] Geary, D. C. & Huffman, K. J. (2002). Brain and cognitive evolution: Forms of modularity and functions of mind. *Psychological Bulletin*, 128, 667-698.

[22] Case, R. (1995). Capacity-based explanations of working memory growth: A brief history and reevaluation. In F. E. Weinert & W. Schneider (Eds.), *Memory Performance and Competencies: Issues in Growth and Development* (pp. 23-44). Hillsdale, NJ: Lawrence Erlbaum Associates.

[23] Kandel., E. R., Schwartz, J. H. & Jessell, T. M. (2000). *Principles of Neural Science* (4th ed.). New York: McGraw-Hill.

[24] 参见 Piaget, J. (2003). PART I: Cognitive development in children: Piaget: Development and learning. *Journal of Research in Science Teaching*, 40(Suppl), S8-S18; Vosniadou, S., Baltas, A. & Xenia, V. (Eds.) (2007). *Reframing the Conceptual Change Approach in Learning and Instruction*. New York: Elsevier Science.

[25] Vosniadou, S., Baltas, A. & Xenia, V. (Eds.) (2007). *Reframing the Conceptual Change Approach in Learning and Instruction*. New York: Elsevier Science.

[26] Wollman, W. (1984). Models and procedures: Teaching for transfer of pendulum knowledge. *Journal of Research in Science Teaching*, 21(4), 399-415; Wollman, W. & Lawson, A. E. (1978). The influence of instruction on proportional reasoning in seventh graders. *Journal of Research in Science Teaching*, 15(3), 227-232.

[27] Elman, J. L., Bates, E. A., Johnson, M. H. et al. (1996). *Rethinking Innateness: A Connectionist Perspective on Development.* Cambridge, MA: MIT Press.

[28] Flavell, J. H., Miller, P. H. & Miller, S. A. (2002). *Cognitive Development* (4th ed.). Englewood Cliffs, NJ: Prentice Hall; Moshman, D. (2005). *Adolescent Psychological Develoment: Rationality, Morality, and Identity* (2nd ed.). Mahwah, NJ: Erlbaum.

[29] 维果茨基使用的术语包括"最近发展区"(zone of proximal development，简称 ZPD)。参见 Vygotsky, L. S. (1978). *Mind in Society*. Cambridge, MA: Harvard University Press.

[30] Vygotsky, L. S. (1978). *Mind in Society*. Cambridge, MA: Harvard University Press.

[31] http://projects.coe.uga.edu/epltt/index.php?title=Piaget%27s_Constructivism [2009-04-05].

[32] http://projects.coe.uga.edu/epltt/index.php?title=Vygotsky%27s_constructivism [2009-04-05].

[33] 参见 Baddeley, A. D. & Hitch, G. J. (1974). Working memory. In G. Bower (Ed.), *The Psychology of Learning and Motivation* (Vol. VIII, pp. 47-90). New York: Academic Press.

[34] Unsworth, N. & Engle, R. W. (2007). On the division of short-term and working memory: An examination of simple and complex span and their relation to higher order abilities. *Psychological Bulletin*, 133(6), 1038-1063.

[35] Sweller, J. (1988). Cognitive load during problem solving: Effects on learning. *Cognitive Science*, 12, 257-285.

[36] Opdenacker, C., Fierens, H., van Brabant, H. et al. (1990). Academic performance in solving chemistry problems related to student working memory capacity. *International Journal of Science Education*, 12(2), 177-185; Johnstone, A. H., Hogg, W. R. & Ziane, M. (1993). A working memory model applied to physics problem solving. *International Journal of Science Education,* 15(6), 663-672.

[37] Van Merrienboer, J., Kester, L. & Paas, F. (2006). Teaching complex rather than simple tasks: Balancing intrinsic and germane load to enhance transfer of learning. *Applied Cognitive Psychology*, 20(3), 343-352.

[38] Clark, R. C., Nguyen, F. & Sweller, J. (2006). *Efficiency in Learning: Evidence-Based Guidelines to Manage Cognitive Load* (pp. 116-118). San Francisco: Pfeiffer.

[39] Harp, S. F. & Mayer, R. E. (1997). The role of internet in learning from scientific text and illustrations: on the distinction between emotional interest and cognitive interest. *Journal of Educational Psychology*, 89(1), 92-102; Mayer, R. E., Heiser, J. & Lonn, S. (2001). Cognitive constraints on multimedia learning: When presenting more material results in less understanding. *Journal of Educational Psychology*, 93(1), 187-198.

[40] Cooper, G. (1998). Research into cognitive load theory and instructional design at UNSW. http://paedpsych.jk.uni-linz.ac.at:4711/LEHRTEXTE/Cooper98.html [2008-09-04].

[41] Clark, R. C., Nguyen, F. & Sweller, J. (2006). *Efficiency in Learning: Evidence-Based Guidelines to Manage Cognitive Load*. San Francisco: Pfeiffer.

[42]《教育心理学评论》第 21 卷第 1 期包括七篇论文。开篇文章提供了概述，参见 Ayres, P. & Paas, F. (2009). Interdisciplinary perspectives inspiring a new generation of cognitive load research. *Educational Psychology Review*, 21(1), 1-9. 其中的三篇论文特别值得注意。斯威勒已开始尝试将认知负荷理论应用于创造力问题，参见 Sweller, J. (2009). Cognitive bases of human creativity. *Educational Psychology Review*, 21(1), 11-19. 伦克尔探讨了工作实例和启发

式问题，参见 Renkl, A., Hilbert, T. & Schworm, S. (2009). Example-based learning in heuristic domains: A cognitive load theory account. *Educational Psychology Review*, 21(1), 67-78. 基尔施纳探讨了与认知负荷和协作学习有关的问题，参见 Kirschner, F., Paas, F. & Kirschner, P. A. (2009). A cognitive load approach to collaborative learning: United brains for complex tasks. *Educational Psychology Review*, 21(1), 31-42.

[43] http://en.wikipedia.org/wiki/Archimedes [2009-03-23].

[44] Vosniadou, S. & Brewer, W. F. (1987). Theories of knowledge restructuring in development. *Review of Educational Research*, 57, 51-67; Vosniadou, S., Baltas, A. & Xenia, V. (Eds.) (2007). *Reframing the Conceptual Change Approach in Learning and Instruction.* New York: Elsevier Science.

[45] 在统一的学习模型开发初期，我们意识到"啊哈"时刻是不寻常的，而普通的学习和普通的观念变化则是在没有戏剧性的情况下发生的。参见 Ohlsson, S. (2009). Resubsumption: A possible mechanism for conceptual change and belief revision. *Educational Psychologist*, 44(1), 20-40.

[46] Anderson, J. R. & Schunn, C. D. (2000). Implications of the ACT-R learning theory: No magic bullets. In R. Glaser (Ed.), *Advances in Instructional Psychology: Educational Design and Cognitive Science* (Vol. 5, pp. 1-33). Mahwah, NJ: Lawrence Erlbaum Associates Publishers.

[47] Jung-Beeman, M., Bowden, E. M., Haberman, J. et al. (2004). Neural activity when people solve verbal problems with insight. *PLoS Biol* (Vol. 2). http://www.plosbiology.org/article/info:doi/10.1371/journal.pbio.0020097.

[48] Knudsen, E. I. (2007). Fundamental components of attention. *Annual Review of Neuroscience*, 30, 57-78. 当你阅读此评论时，请注意：注意力是工作内存中的主要箱位，其余箱位专门用于确定哪个潜在箱位将成为关注的焦点。

[49] 1984 年 8 月与罗伯特·西尔贝曼（Robert Silberman）的个人交流。

[50] Thioux, M., Stark, D. E., Klaiman, C. et al. (2006). The day of the week when you were born in 700 ms: Calendar computation in an autistic savant. *Journal of Experimental Psychology: Human Perception and Performance*, 32(5), 1155-1168.

[51] Ross, A. (2006-07-24). The storm of style: Listening to the complete Mozart. *The New Yorker*. http://www.newyorker.com/archive/2006/07/24/060724 crat_ atlarge [2009-03-23].

[52] http://en.wikipedia.org/wiki/Expert [2009-03-18].

[53] Parker, E., Cahill, L. & McGaugh, J. (2006). A case of unusual autobiographical remembering. *Neurocase*, 12(1), 35-49.

[54] http://en.wikipedia.org/wiki/Eidetic_memory [2009-03-23].

[55] Gardner, H. (1983). *Frames of Mind: The Theory of Multiple Intelligences*. New York: Basic Books.

[56] Waterhouse, L. (2006). Multiple intelligences, the Mozart effect, and emotional intelligence: A critical review. *Educational Psychologist*, 41(4), 207-225.

[57] Bandura, A. (1997). *Self-Efficacy: The Exercise of Control*. New York: W. H. Freeman.

[58] Bloom, B. S. & Sosniak, L. A. (1985). *Developing Talent in Young People* (p. 5). New York: Ballantine Books.

[59] Bloom, B. S. & Sosniak, L. A. (1985). *Developing Talent in Young People* (p. 533). New York: Ballantine Books.

[60] Gardner, H. (1993). *Multiple Intelligences: The Theory in Practice—A Reader* (pp. 51, 36). New York: Basic Books.

[61] Bloom, B. S. & Sosniak, L. A. (1985). *Developing Talent in Young People* (p. 537). New York: Ballantine Books; Ericsson, K. A., Krampe, R. T. & Tesch-Römer, C. (1993). The role of deliberate practice in the acquisition of expert performance. *Psychological Review*, 100(3), 363-406; Howe, M. J. A. (1999). Prodigies and creativity. In R. J. Sternberg (Ed.), *Handbook of Creativity* (pp. 431-448). Cambridge: Cambridge University Press.

[62] Gladwell, M. (2008). *Outliers: The Story of Success*. New York: Little, Brown, and Company.

[63] Sloboda, J. A., Davidson, J. W., Howe, M. J. A. et al. (1996). The role of practice in the development of performing musicians. *British Journal of Psychology*, 87(2), 287-309.

[64] Gardner, H. (1998). *Extraordinary Minds* (pp. 149-152). New York: Basic Books.

[65] Cassidy, S. (2004). Learning styles: An overview of theories, models, and measures. *Educational Psychology*, 24(4), 419-444.

[66] Cassidy, S. & Eachus, P. (2000). Learning style, academic belief systems, self-report student proficiency and academic achievement in higher education. *Educational Psychology*, 20(3), 307-322.

[67] Krätzig, G. P. & Arbuthnott, K. D. (2006). Perceptual learning style and learning proficiency: A test of the hypothesis. *Journal of Educational Psychology*, 98(1), 238-246.

[68] Coffield, F., Moseley, D., Hall, E. et al. (2004). Learning styles and pedagogy in post-16 learning: A systematic and critical review. http://www.voced.edu.au/td/tnc_79.71[2009-03-23].

[69] 我们强调了这样的看法：细胞结构预先确定了一种学习风格。Solstad, T., Boccara, C. N., Kropff, E. et al. (2008). Representation of geometric borders in the entorhinal cortex. *Science*, 322(5909), 1865-1868. 大多数专门的细胞进入组织，然后继续在皮层中存储"记忆"。不仅有令人信服的证据证明此类细胞的类型，而且最常见的情况是被某种模型预测到它们的存在后才被发现——如这份最近的报道。大脑里有一个通用的存储区域。例如，视觉内容存储在大脑后部。来自每只眼睛的左视野的信息存储在大脑右侧。当人们或者采用心理学或者采用生物学的取向时，基于遗传差异的数据支持方式仍无法自圆其说。恰恰相反，学习导致了"才能"发展，而这些才能似乎可以通过磁共振成像等测量方式反映生物学上的变化。如果存在风格差异，也是小到可以忽略不计。与其他差异一样，任何与生俱来的差异都可能会产生乘数效应。

[70] http://en.wikipedia.org/wiki/Homunculus [2009-03-23].

[71] Baddeley, A. D. & Hitch, G. J. (1974). Working memory. In G. Bower (Ed.), *The Psychology of Learning and Motivation* (Vol. VIII, pp. 47-90). New York: Academic Press.

[72] Baddeley, A. D. (2000). The episodic buffer: A new component of working memory? *Trends in Cognitive Sciences*, 4(11), 417-423.

[73] http://en.wikipedia.org/wiki/Homunculus_argument [2009-03-23].

[74] Hazy, T. E., Frank, M. J. & O'Reilly, R. C. (2006). Banishing the homunculus: Making working memory work. *Neuroscience*, 139, 105-118.

[75] Hyde, J., Lindberg, S., Linn, M. et al. (2008). Diversity: Gender similarities characterize math performance. *Science*, 321(5888), 494.

[76] 关于性别差异，"在过去的 5 ～ 10 年中，从动物和人类身上发现了大量研究结果，涉及性别影响大脑和行为的许多领域，包括情感、记忆、视觉、听力、面部表情、疼痛感、方向感，神经递质水平，应激激素对大脑和疾病状态的作用"。参见 Cahll, L. (2006). Why sex matters for neuroscience. *Nature Reviews Neuroscience*, 7, 477-484. 见诸报告的许多性别差异是基于偏侧性的。也就是说，某些事情可能会导致男性左侧优势或者女性右侧优势（反之亦然）。一个人可以观察到的一种最明显的偏侧性就是惯用手。一些惯用左手的学生需要特殊的设备，例如书桌上的写字台设在左边而不是右边。据我们所知，没有明确的教学策略因使用习惯而异。在美国，大约有十分之一的人是左利手。在美国的最近 14 位总统中，有 5 位是左利手，另外 2 位是左利手或左右开弓。参见 http://en.wikipedia.org/ wiki/List_of_lefthanded_Presidents_of_the_United_States [2009-03-23]. 关键是，就像惯用手法一样，关于教学和性别的某些重要事情我们仍然未知。在《大脑规则》中，梅迪纳（Medina）专门讨论了性别差异。正如我们所指出的，许多差异与偏侧性有关。由于没有提到惯用性，而且大部分说明不够具体，因此我们猜测梅迪纳像我们一样无法确定可能适用于学习的特定性别差异。参见 Medina, J. (2008). *Brain Rules: 12 Principles for Surviving and Thriving at Work, Home, and School*. Seattle: Pear Press.

[77] Zeldin, A., Britner, S. & Pajares, F. (2008). A comparative study of the self-efficacy beliefs of successful men and women in mathematics, science, and technology careers. *Journal of Research in Science Teaching*, 48(9), 1036-1058.

[78] Geary, D. & Huffman, K. (2002). Brain and cognitive evolution: Forms of modularity and functions of mind. *Psychological Bulletin*, 128(5), 667-698.

[79] Newell, A. (1990). *Unified Theories of Cognition*. Cambridge, MA: Harvard University Press.

[80] http://en.wikipedia.org/wiki/Soar_(cognitive_architecture) [2009-03-25].

[81] Bereiter, C. (1990). Aspects of an educational learning theory. *Review of Educational Research*, 60(4), 603-624.

[82] Ericsson, K. & Kintsch, W. (1995). Long-term working memory. *Psychological Review*, 102(2), 211-245.

[83] Schraw, G., Brooks, D. W. & Crippen, K. J. (2005). Improving chemistry instruction using an interactive, compensatory model of learning. *Journal of Chemical Education*, 82(4), 637-640.

[84] Baddeley, A. D. & Hitch, G. J. (1974). Working memory. In G. Bower (Ed.), *The Psychology of Learning and Motivation* (Vol. VIII, pp. 47-90). New York: Academic Press.

[85] Baddeley, A. D. (2000). The episodic buffer: A new component of working memory? *Trends in Cognitive Sciences*, 4(11), 417-423.

[86] Pintrich, P. R., Marx, R. W. & Boyle, R. A. (1993). Beyond cold conceptual change: The role of motivational beliefs and classroom contextual factors in the process of conceptual change. *Review of Educational Research*, 63(2), 167-199; Simon, H. A. (1994). The bottleneck of attention: Connecting thought with motivation. In W. D. Spaulding (Ed.), *Integrative Views of Motivation, Cognition, and Emotion* (Vol. 41, pp. 1-21). Lincoln, NE: University of Nebraska Press.

第二部分 | 应用统一学习模式

第六章
课堂应用概述

因为学习总是会涉及相同的三大因素（工作记忆、知识和动机——容量、先前使用和当前使用），所以对于研究型的重点大学的博士后项目、法律学院，或幼儿园来说，本书可以用作制定教学方案的智力基础。由于本书非常具体地探讨了动机，因此本书也可以帮助那些原本已经非常高效的军事培训及某些行业培训更上一层楼。尽管如此，很多教师可能会说："好吧，那么这个怎么适合我的课堂呢？"没有两个课堂是完全一样的，课堂讲授的范围也是很大的。在美国，老城区的人社会经济地位较低，那里一学年就有 50% 的孩子转学，而中上层阶层的人社会经济地位较高，这里一学年中只有 1～2 个孩子会中途辍学或 2 个中途插班，这两个不同区域的五年级班级没有多少共同之处。因此说美国的五年级班级不受任何情境的影响是很可笑的。考虑到这一点，我们的目的不是给一些具体的教学方法做出全方位的规定，或为特定的年级、特定的教学环境提供教学方法。统一学习模式的影响力源于简约。根据统一学习模式，有效课堂都必须遵循以下三个学习原则：

（1）学习是工作记忆资源分配的产物。

（2）工作记忆可供分配的容量受先备知识的影响。

（3）工作记忆资源分配由动机决定。

从学前教育到研究生教育，从商业和工业，再到博物馆等领域的非正式学习，这三个原则为任何年龄段、任何教育环境下的任何教学方法的决策提供了一套直接的指导。

为了促使学习发生，学生的工作记忆必须分配给学习任务。有效的教学必须促进并努力优化学生的能力，使其能将工作记忆容量分配给我们希望他（她）学习的内容。学生的先备知识可以扩大他们的工作记忆容量，并指导他们的工作记忆分配。有效教学会调动学生现有的知识并有效地加以利用。教师们也必须注意先备知识可能带来的负面影响，如一些原有的错误认知会与教师们要讲授的内容不一致。[1]最后，必须有足够的工作记忆用于学习，以便激发学习动机。有效教学必须支持和增强学生的学习动机。教学可以通过多种途径有效地实施学习的三个原则。统一学习模式认为，遵循三个学习原则的教学才是有效教学；没有遵循这些原则的教学很有可能不是有效教学。

初学科学的学生会把注意力集中在一个问题的表面特征上，比如它是否有滑轮或斜面，而不是基本原理，比如它是否涉及牛顿第二定律。[2]统一学习模式提供了一些像物理、化学或遗传学的原理一样的学习的基本原则。教学的有效性取决于对这三个学习原则的忠实程度，而不是来自媒介或方法在表面上的差异。从统一学习模式的视角来看，我们不应该就诸如讲授还是做中学哪一种教学方法更好这样的问题争论不休。相反，我们应该判断这两种方法在工作记忆分配、利用先备知识和提供动机方面到底做得怎么样。无论是讲授还是动手实践活动（hands-on activity），都可能在上述各方面做得好或不好。两者之间的其他差异都是一些无关紧要的表面特征。

五条学习规则为实施三条学习原则提供了具体的指导。有效的教学必须做到以下几点：

（1）引导学生注意所要学习的知识。通过学习环境、教学材料，以及与学生的先备知识建立联系，帮助学生把注意力集中在相关材料上，避免分心。

（2）提供必要的重复。让学生多方面接触要学习的知识，并创造机会让他们不断回忆和练习所学习的内容。

（3）帮助学生建立联系。给学生介绍一些方法，帮助他们将自己正在学习的知识与先前自己在本课堂上已经学过的知识、自己在其他课堂上已经学过的知识，以及自己的其他先备知识联系起来。帮助他们在自己所掌握的知识和正在学习的知识之间建立有意义的联系。

（4）创造学习环境，激发学习动机。认识到学习可能是困难的，为学生提供帮助，使其坚持努力学习。

（5）记住，学习是一种学问。引导学生的注意力，提供重复学习的机会，帮助建立新旧知识间的联系，以及提供学习动机都属于优质教学。优质教学不随波逐流，亦无捷径可走。

在接下去的几章中我们将试图展示如何在真实的课堂应用统一学习模式。

注 释

[1] Schwartz, D. L., Sears, D. & Chang, J. (2007). Reconsidering prior knowledge. In M. C. Lovett & P. Shah (Eds.), *Thinking with Data* (pp. 319-344). Mahwah, NJ: L. Erlbaum Associates, Inc.

[2] Chi, M. T. H., Glaser, R. & Farr, M. (Eds.) (1988). *The Nature of Expertise*. Hillsdale, NJ: Erlbaum.

第七章

激活动机

　　我们在第四章详细阐述了动机如何作用于工作记忆分配的背后机制。我们研究了一系列认知动机核心结构体，包括目标、期望、自我效能，以及兴趣和情绪。第四章的讨论旨在描述这些动机结构体是如何在认知上表征的，以及它们是如何激发注意力和其他工作记忆加工的。我们特别指出，目标、期望、自我效能，以及一定程度上的兴趣和情绪是长时记忆中的知识表征。它们主要记录了我们在追求和实现目标及任何相关的情绪感受时的情境性经历，但它们也可以通过观察他人这种间接体验获得和改变。最重要的是，本章将讨论通过教学、反馈和课堂练习等方式获得目标、期望、自我效能，以及兴趣和情绪等。就像将统一学习模式应用于教学的其他方面一样，我们不能直接将目标、期望、自我效能、兴趣和情绪等知识放到学生的大脑中。然而，教师可以提供经验，使学生获得积极的情境性动机记忆。教师还可以对课堂进行规划，帮助学生设定有效的学习目标，为学生提供积极的情感体验，并利用兴趣来引导学生的注意力。教师可以利用反馈来帮助学生形成有效的手段—目标期望，培养学生学业成就的自我效能感。

　　我们无法对所有已经发现的用于培养动机的有效课堂实践进行综合评价。相反，我们将注重课堂练习，形成我们在第四章所讨论的关键激励因素。同时我们还要讨论教师如何在动机方面给予学生明确指导……公开地为学生提供激励指导。毫不奇怪，那些我们认为与动机相关的"教学"将牵涉注意力、重复和联系。虽然有些情景学习很容易，但是关于动机的语义学习需要付诸努力才行。最后，本章将讨论动机的知识是如何习得的，这是将通过与一般被认为是"在学校学习的"知识相同的神经机制来习得，例如理解民主或求解微分方程。

一、学习目标

我们之前就指出，目标是所有有目的、"受控的"信息加工的核心。因为教育环境中的学习都是有目的的，所以学校和其他教育环境中的学习都是以目标为导向的。学生在学校总是在追求一些目标。然而，为了在学校获得成功的教育经验，学生必须追求与教师期待的学习成果一致的目标。目标能激励他们取得成就。一旦我们有了目标，就会从认知上努力去实现那个目标。目标是学生在学校获得学习动机和工作记忆容量分配的基础。目标是非常重要的。当安德森及其同事就作业采访一些年轻学生时发现，那些对自己的学习任务目标不清楚的学生回答说："我不知道完成任务的目标是什么，但我完成了任务。"[1]他们的目标是完成作业，而不是通过完成作业学习一些东西。他们极有可能并没有从中学到多少东西。

有关目标理论的研究发现，学术领域很多都是目标导向的，而目标导向是多数成就动机产生的原因。约翰·尼科尔斯（John Nichols）与卡罗尔·德韦克（Carol Dweck）的研究最初的差异就是学习或掌握式目标（mastery goals）与行为表现目标之间的差异。[2]学习目标是针对学习新知识、掌握任务或解决问题的目标。行为表现目标是指展示能力或与他人相比自己做得特别好的目标。这些目标包含了相当广泛的特定目标，学生带着这些目标去完成一些特定的作业或任务。这些目标背后所传递的意思是，它们为某些类型的目标的设定确定相对稳定的方向或总体趋势。从动机的层级结构来看，导向的是一般的学术目标，它们比针对个人作业或活动而设定的特定目标更稳定。虽然最初人们认为这两种导向是截然相反的(也就是说，一个人要么有行为表现取向，要么有掌握取向)，但研究表明，各种目标导向实质上都是独立的。[3]学生可能追求这一目标或那一目标，或者同时追求两种目标。后续研究确定还有"省心目标"，旨在花费尽可能少的时间和精力上完课程或完成任务。[4]与之相对的是"任务目标"，该目标旨在把任务完成好，如得高分，但是对学习或与其他人相比取得一个什么样的相对成绩没有任何期望。[5]

从统一学习模式的观点来看，学生在教育环境中最具成效的目标是学习目标。这一目标将把工作记忆分配给学习，而不是其他结果。

在学习目标导向的影响下形成了一些特定的学习目标。实现有效教学，以及学生具备学习动机的基础是创造条件，帮助学生形成自己的学习目标导向，帮助他们针对课堂参与及课堂学习制定具体的学习目标。[6] 学生可能在追求学习目标的同时追求其他目标，但是在追求某一行为表现目标或任务目标的过程中的学习带有一定的偶然性，即学习有可能发生，有可能不发生，或一直持续下去。[7] 当我们有目的地追求学习目标时有意义的学习最有可能发生。

多年前，本书其中一位作者在某一产业教育项目中教授入门课程时，他就明白了这一点。该课程是某一认证序列的一部分。公司为完成该序列的员工提供 50 美元的奖金（当时的价值远远高于今天）。他问学生为什么要选修这门课。学生中有三个答案：① 为了得到 50 美元的奖金；② 为了学好知识以便工作更出色；③ 为了尽可能多地了解这个产业。在期末考试中，那些为了 50 美元而上这门课的人没有通过；那些为了更好地工作而上这门课的人通过了考试，得分在70% 以上；那些只是想尽可能多地学习的人都通过了，得分在 90% 以上。这项显然不科学的研究早在学习目标导向的概念在文献中正式形成之前就已经进行了，但很清楚的是，那些以学习为目标的人学得更多。有趣的是，总体上，那些把获得与工作相关的技能作为实际目标的人并没有那些只想尽可能多地学习的人做得好。

学习目标与内在动机或兴趣不是一回事。学习目标并不要求你对所学的东西感兴趣或喜欢。我们有一位作者是不喜欢数学的统计学家。他过去没有，现在仍然没有为了学习统计学而学习统计学的欲望。不过，他确实喜欢做研究，他设定了学习统计学的目标，这样他就可以正确地分析自己的研究数据。我们希望学生在学校里学到的很多东西都是这样的情况。学习目标之所以有价值，是因为它与我们想学的其他东西都是相关的。学习目标常常与为了学习而学习相混淆。我们花了相当多的时间试图说服学生，让他们喜欢数学、科学、阅读或历史。我们这样做是因为我们期望，如果我们让学生喜欢这个科目，他们就会设定学习该科目的目标。的确，那些内心受到个人兴趣驱使的学生很可能会设定学习目标。但我们没有把握让所有或大多数学生喜欢某些学科或培养对这些学科的兴趣，也不能肯定喜欢一门学科本身就会自动产生一个学习目标。出于好玩，喜欢一门学科本身会很容易形成做某一活动的任务目标。……假设有一个学生在一个动手实践的科学项目中，他表示很享受用自己的双手建造一个研究设备，但并不真正关心从在该设备上做的试验的结果中学习。

成功激励学生的核心是让他们设定学习目标。无论你的学生有什么目标，你都可以在课堂上为他们设定学习目标，让他们"接受"这些目标。普雷斯利（Pressley）及其同事讲述了小学课堂上教师们明确表示学习是目标，孩子们也接受了该目标。[8] 没有特定的课堂教学方法来确保学生设定学习目标，但是在你开始和结束一节课或一个单元时，你可以把学习目标放在他们思考的最重要位置。让学生参与到要学习的话题的一种方法是使用 KWLQ 表："当我说到'昆虫'这个词时，你对它们了解（know, K）多少？""现在告诉我关于'昆虫'你想（want, W）了解些什么。""既然你阅读了有关昆虫的文章并观看了相关的视频，那么你对昆虫有什么新的了解（learn, L）吗？""关于昆虫，你现在有什么未解之谜或新问题（questions, Q）吗？""你会在哪儿或如何找到那些问题的答案？"[9] 它可以是一种导入话题和开始时引导学生讨论的方法，同时让学生积极地为此次课和之后的课制定学习目标。

虽然竞争和规范化评分、曲线评分会使学生关注自己的行为表现目标，希望自己比其他学生做得更好，但是他们不会排除学习目标。积极主动、自律的学生通常既追求学习目标又追求行为表现目标。然而，竞争激烈的课堂和规范化评分会对成绩不佳的学生产生不利影响。它们会导致学生既专注于所谓的"行为表现规避目标"，试图不让自己看起来很笨拙，又专注于那些产生负面情绪，干扰学习目标的"作业逃避目标"。[10]

贝赖特和斯威勒都注意到，学生经常带着任务目标来完成作业。[11] 他们通常想做好，但是学校作业、项目、家庭作业等都被看作是需要完成的任务，而不是学习的机会。贝赖特认为，让学生追求学习目标而不是任务目标的关键在于让他们自由地建构自己的知识及其意义。[12] 这种"知识构建"方法是我们将在第十一章中描述的五种动机概况之一。它也是基于合作学习共同体 [13] 和基于计算机的合作学习共同体（CSCL）[14] 学习方法的核心。一些研究表明，建立这些类型的合作学习共同体确实增进了学生对知识构建方法的使用。然而，只组建合作学习小组对学习可能有效，也可能无效。有一所学校规定所有的教学都要进行小组合作，因此学生开始把小组活动仅仅看作一项要完成的任务，而不是对学习的一种支持。[15]

斯威勒采取了一种不同的方法，侧重于具体学习任务的各个方面。他指出，当要求学生解决问题时，通常会建立一个任务目标，即正确地解决问题。这就要求学生将一部分工作记忆用于寻找问题的解决方案，往往通过试错的方式，而不是通过专心学习问题涵盖的一些基本原理。他发现，当学生掌握了成功解决问题的基本策略，在学习更复杂问题解决技能时，他们学习的速度实际上更慢了。针对这一问题，他使用样例将学生的目标引向学习一些解决问题的基本算法，而不是去完成任务。[16]"样例"（worked examples）是一种观察学习或间接学习的方法。通过使用样例而不是练习解决问题的方式来教学生如何做某事，他们可以设定学习目标，而不用关心自己的行为表现或如何正确地完成任务。

这些支持学习目标的方法都是为了让学生专注于学习或制定自己的掌握式目标，而不是专注于那些规范性的行为表现目标或任务目标。从我们之前关于动机目标的讨论中（第四章）可以清楚地看出，让学生专注于学习目标需要学生在学习中取得成功，从而形成对学习成功的期望。这表明所谓的掌握学习方法可能对培养学习目标特别有用。通过建立明确的学习目标，让学生有多次成功的机会，掌握方法有助于学生专注于持续不断地学习和掌握材料。

教师们可能认为，口头上跟学生说他们在学习上是可以获得成功的，学生同样有可能成功。在教师们采用口头鼓励的班级中有更多的学生制定了自己的学习目标。[17] 如果教师创造学习环境帮助学生获得成功，并且给学生讲述一些成功的案例，学生更有可能感受到积极的师生关系，进而对学校产生一种积极的情绪。[18]

虽然让学生自己制定学习目标是最理想的，但教师经常会看到有些学生并不在乎自己是否学了东西，至少在某些情况下是这样的。这些学生有一种学习回避目标取向，这一现象在结构化课程的必修课中尤其普遍。一些从事有机物合成的化学家纳闷，自己当初为什么必须学习并通过化学物理学课程。我们也在一些学生身上看到了这一点，尤其是那些在种族或宗教团体中工作的人，他们认为学校的一些科目与自己的工作无关，甚至认为这些科目的学习苦不堪言。

这些学生可能会抗拒去学这些知识。除非这个学生真的是第十一章中所描述的那种无动于衷的学生，否则他知道，即使不喜欢某些内容，但他也必须掌握这些内容以便通过该课程。这通常会产生一种任务目标导向，成功通常是以成绩单上的字母等级或文字描述来衡量的，而不是以个人知识的增长来衡量的。

教师可以通过以下方式来解决这个问题，这也是指导学生实现目标的最重要工具之一：对他们的评估和评分作业进行书面或口头反馈。无论个人目标是什么，学生几乎总是把课程目标和成绩作为自己追求的目标。尽管大量的标准化考试和对"标准"的重视使得评价在教育界留下了一个坏名声，但评价在聚焦学生学习目标方面确实可以发挥积极作用。问题的关键在于布置的任务必须要求学生进行深度学习而不是浅层学习才能获得成功，并对任务完成情况做出评价。若要完成评价，学生只能不断重复和练习，形成具有广泛层级联系的组块，以及不断找到问题的新答案，那么学生将不得不学习，即使他们只是想完成课程而已。实际上，评价可以帮助学生制定学习目标。

二、笃信努力

正如我们前面所讨论的，学生不太可能设定目标，除非他们相信自己可以实现这些目标。虽然对成功的期望是影响目标追求的主要期望，但学生经常会遇到新内容和新主题。因此，在形成对学习目标获得成功的强烈期望时他们往往没有直接经验可循。他们的成功是未知的。他们通常会利用过去在类似科目或学校作业方面的经验，形成对成功的初步期望。这就是学习目标导向如此重要的一个关键原因。德韦克和莱格特（Dweck & Leggett）的研究表明，有学习目标的学生追求新的学习任务，将失败视为学习机会。[19]他们一心期待获取新知识。对于经常在学校接触新内容的学生来说，这种学习目标导向是非常有效的。其他人也发现了类似的结果，而且这种导向对成年人和儿童的影响也是如此。[20]如果某一学生学习非常努力，那么他就会对学到某些东西抱有较高的期望。相比之下，做得比别人好或获得高分就不那么确定了。

正如学习的第四条规则所体现的那样，追求这些学习目标并不容易，因为需要努力才行。动机的关键在于努力。无论是直接将工作记忆的注意力集中于某一特定学习任务，还是在更宽泛的层面上培养某一特定学科的专长（这可能需要多年的努力），都是如此。虽然许多策略可能只在某一特定的情境下有效，但是所有的策略都要求学习者主观努力。有意识的控制或自我调节的学习都需要主观努力。我们必须在受到干扰的情况下把注意力集中在正在学习的东西上，必须花时间反复复习学习的内容，反复练习技能，并建立必要的联系以便形成组块，等等。要做到以上这些，大多数时候我们都要坚持，而且在这些事情上坚持的时间比任何其他事情都要长。

有了手段—目标期望我们才会努力，努力有助于我们实现学习目标。[21] 我们已经讨论了动机的层级性质。在众多手段—目标期望中有四个一般手段—目标期望集群，在一些文献中它们也被称为"因果归因"（causal attributions）。这四个一般手段—目标期望集群分别是努力、能力、任务难度和运气。相当多的研究表明，对以上四个集群的归因会产生不同的动机和情绪结果。[22] 此处我们所做的讨论中有非常重要的一点是，若要学生主观努力，那么他们必须将努力视为实现学习目标的可行手段。如果学生们认为是运气或任务的难易程度决定了他们可以学到多少，他们可能就不会有动力去付出成功所需的努力。

努力程度与学生对能力的看法有着非常直接的联系。德韦克和莱格特发现，那些相信自己的能力或智力通过学习是可变的或可改变的孩子（他们称之为"智力递增观"）会制定学习目标并在面临困难时更加努力。如果孩子认为自己的能力是固定的，就像对智力的经典定义中一样，认为智力就是"智商"或者"智力是一个实体"的孩子，会根据自己成功或失败的经历来设定自己的行为表现方法或避免某些目标。他们会在困难面前减少努力。德韦克及其同事进一步证实，智力递增观会培养学生的手段—目标信念，即通过努力是可以实现学习目标的，而这些信念又与学习目标的制定密切相连。[23]

思考学生和教师如何看待能力是很重要的，因为研究表明，在美国，儿童、家长和教师都认为智力是实体。[24] 这主要是由于美国的学校及社会对智商、天赋和多元智力等的重视。

当人们谈论兰斯·阿姆斯特朗、迈克尔·菲尔普斯（Michael Phelps）或老虎·伍兹这样的运动员时，通常把他们的成功归因于天赋，而把这些运动员多年的刻苦训练忽视了。当我们观察各行各业最优秀的人时，无论他们是运动员、工程师、科学家还是音乐家，我们发现，这些顶尖人物练习和学习最刻苦。以对教育目标进行分类而闻名的布卢姆，在一项针对六种不同职业排名前 120 的美国人才的研究中，也做了类似的观察。[25] 他的结论是，在条件合适时，几乎任何人都能达到这些成功人士所取得的成就。他重申，让人取得成就的是努力与学习，而不是天生的特殊能力。在《异类：成功的故事》一书中，格拉德韦尔强调，我们当中最成功的人已经投入了不少于一万小时高强度的学习。[26]

　　研究表明，当学生被告知天赋或天才来自"天生的"能力时，他们会相信"智力实体观"。实体观实际上是告诉孩子，"你要么出人头地，要么默默无闻"，或者"天赋弄人，无论你做什么都无法改变现状"。这在美国学生中培养了一种手段—目标信念，即天生的能力才是成功的主要原因，而非后天的努力。我们是否经常听到学生说，我就是不擅长数学（或科学或阅读），所以太努力没用？这些实体观可能会因为教师表扬某些学生因为聪明所以做得很好而形成并增强。更糟糕的是，其中一位作者在家长会上听到一位家长当着孩子的面说："嗯，我小时候数学也不好，所以她一定是从我这里遗传的。现在我过得很好，今后她也一样。"实体观不仅会影响学生制定学习目标并为之付出努力的意愿，还会影响学生是否选择高等数学或科学等要求更高的课程。它也会使学生更加关注行为表现目标或任务目标，他们通过比别人做得更好或取得高分来证明自己有多聪明，而不是关注学习目标，进一步拓展自己的知识、培养自己的能力。不同的世界观可能导致不同的内在智力信念。这种观点与日本、中国等亚洲国家的学生、家长和教师的观点形成鲜明对比。在这些国家，增量观占主导地位。学生通常受到的告诫是，勤能补拙，成功取决于努力。[27]

　　正如第五章所讨论的，统一学习模式将智力重新定义为知识。此外，根据统一学习模式，知识总是可以通过学习而变化和增长的。统一学习模式本身就是智力和能力的增量模式。这表明，采用统一学习模式并用该模式中的一些术语与学生谈论学习、努力和能力的教师，很可能会增强学生的增量信念。最近的研究已经证实，增量信念是可以通过教学改变的。与只教授好的学习策略的对照组相比，那些被教授或学习过关于学习如何改变大脑的、基于计算机的课程的学生（其中大部分是易受"引诱的"），对智力和能力的增量观会感受更深，随后他们的学业成绩也会有更大的提高。[28]

正如我们在关于动机的第四章中所讨论的，手段—目标期望反映了一个人通过这些手段实现或没有实现目标的经验。如果通过努力自己实现了目标，那么学生会形成一种关于努力的手段—目标期望。如果学生付出了努力，但是学习不成功或任务完成不成功，他们会认为这种失败并不是因为不努力，而是因为其他因素。有过失败经历的学生会认为学习和成绩主要取决于运气，或者考试容易与否和自身能力不足也没有关系。于是他们就没有动力去努力。因此，课堂作业在学生努力之后必须是可以完成的，这一点非常重要。此外，掌握式学习方法以通过努力促进成就的方式来组织课堂作业，这种方法有利于基于努力的手段—目标期望的形成。教师的反馈—成功是因为努力，可以进一步增强学生对努力的信念。任何层级的教师都需要向学生传递这样的信息：他们有成功的能力，而且成功是通过努力才能实现的。[29]

三、目标价值和结果期望

我们已经谈到了制定学习目标的重要性，但是学校不仅仅是学习和掌握所教内容的场所。我们希望学生对所教的各种内容都产生兴趣，比如数学、科学、文学或艺术。因其内在价值，我们已经开始重视对这些内容的掌握。然而，事实仍然是，学校教育关注更多的是结果。学生在学校重视学习目标，不仅是为了学习材料，更是为了其他的目标和结果——获取这样的知识也是有用的。

统一学习模式的独特之处在于它将学习作为一种实时的认知过程。学习被看作是学生如何每时每刻保持注意力，并将这种注意力反复用于学习的结果。到目前为止，本章的大部分重点都是关于动机在主动学习过程中是如何起作用的。这是当前的短期的目标。社会认知理论家把这个层次的目标称为"近期目标"或"短期目标"。我们之前在谈到让学生制定学习目标时，主要着眼于短期目标——从持续接触学习材料中学习。我们强调这一点是因为，正如我们之前讨论过的，学习是工作记忆在与学习内容的实时互动中分配的结果。

学习一项特定任务、做一个特定作业或听一节特定的课的短期目标最终必须与更长期的期望目标和结果相联系，即所谓的"远期目标"。正如我们在第四章中所讨论的，我们当前的短期学习目标和这些目标可能导致的更长期的结果之间的联系就是结果预期；学习目标的实现有可能会产生其他我们想要的结果。最后，如果学生对学校和学习保持积极性，那么他们需要明白自己在学校里做的事情和他们希望在生活中实现的事情是相关的。虽然他们可能重视获得知识这样的即时学习目标，但他们也从长远生活目标的结果期望中获得短期学习目标的价值。

学生看重与日常生活直接相关的目标。教师经常被告知要向学生强调他们所学的知识是多么有用，或者要将课程与学生的日常生活联系起来。但许多学生很难找到所学知识与生活的相关性。对于家庭环境不好的学生来说尤其如此。他们可能要处理之前我们讨论过的马斯洛需求层次理论中的生理与安全层次的需求。[30] 即使对那些背景优越的学生来说，代数、高等科学课程或文学与他们的日常生活也没有什么直接的联系。

对学生在校学习内容的预期结果很可能是长期的。在学校里形成的目标对低年级学生而言很可能会延伸至未来，对大学本科生甚至研究生而言则可能是长期的。对长期目标的结果期望也被称为"易感工具性"，即认为当前行为是实现未来目标的先决条件。研究表明，对于正在上数学补习课、易受诱惑的大学生来说，相信这门课程有助于他们实现其他学业目标，会让他们更有动力，取得更好的学习成绩。[31]

学生在短期学习目标与未来结果之间建立的联系会受到"未来时间洞察力"（FTP）的影响，即他们对未来的个体结构化表征。[32] 针对未来，学生必须认为获得未来的目标，即马库斯（Markus）所说的成为"未来可能的自我"是有价值的、可行的。[33]

虽然教师不能直接改变学生的未来时间洞察力，但教学研究表明，学生可以增加自己的结果期望，即他们在学校的学习有助于未来目标的实现。奥伊瑟曼（Oyserman）及其同事启动了一个名为"青年之路"项目，这是一个为期九周的针对城市中学生的课后项目。[34] 成人指导者与学生一起完成了以下七个步骤：① 为自己设想可能的未来；② 把未来的一些东西概念化，并将其作为自己的目标；③ 构建实现目标的路径；④ 在当前的教育活动与倍加重视的未来目标之间建立明确的联系；⑤ 讨论前进道路上可能出现的障碍和岔路；⑥ 为应对未来可能遇到的障碍，通过"头脑风暴"想出一些相应的策略；⑦ 采访社区里的一些成功人士，了解其达到目标所使用的一些策略。结果显示，与对照组的学生相比，参加该项目的学生"……与学校的联系更加紧密，更关心在学校的表现，平衡可能的自我，具备更合理的策略以实现这些可能的自我，学校出勤率更高，男孩在学校制造的麻烦更少"。[35]

奥伊瑟曼的介入体现了三种基本策略，让学生对未来可能的重要目标结果期望。首先，学生需要知道未来的目标是存在的，也许是继续深造或是开始自己的职业生涯。学生可能只拥有有限的知识。虽然有一些目标对我们大多数人来说是不合理的（如获得诺贝尔经济学奖、当选美国总统，或赢得美国高尔夫公开赛），但一切都是潜在的目标：总有人会实现这个目标。还有一些其他值得称赞的目标，几乎每个人都有可能实现。例如，几乎任何人都可能成为公认的经济学专家、政治家或成为高尔夫教练。但是，为了追求这些目标，学生需要知道其存在。他们需要知道有物理学家、画家、药剂师、钢琴家和教授等职业。他们对可能的职业和结果了解得越多，对结果的期望就越高。

其次，学生需要把这些目标看作是也许能实现的：一个未来可能的自己。许多学生看不到学校教育可能产生的结果，比如对他们来说未来可能发生的一些事情——进一步接受高等教育和职业技术教育，这在美国少数民族、移民人口及较低层次社会经济群体中尤其普遍。妨碍人们看到这些可能的结果的不仅仅是经济因素，它可能是一种生活状态，有时出于需要，学生过于关注眼前的需求，以至于看不到当前环境之外的东西，无法想象自己生活在一个更好的未来。在未来的职业生涯和教育道路上，他们可能也缺乏榜样。在奥伊瑟曼的介入中，教师需要帮助学生看到他们未来可能的自我，并将其转化为追求的目标。最近，一项为期两年的跟踪调查显示，采用结构化的写作作业对美国少数族裔学生进行了微妙干预，其目的是减少消极刻板印象所带来的心理威胁，此项干预产生了长期积极效果，如明显提高了成绩平均绩点。[36]

最后，学生需要为这些可能的未来目标形成结果期望。他们需要明确地列出从现在到实现这些目标的有效途径，包括参加课程和其他活动的中间环节，为每一个后续步骤做好准备。现在和未来长远结果之间的联系是脆弱的，但是可以确定每一后续步骤，以此作为下一个短期学习目标，从而使这种联系变得具体。

四、自我效能感

一个人可以认识到学习目标的价值，看到结果期望，连接短期学习目标和预期结果的有效路径，了解实现目标的方式，但仍然没有动力去制定和追求学习目标。这种缺失的有关动机的东西就是"自我效能感"。除非学生有信心可以通过努力自己实现目标，否则他们是不会制定并追求某一目标的。自我效能感会促使我们采取行动。如果我们有很高的自我效能感，我们就会采取行动。如果我们的自我效能感很低，我们就不会采取任何行动，即使我们知道该怎么做。如果自我效能感缺失，则其他所有激励因素都不会让我们采取行动或追求目标。人们不会去追求他们认为无法实现的目标。

这意味着培养学生的自我效能感是教师的首要任务。自我效能感是建立在学生对成功和失败的实际体验基础上的。如果学生学习非常努力最后却失败了，那么他们下次的自我效能感就会降低。如果他们在学习中取得了成功，那么他们下一次的自我效能感就会更高。取得成功是培养学生自我效能感的关键。这一点，就像我们讨论过的其他激励因素一样，可以通过掌握式方法很好地实现，因为它为学生取得成功提供了充足的机会。

关于如何在课堂上建立自我效能感，有许多不错的资源可供我们参考。[37]简单总结一下，除了掌握式学习经验，通过观察那些学习上获得成功的同伴或者因为知识与能力确实提高了而得到表扬和反馈的方式，自我效能感可以间接得到提高。

在通过表扬和反馈来提高学生自我效能感的过程中，最重要的考虑因素是学生看待能力和努力的方式。正如我们前面提到的，在美国，大多数学生都持有一种能力与智力的实体观，即认为能力和智力是内在的、不变的。其中一个结果是，他们把努力和能力看作是完全对立的。如果你有能力，就代表你不必努力工作；如果你必须努力工作，就代表你没有能力。因此，如果学生因为学习努力，或因为我们先前提倡的针对努力而提升手段—目标期望的一些方法而获得了成功，他们就会认为这表明他们缺乏能力，于是自我效能感就降低了。

前面重点讨论的让学生采纳智力和能力增量的观点可以打破这种循环。如果反馈表明个体的能力已经增加了或正在不断增加，那么他（她）的自我效能感就会增强。只有当学生明白能力是通过学习而增加和提高的，我们的方法才会奏效。如果学生坚持统一学习模式的学习观，那么能力与努力就不是对立的，而是共生的。能力是通过努力来提高的，而能力更强则意味着未来努力可以少一些，或可以处理更富挑战性的问题。能力及努力后获得的反馈都可以提升自我效能感。注重学习和进步过程的反馈，以及能力是递增的反馈，比只注重行为表现或结果的反馈更能提升自我效能感。[38]

教师可能认为告诉学生做得很好就足够了，但是研究向我们展示了一个更微妙的画面。当被问及职业生涯时，男性科学家和女性科学家的反应各不相同。对于男性来说，只要达到了掌握的程度似乎就足以增强自我效能感。对于女性来说，尽管被告知自己已经做得很好，但她们可能仍然认为自己在所做的事情上不是特别擅长。泽尔丁（Zeldin）等指出：[39]

对 10 个叙事的分析显示，掌握经验是男性自我效能信念的主要来源。这些结果与泽尔丁和帕哈雷斯（Zeldin & Pajares）之前对从事 STEM（科学、技术、工程和数学教育）职业的女性的研究[40]结果之间的比较显示，对于女性而言，社会信仰和间接性体验是自我效能信念的主要来源。

在小学写作中，女生比男生表现出更高的相关自我效能。这些从研究中出现的性别差异（无论其来源是什么）表明，教师在对学生进行评价时，应该同时考虑行为表现和自我效能感。记住，自我效能感不是你可以教的东西，而是你可以影响的东西。我们团队当中有一个作者被认为是化学专业觅才能手。如果某一学生把某件事做得很好，他的"推销套路"都是一样的。第一个问题是"你的专业是什么？"如果回答不是化学，不管大家的其他回答是什么，下一句话都是"要永远记住，你很擅长化学，如果你想以此为生，就来找我"。此招募过程不需要有任何研究支持，而且没有性别上的特别要求，招募活动刚开始总是根据学生的表现展开的。

管理自我效能的第二个考虑因素：学生总是会将自己的成绩与他人的成绩进行比较。自我效能源自常模比较和掌握。那些认为自己明显落后或成绩没有其他学生一样好的学生迟早会开始怀疑自己的技能，从而失去效率。因为一个人不可能成为万事通，所以在行为表现和成绩上的差异是不可避免的。布卢姆指出，几乎每个人都有可能在任何领域取得成功，但同时，他们不可能在所有领域都取得成功。一个身高173厘米的大学生为了实现成为NBA（美国职业篮球联赛）球员的梦想，花时间努力提高自己的篮球技能，但于他而言也许并不会有多大成效，尽管我们没有理由认定在打篮球时他不能像一个身高2米的篮球运动员一样娴熟。付出的努力很难得到回报，这种可能性是非常大的。

在中小学教育中，事实上几乎所有的学生，除了那些有严重认知或发育障碍的，都能掌握所教的所有科目。所有的学生都能胜任阅读、写作、数学、社会、科学、艺术和体育等科目。虽然有人会成为这些方面的最优者，但每个人都可以成功。教师要帮助并指导学生应该基于自己能力的提高而不是与他人比较来增强自我效能。教师和家长常常认为孩子的潜力是有限的，通常是因为他们自己认为，在某种程度上能力是由出身或地位决定的（实体观），这将会导致较低的期望。一位美国众议院议员回忆说，在高中毕业前，有人告诉他不要对职业生涯抱有太高的期望，所以他退学了。在美国军队服役后，他对自己的能力有了更现实的认识，他又回去完成了高中、大学和法学院的学业。我们中的一个作者带了个博士生，该学生有一次自信地透露说，他父亲总是告诉他会失败，这给他的人生观蒙上了一层阴影。今天，他已成为一个非常成功的院士，一个似乎总能找到鼓励学生的方法的人。

当然，如果学生有足够的自我效能感，那么他们可以克服负面期望的影响，但是如果我们一开始就不给予负面期望结果会更好。依据统一学习模式的一些原则，教师可以提出一个有关学生最终能力，以及经过积极努力学习，如何具备较高水平的能力与较好表现的更有力观点。教师向学生表达这些信念，可以帮助学生增强自我效能感，让他们知道实际上自己拥有实现目标的各种手段。

五、兴　趣

情境兴趣和个人兴趣都与课堂有关。情境兴趣可以引导注意力。新奇的事物会引起人们的兴趣。我们中的一些作者曾经参与过一个项目，在这个项目中，一家动物园把他们收集的某些动物送到了教室。这样既为课堂提供了教与学的机会，又解决了动物园在数月闭馆期间的动物安置问题。这一项目使我们有了一个意想不到的发现。无论什么动物被带到教室，它都可以成为学习中心。例如，在写作过程中，所有的动物都可以很好地用在故事开头。然而，我们注意到，不同寻常的动物（如无腿蜥蜴、雪貂）似乎比普通动物（如兔子、鸽子）更能帮助学生进行"更科学的"写作。新奇的动物会引起更大的兴趣。[41]

由于情境兴趣是环境的属性，特别是课堂、学习材料和从事的活动等的属性，因此是教师或教学设计者可以直接操控的。有趣的教学材料引人注意。通过集中注意力的方式分配工作记忆是学习的前提，兴趣在指导学生关注相关教学内容方面起着重要作用。将多媒体或实践活动融入课堂中经常被认为是为了激发兴趣。可能是因为新颖所以能激发情境兴趣。[42] 思考一下教师在开课时是如何激发学生的情境兴趣的。作为一名前中学教师，我们当中的一位作者讲授的课程要求学生阅读桑德拉·西斯内罗斯（Sandra Cisneros）的短篇小说《11》，并分析其中的文学象征主义。[43] 为了授课，她默默地把一只杂货袋放在学生面前，并拿出一件破旧的红毛衣、一个泄气的气球、一只洋葱和一个创可贴金属盒，并告诉学生里面有一枚硬币。她要求学生预测这些东西与他们要读的短篇故事有何关系。这样的教学设置为接下来的任务创造了情境兴趣，确定了阅读的目的，并提供平台，针对西斯内罗斯以体现主要人物经历为目的所做的一些选择展开生动讨论。以上所有这些都是实现读写课成功学习所必需的重要因素。

然而，如何设计教学以便生成情境兴趣也存在一些问题。首先，适合所有人的情境兴趣实际上是不存在的。虽然我们可以假设有些事情可能对所有学生来说都是新奇的，比如上面我们举的动物园例子中的一些不寻常的动物，或者学生从未见过的化学或物理现象的演示，但我们不能假设这些对每个人来说都一定是有趣的。同样我们也不能假设电脑视频或动画总是有趣的。针对一些活动情况也是如此。假设所有的学生都对动手实践项目或类似游戏的计算机学习环境感兴趣肯定是错误的。我们在这里要提醒的是，我们并不是说教师和教学设计者应该避免在课堂或材料中嵌入有趣的、新奇的东西。相反，不要想当然地认为这些东西总是会自动引起学生的兴趣或对他们而言本来就是有趣的。

学生将如何"看待"某物也并非对所有人来说都是清楚的。一次我们去一所以学业卓越著称的地方学校参观。我们中一个从来都不戴帽子的作者注意到教师讲台上有一顶棒球帽，上面写着："主教练，物理学。"几个月后，在一次有关教师专业发展的讨论中，他建议给科学教师也发这样的帽子。许多教师，尤其是女教师，认为这是性别歧视。并不是说这样的帽子没有性别区分度，而是因为它会被一些人视为一种冒犯。

其次，情境兴趣会产生所谓的诱惑性细节。情境兴趣引导注意力。但是如果有趣的东西不是我们想让学生学习的东西会出现什么情况呢？我们当中的一位作者参与了一项关于八年级学生阅读历史课本的研究。其中一段描述了19世纪90年代妇女争取选举权游行的情景。当被问及可以回忆起文章中的什么内容时，大多数学生提到了图片中的女性。但是，他们不记得她们游行是为了什么（投票权），他们回忆说，这些游行看起来很滑稽，有时不那么讨人喜欢。学生们关注的是她们不寻常的外表，而不是她们应该代表的意义。

因为情境兴趣对于引导注意力非常有效，所以新奇感与其他产生兴趣的方式需要认真计划和考虑。如果教师或教学设计者打算使用兴趣来引导学生的注意力，那么他们需要确保情境兴趣能将注意力吸引到有教学意义的内容上。由于学生们记住了他们所关注的内容，因而我们需要确保让他们关注我们想让他们学习的内容，而不是一些分散注意力的东西。

与情境兴趣相比，个人兴趣是要让自己长期学习那些于己而言有意义的学科领域。因此，我们可以把个人兴趣看作是对一门学科的学习或掌握式目标的持续追求。因为每个学生的个人兴趣都是独一无二的，而且是基于自己对学习及培养专长的情感和认知反应的，所以教师或教学设计者几乎无法直接影响其个人兴趣。但是，由于个人兴趣源于能力的增长及在某一学科领域的成长，教师可以遵循我们之前的建议来培养个人兴趣，即关注学习目标、相信增长的智力观、相信努力、增强自我效能感等。当学生熟练掌握一门学科时，他们就会想知道有关该学科的其他知识。

除了提高一门学科的熟练程度，教师还可以将个人兴趣作为一种手段，为技能练习提供机会。例如，实现流畅阅读和增加词汇量的最好方法就是让孩子们大量阅读。这会让他们接触到大量高频词汇，从而导致单词自动识别：这是我们的语言的黏合剂。增加阅读也可以帮助他们学习特定话题的语言，提高他们对更精确和更概括的词语用法的理解。吸引学生增加阅读量的一个方法是让他们阅读自己选择的书籍和浏览自己感兴趣的话题的网站。因此，采用这种方法可以让个人兴趣不断增加，由此可以对个体的读写学习多个方面产生积极影响。

六、让人气馁的词

喜剧演员乔治·卡林（George Carlin）因为在电视上说了七个不能说的词而出名了（准确地说，是变得臭名昭著了）。事实上，这串词也已经被美国最高法院列为禁用词。[44] 也许你应该做一张清单，上面列有一些在课堂上禁止使用的术语。对于刚开始这么做的教师来说，以下这些词是不是可以考虑在课堂上禁用呢？

天赋：让人气馁的原因在于它意味着一些与生俱来的东西，而不是你通过学习和努力可以获得的东西。

聪明：让人气馁的原因在于它往往过分强调能力在学习中的作用，并暗示在很多情况下努力无法克服能力缺陷，尽管有些情况下是可以克服的。

智商：让人气馁的原因与上一条相同。

七、关于动机的思考之总结

动机会引导工作记忆分配。动机的目的是引导学生把工作记忆集中在学习任务上。在这一章中，我们概述了一些教师促进学习动机的基本方法。

（1）让学生专注于制定学习目标，而不是行为表现目标或任务目标。

（2）给学生讲述统一学习模式中的一些基本的东西，帮助他们形成智力和能力的增量理论。

（3）通过反馈和掌握经验培养学生努力的信念。

（4）帮助学生形成结果期望，确定有效的具体路径，将他们所学的东西与未来的目标和结果联系起来。

（5）通过掌握经验、注重学习过程的反馈，以及鼓励学生努力可以增强能力等方式帮助学生建立自我效能。

（6）使学生利用兴趣和新颖性，把注意力分配到相关的学习材料上，而不是用在一些分散注意力的东西上。

遵循这些建议将帮助学生保持学习动机并形成积极的自我信念。

注　释

[1] Anderson, L. M., Brubaker, N., Alleman-Brooks, J. et al. (1985). A qualitative study of seatwork in first-grade classrooms. *Elementary School Journal*, 86, 123-140 .

[2] Nicholls, J. (1984). Achievement motivation: Conceptions of ability, subjective experience, task choice, and performance. *Psychological Review*, 91, 328-346; Dweck, C. S. & Leggett, E. L. (1998). A social-cognitive approach to motivation and personality. *Psychological Review*, 95, 256-273.

[3] Fryer, J. W. & Elliot, A. J. (2008). Self-regulation of achievement goal pursuit. In D. H. Schunk & B. J. Zimmerman (Eds.), Motivation and self-regulated learning: Theory, research, and applications (pp. 53-75). New York: Erlbaum/Taylor & Francis Group.

[4] Meece, J. & Holt, K. (1993). A pattern analysis of students' achievement goals. *Journal of Educational Psychology*, 85, 582-590.

[5] Grant, H. & Dweck, C. S. (2003). Clarifying achievement goals and their impact. *Journal of Personality and Social Psychology*, 85, 541-553; Ng, E. & Bereiter, C. (1991). Three levels of goal orientation in learning. *Journal of the Learning Sciences*, 1, 243-271.

[6] Dweck, C. S. & Master, A. (2008). Self-theories motivate self-regulated learning. In D. H. Schunk & B. J. Zimmerman (Eds.), *Motivation and Self-Regulated Learning: Theory, Research, and Applications* (pp. 31-52). New York: Erlbaum/Taylor & Francis Group; Meece, J., Anderman, E. & Anderman, L. (2006). Classroom goal structure, student motivation, and academic achievement. *Annual Review of Psychology*, 57, 487-503.

[7] Ng, E. & Bereiter, C. (1991). Three levels of goal orientation in learning. *Journal of the Learning Sciences*, 1, 243-271; Linnenbrink, E. A. (2005). The dilemma of performance approach goals: The use of multiple goal contexts to promote students'motivation and learning. *Journal of Educational Psychology*, 97(2), 197-213.

[8] Pressley, M., Kersey, S. E. D., Bogaert, L. R. et al. (2003). *Motivating Primary-Grade Students*. New York: Guilford Press.

[9] Schmidt, P. (1999). KWLQ: Inquiry and literacy learning in science. *Reading Teacher,* 52(7), 789-792.

[10] Shell, D. F. & Husman, J. (2008). Control, motivation, affect, and strategic self-regulation in the college classroom: A multidimensional phenomenon. *Journal of Educational Psychology*, 100(2), 443-459.

[11] Sweller, J. (1988). Cognitive load during problem solving: Effects on learning. *Cognitive Science*, 12, 257-285; Bereiter, C. & Scardamalia, M. (1989). International learning as a goal of instruction. In L. B. Resnick (Ed.), *Knowing, Learning, and Instruction: Essays in Honor of Robert Glaser* (pp. 361-392). Hillsdale, NJ: Erlbaum.

[12] Scardamalia, M. & Bereiter, C. (2006). Knowledge building: Theory, pedagogy, and technology. In R. K. Sawyer (Ed.), *The Cambridge Handbook of the Learning Sciences* (pp. 97-115). New York: Cambridge University Press.

[13] http://en.wikipedia.org/wiki/Learning_communities [2009-03-23]; Brown, A. L. (1997). Transforming schools into communities of thinking and learning about serious matters. *American Psychologist*, 52, 399-413.

[14] http://en.wikipedia.org/wiki/Computer-supported_collaborative_learning [2009-03-23]; Koschmann, T. D. (1996). CSCL: Theory and practice of an emerging paradigm. In T. Koschmann, R. Hall & N. Miyake (Eds.) (2001). *CSCL 2: Carrying forward the Conversation.* Mahwah, NJ: Lawrence Erlbaum Associates Publishers.

[15] Shell, D. F., Husman, J., Cliffel, D. et al. (1997). Project CIRCLE: Second year evaluation report (Grant #R215D30195). Washington, DC: U.S. Department of Education: Secretary's Fund for Innovation in Education and Austin, TX: The University of Texas, College of Education, Learning Technology Center.

[16] Sweller, J. (1988). Cognitive load during problem solving: Effects on learning. *Cognitive Science*, 12, 257-285.

[17] Elliot, A. & Harackiewicz, J. (1996). Approach and avoidance achievement goals and intrinsic motivation: A mediational analysis. *Journal of Personality and Social Psychology*, 70(3), 461-475; Lehman, S., Kauffman, D. et al. (2001). Teacher interaction: Motivating at-risk students in web-based high school courses. *Journal of Research on Technology in Education*, 33(5), 45-52.

[18] Roeser, R., Midgley, C. & Urdan, T. (1996). Perceptions of the school psychological environment and early adolescents' psychological and behavioral functioning in school: The mediating role of goals and belonging. *Journal of Educational Psychology*, 88(3), 408-422.

[19] Dweck, C. S. & Leggett, E. S. (1988). A social-cognitive approach to motivation and personality. *Psychological Review*, 95, 256-273.

[20] Dupeyrat, C. & Mariné, C. (2005). Implicit theories of intelligence, goal orientation, cognitive engagement, and achievement: A test of Dweck's model with returning to school adults. *Contemporary Educational Psychology*, 30(1), 43-59.

[21] Weiner, B. (2004). Cultural plurality into theoretical unity. In D. M. McInerney & S. Van Etten (Eds.), *Big Theories Revisited: Research on Sociocultural Influences on Motivation and Learning* (Vol. 4, pp. 13-30). Greenwich, CT: Information Age Publishing.

[22] Skinner, E. A. (1996). A guide to constructs of control. *Journal of Personality and Social Psychology*, 71, 549-570.

[23] Dweck, C. S. & Master, A. (2008). Self-theories motivate self-regulated learning. In D. H. Schunk & B. J. Zimmerman (Eds.), *Motivation and Self-Regulated Learning: Theory, Research, and Applications* (pp. 31-52). New York: Erlbaum/Taylor & Francis Group.

[24] Chen, C. & Stevenson, H. W. (2005). Motivation and mathematics achievement: A comparative study of Asian-American, Caucasian-American, and East Asian high school students. *Child Development*, 66, 1215-1234; Stevenson, H. W., Lee, S.-Y. & Chen, C. (1994). Education of gifted and talented students in Mainland China, Taiwan, and Japan. *Journal for the Education of the Gifted*, 17(2), 104-130.

[25] Bloom, B. S. & Sosniak, L. A. (1985). *Developing Talent in Young People*. New York: Ballantine Books.

[26] Gladwell, M. (2008). *Outliers: The Story of Success*. New York: Little, Brown, and Company.

[27] Stevenson, H. W., Lee, S.-Y. & Chen, C. (1994). Education of gifted and talented students in Mainland China, Taiwan, and Japan. *Journal for the Education of the Gifted*, 17(2), 104-130.

[28] Blackwell, L. S., Trzesniewski, K. H. & Dweck, C. S.(2007). Implicit theories of intelligence predict achievement across an adolescent transition: A longitudinal study and an

intervention. *Child Development*, 78(1), 246-263. Dweck, C. S. & Master, A. (2008). Self-theories motivate self-regulated learning. In D. H. Schunk & B. J. Zimmerman (Eds.), *Motivation and Self-Regulated Learning: Theory, Research, and Applications* (pp. 31-52). New York: Erlbaum/Taylor & Francis Group.

[29] Schunk, D. H. (2008). Attributions as motivators of self-regulated learning. In D. H. Schunk & B. J. Zimmerman (Eds.), *Motivation and Self-Regulated Learning: Theory, Research, and Applications* (pp. 245-266). New York: Erlbaum/Taylor & Francis Group.

[30] Maslow, A. H. (1943). A theory of human motivation. *Psychological Review*, 50, 370-396.

[31] Husman, J. & Hilpert, J. (2007). The intersection of students' perceptions of instrumentality, self-efficacy, and goal orientations in an online mathematics course. *Zeitschrift für Pädagogische Psychologie/German Journal of Educational Psychology*, 21, 229-239.

[32] Husman, J. & Lens, W. (1999). The role of the future in student motivation. *Educational Psychologist*, 34(2), 113-125; Zimbardo, P. G. & Boyd, J. N. (1999). Putting time in perspective: Valid, reliable individual-differences metric. *Journal of Personality and Social Psychology*, 77, 1271-1288; Husman, J. & Shell, D. F. (2008). Beliefs and perceptions about the future: A measurement of future time perspective. *Learning and Individual Differences*, 18, 166-175.

[33] Markus, H. & Nurius, P. (1986). Possible selves. *American Psychologist*, 41, 954-969.

[34] Oyserman, D., Terry, K. & Bybee, D. (2002). A possible selves intervention to enhance school involvement. *Journal of Adolescence*, 25(3), 313-326.

[35] *Ibid.*

[36] Cohen, G. L., Garcia, J., Purdie-Vaughns, V. et al. (2009). Recursive processes in self-affirmation: Intervening to close the minority achievement gap. *Science*, 324(5925), 400-403.

[37] 关于最新的自我效能感评论，参见 Usher, E. L. & Pajares, F. (2008). Sources of self-efficacy in school: A critical review of the literature and future directions. *Review of Educational Research*, 78(4), 751-796; Bandura, A. (1997). *Self-Efficacy: The Exercise of Control*. New York: W. H. Freeman; Parjares, F. (2008). Motivational role of self-efficacy beliefs in self-regulated learning. In D. H. Schunk & B. J. Zimmerman (Eds.), *Motivation and Self-Regulated Learning: Theory, Research, and Applications* (pp. 111-140). New York: Erlbaum/Taylor & Francis Group.

[38] Schunk, D. H. (2008). Attributions as motivators of self-regulated learning. In D. H. Schunk & B. J. Zimmerman (Eds.), *Motivation and Self-Regulated Learning: Theory, Research, and Applications* (pp. 245-266). New York: Erlbaum/Taylor & Francis Group.

[39] Zeldin, A., Britner, S. & Pajares, F. (2008). A comparative study of the self-efficacy beliefs of successful men and women in mathematics, science, and technology careers. *Journal of Research in Science Teaching*, 48(9), 1036-1058.

[40] Zeldin, A. & Pajares, F. (2000). Against the odds: Self-efficacy beliefs of women in mathematical, scientific, and technological careers. *American Educational Research Journal*, 37(1), 215.

[41] Wilson, K. M., Trainin, G., Laughridge, V. et al. (2011). Our zoo to you: The impact of zoo animals in the classroom on science and literacy concepts in first grade journal writing. *Journal of Early Childhood Literacy*, 11(3), 275-306.

[42] Tobias, S. (2006). The importance of motivation, metacognition, and help seeking in webbased learning. In H. F. O'Neil & R. S. Perez (Eds.), *Web-Based Learning: Theory, Research, and Practice* (pp. 203-220). Mahwah, NJ: Lawrence Erlbaum Associates; Paris, S. G., Yambor, K. M. & Packard, B. W. (1998). Hands-on biology: A museum-school-university partnership for enhancing students' interest and learning in science. *The Elementary School Journal*, 98, 267-288.

[43] Cisneros, S. (1992). Eleven. In *Woman Hollering Creek and Other Stories*. New York: Knopf; Guthrie, J. T., Wigfield, A. & Von Secker, C. (2000). Effects of integrated instruction on motivation and strategy use in reading. *Journal of Educational Psychology*, 92(2), 331-341.

[44] The Oyez Project, FCC *v*. Pacifica Foundation, 438 U.S. 726 (1978); http://oyez.org/cases /1970-1979/1977/1977_77_528 [2009-03-23].

第八章
有效教学

一、认知负荷

我们在第五章中指出，由认知负荷理论家开发的教学实践与统一学习模式的原则完全一致。与其回顾关于认知负荷理论（或同等理论）的大量教学文献的细节，我们推荐你不如参考两个非常棒的参考文献。第一本是克拉克等（Clark et al.）出版的书，其中详细解释了斯威勒及其同事、迈耶及其同事发表的所有研究成果。[1] 第二本是克拉克和迈耶（Clark & Mayer）在此之前就同一主题写的一本书。[2]

二、CORE 课程模式

有个教学方法与统一学习模式中的学习原则相一致，它就是由卡尔菲（Calfee）及其同事开发的 CORE 课程模式。它可以为教师的教学提供指导。[3] CORE 是 Connect-Organize-Reflect-Extend 的缩写，表示"联系—组织—反思—扩展"。在课程导入部分，若有必要，在整个课程当中，教师通过将课堂内容与他们之前的知识或经验（来自之前的课程或普遍的经验）联系起来的方式，让学生集中注意力思考。教师引导学生组织思维，与课程中的陈述性知识和（或）程序性知识建立联系。教师通常可以教学生绘制组织图来完成这一任务，而组织图可作为讨论或阅读理解的工具。在整个课程中，教师可以问学生一些问题，使学生反思在课程中所学到的东西（例如，在矩阵的这个部分应该填入哪些两栖动物？），以及他们是如何学习新的陈述性知识或程序性知识的（例如，为什么我们要把战前两个时期的共同特征写在韦恩图的中间部分？），从而帮助学生将新旧知识联系起来并不断重复所学内容。以上这些贯穿了布卢姆教育目标分类学思想。教师要想办法帮助学生把新知识拓展到其他情境中去。课堂上要为学生提供机会，让他们通过不同的方式应用新知识。在课程结束时教师通过提问的方式简要重述所学内容，并要求学生思考今后什么时候可以应用新学的陈述性知识和程序性知识。

三、外显知识是可教的，内隐知识是不可教的

学习就是要建立联系。"外显心智搜索"是相当直接的。你针对某一目标下定决心，然后就去寻找那个目标。你几乎肯定知道你是否去过阿拉斯加的诺姆市。你并不真正知道这是怎么回事。也就是说，当它发生的时候，你并没有意识到任何种类的扩散激活。我们中有一个作者住在阿拉斯加，但是诺姆和阿拉斯加的其他地方没有公路连接。所以，在阿拉斯加生活过的人，对是否去过诺姆的心智搜索就会非常快。因为我们大多数人都知道自己是否去过阿拉斯加，所以搜索通常是快速而准确的。

"内隐心智搜索"则截然不同。你不太确定你在寻找什么。毫无疑问，许多现实世界的问题解决涉及的是内隐搜索而不是外显搜索。有些人之所以支持将内隐搜索作为教学工具，是因为它有助于我们在现实世界中的实践。科学和商业领域的许多例子都涉及寻找与手头问题具有相似特征的信息，但两者并不相同，有时从表面上看甚至大不相同。

现在存在的教学问题是，内隐搜索是否比直接的外显教学更可取。学习就是要建立可搜索的联系。教师或课程设计者当然比学生更了解相关知识，以及如何组织知识并将它们联系起来。基于良好设计的直接教学肯定会更快地建立学生的知识库，使其更加明确地提取线索。这样，学生可以搜索到更多的知识，而且显然可以更快、更准确地搜索。但是，即使是计划得最好的直接教学也不能涵盖材料之间相互联系的所有可能的方式，也不能预期所有可能的情况，在这些情况下，通过内隐搜索，找出不完善的问题，可以实现知识的有效提取。

因此，为学生提供内隐搜索活动的参与机会，可以帮助他们建立更丰富的知识库，从而形成更多的模式匹配。

在没有刻意制定学习目标或有意识地注意的情况下一个人照样可以学习。情景记忆是毫不费力的记忆，不知不觉中就会发生。情景记忆不需要有意识的努力就能在工作记忆中占据空间。通过多次接触也可以学习。一段时间后，我们就明白了事物。当我们在解决问题或思考的时候，我们也会在工作记忆中构建新的知识。我们在第三章中提出，从经验中学习属于"内隐学习"（implicit learning），有时也称"默会学习"（tacit learning）。[4]通过默会获得知识是比较困难的。正如我们在第三章所讨论的，通过解决问题或批判性思维的内隐学习带有不确定性。从教学的角度来看，默会学习更难引导。教师或教学设计者可以采用某些方式建构环境，这些方式有望提升想要的体验，但对于学生是否将他们的工作记忆分配给了他们应该学习的知识，教师是无法控制的。辅导或长时间的学徒制是经常使用的教学方法。无论我们使用医学术语有多频繁，很多医学实践都是通过住院医师和研修项目的途径实现的，在这些项目中，学到的东西从来没有被成功地记录下来。事实上，最常被研究的一个学习领域就是医生在成为放射科医生前学习看X光片。[5]令人惊讶的是，放射科医生的学习大多是默会学习。那些正在接受培训的人先自己看X光片，然后让专家来解读该X光片。

一个人无法关闭自己的工作记忆。假设你正处于学徒期这样一个学习阶段。你听到了老师说的话，看到他（她）所做的选择，但他（她）从不解释为什么做出那样的选择。他（她）甚至可能会说："我真的希望这样行得通。"你必须处理的事情包括当时的情况、所说的话，以及似乎即将出现的决策要点。没有明显的规则或"决策树"适用于这种情况。这有点像在玩扑克时学习虚张声势，或者在打桥牌时偶尔威慑对手。[6]我们稍微想一下就会知道，虚张声势是没有规则可循的。如果有的话，虚张声势永远也不会奏效。如果你发现了玩扑克时虚张声势的规则，并把这个规则告诉别人，那你就是个傻瓜。

话虽如此，几乎所有默会的知识最终都可以变成外显知识。一旦变成外显知识，就可以使用更直接的教学方法来教授，这样学生学起来也就更容易。进行外显学习最有效的方法就是利用我们的工作记忆来思考正在学习的东西。也就是说，我们带着学习的目的关注正在学习的东西，了解学习是怎么回事，其中的变量是什么，等等。我们会重复所学内容，而重复是学习所必需的。当我们有机会思考正在学习的东西时，我们可以更好地把它和我们已经知道的东西结合起来，也就是建立对自己有意义的联系。良好的教学和指导显然可以引导学生注意自己的所学内容，指导学生重复和建立联系。

　　教师可以通过课堂上、特别是课后提出的问题，帮助学生建立起这些联系。设想一下这样一个场景：你在给学生上一堂关于美国政府三权分立的课。先让学生对美国政府的组织方式进行头脑风暴，然后让他们选择需要阅读的书籍或网站以获取更多细节，你可以通过与学生一起绘制图表或网格来帮助他们整理所有这些信息。图表顶部有标题，标题上有三权分立的名称。在左边一栏，你写下一些特征，如功能、职责、人员、分支所在的建筑，以及一个有趣的事实。在示范了如何思考图表并在整个课堂教学中与学生一起填写一些空格之后，你可以让学生以小组的形式完成图表。下一步是全班同学组成一个整体，用他们记录在图表上的信息对政府的三个部门进行比较。你让他们分析一个简短的情景，即政府的各个部门对通过一项法律议案起到怎样的推进作用或阻碍作用，从而可以扩展并应用他们所学的知识。课程结束的时候，你可以问两类问题：产出问题和过程问题。你的产出问题可以是："好的，这节课我们学到了什么？现在你可以把阅读或课堂讨论中你认为有趣的、新的东西讲给同桌听。萨拉、大卫今天学到了什么新信息？除了明天要参加测验，为什么了解政府的这些部门对你来说很重要？"接下来是你的过程问题："我们是用什么来组织我们对政府的三个部门的思考？没错，我们用了网格。你认为什么时候可以再次使用网格来帮助你思考读过的东西？那它为什么有用呢？"当你将图形或视觉组织者作为学习、讨论、写作工具时，学生会更容易发现并建立观念之间的联系。让他们做出价值判断，会促使他们更深入地思考信息，而不是只停留在知识的基本层面。过程问题促使学生明确地思考如何将一种思考信息的方式迁移到不同的情境中。一提到"思考"，我们就离不开"工作记忆"，离不开工作记忆的容量和工作记忆的利用。我们已经讨论了认知负荷的概念，并指出有效学习取决于对认知负荷的管理。记住，教师是工作记忆的管理者、训练者与辅导者。

　　这与我们自 20 世纪 80 年代至今学到的教学生如何阅读的方法非常一致。

一些学生借助于更有经验的读者的支架作用，仅仅通过与课文的互动（有时被称为"整体语言教学法"）就可以学会解码。这就使得大量学生没有非常好的机会去学习如何解码单词，尤其是当他们经验有限的时候。在培养刚入学的学生的单词解码能力方面，与试图提供足够的内隐经验相比，明确地教授字母系统效率会更高，效果也会更好。在许多方面，隐性教学方法实际上可能会加大那些更有能力的读者和读书困难的同龄人之间的差距。斯坦诺维奇（Stanovich）称之为"马太效应"，即正如富人通过更多的努力会变得更富有，学生之间的差距随着时间的流逝也不断增大。[7]

四、新内容的最佳"难度"

学习需要建立联系。我们需要适当的先备知识与新知识建立联系。有效学习需要学习者的先备知识与他们正在学习的任何新内容形成匹配。我们可能会说，仅凭学习者现有的技能，新内容对学习者来说太难了。这意味着先备知识要么不存在，要么没有以适当的方式组合，以致不能与进入工作记忆的新知识建立适当的联系。工作记忆容量可能全部用在了一些小且必要的组块，以致一些理解新内容的其他组块无法获得足够的工作记忆空间。这一点在学习一门新语言时尤为明显。

另一方面，如果新材料太简单，可能不会引起学习者足够的注意，因为他们会认为这些内容自己已经掌握了。[8] 新知识的学习需要分配一定的工作记忆，学习者有时会认为有些东西他们已经知道了，所以他们确实不会去注意它们。

统一学习模式表明，若要实现有效学习，要学习的新内容会有一个最佳难度。维果茨基称之为"最近发展区"。[9] 统一学习模式就是要明确最近发展区的要求。也就是说，要学习的内容必须填满或接近填满学习者的工作记忆，且不能超过学习者工作记忆的容量。

在一个二三十名学生的班级里，要求所有学生有一个相同的最近发展区是完全不可能的。当内容是全新的（要学习的内容谁都不知道）或旧的（要学的内容每个人都知道）时，班级里所有学生的最近发展区可能是相同的。但在大多数课堂上，学习者的最近发展区是不同的。因此，小组教学尤其重要。

五、储存与提取

学习是工作记忆分配的产物。学习就是储存新信息。我们从不满足于只是问学生是否已经储存了新知识。这就像问一个听取了大量信息后完全迷失了方向的人"你听懂了吗？"，并让他们微笑和点头回应。教师们无法直接控制自己的工作记忆，更不用说控制学生的工作记忆了。如果一个教师说"现在把这个储存在你的语义记忆里"，并期望学生把它储存起来，这样是不会有任何效果的。教师经常说"这很重要"，这是在提示你要特别注意，因为这个以后你可能要用到，或者考试经常会考到。

通过评价可以了解学生已经知道了某些东西，由此教师会感到满意。下一章将单独讨论评价。统一学习模式指出，如果我们在一些非常重要的情境下练习信息的提取，那么我们可以得到最好的结果。换句话说，这表明我们从事的是"应试教学"。此外，这意味着我们经常进行测试。如果你不喜欢这种信息提取的情境，那就要改变测试，即改变我们的教学所指向的考试。"班级 + 写作评价"指的是设计一种评价方式，以便判断学生在获得充分支持的条件下文本写作的水平到底如何。[10] 它为教师提供了一个按步骤创建写作评价方式的模板，用于评价整个班级的写作。这就是为什么飞行员和医生要用模拟器训练。培训飞行员和医生要努力使学习环境尽可能真实。对飞行员和医生的学习成本是有考量的。培训飞行员和医生需要更多的资源，因为这些工作都与人们的生命密切相关。

形成性评价是个好主意。如果说评价反映了应用知识的各种情境，那么这样的评价就只能是练习。高风险评价实际上可能会限制学生的表现，因为情绪（例如焦虑）和可能产生的后果会占据一些工作记忆的箱位，从而抑制信息的有效加工。[11]

注　释

[1] Clark, R. C., Nguyen, F. & Sweller, J. (2006). *Efficiency in Learning: Evidence-Based Guidelines to Manage Cognitive Load*. San Francisco, CA: Pfeiffer.

[2] Clark, R. C. & Mayer, R. E. (2003). *E-learning and the Science of Instruction*. San Francisco, CA: Jossey-Bass/Pfeiffer.

[3] Chambliss, M. J. & Calfee, R. C. (1998). *Textbooks for Learning: Nurturing Children's Minds*. Malden, MA: Blackwell.

[4] Sternberg, R. J. & Horvath, J. A. (Eds.) (1999). *Tacit Knowledge in Professional Practice*. Mahwah, NJ: Lawrence Erlbaum Associates.

[5] Lesgold, A., Rubinson, H., Glaser, R. et al. (1988). Expertise in a complex skill: Diagnosing x-ray pictures. In M. T. H. Chi, M. J. Farr & R. Glaser (Eds.), *The Nature of Expertise* (p. 436). Mahwah, NJ: Lawrence Erlbaum Associates.

[6] http://en.wikipedia.org/wiki/Bluffing [2009-03-23]; http://en.wikipedia.org/wiki/Psychic_bid [2009-03-23].

[7] Stanovich, K. E. (1986). Matthew effects in reading: Some consequences of individual differences in the acquisition of literacy. *Reading Research Quarterly*, 21, 340-406.

[8] Kalyuga, S., Ayres, P., Chandler, P. & Sweller, J. (2003). The expertise reversal effect. *Educational Psychologist*, 38(1), 23-31.

[9] 维果茨基的术语包括"最近发展区"（ZPD），参见 Vygotsky, L. S. (1978). *Mind in Society*. Cambridge, MA: Harvard University Press.

[10] Calfee, R. C. & Wilson, K. M. (2004). A classroom-based writing assessment framework. In C. A. Stone, E. R. Silliman, B. J. Ehren et al. (Eds.), *Handbook of Language and Literacy: Development and Disorders*. New York: Guilford Press.

[11] Gimmig, D., Huguet, P., Caverni, J. et al. (2006). Choking under pressure and working memory capacity: When performance pressure reduces fluid intelligence. *Psychonomic Bulletin & Review*, 13(6), 1005-1010.

第九章
反馈与评价

在标题为"知识"的第三章中，我们用了一些篇幅讨论了什么是"知识"。我们可能会要求学生做以下几件事：

- 背诵"效忠誓词"。
- 用自己的话来解释以下这句话："地球中心的状态是像火一样的熔岩。"
- 求 77 乘以 88 的积。
- 把一个 5.0 l 的容器抽成真空，并把温度保持在 25 ℃，随后向其注入 2.0 ml 液态水样，求出容器内部水蒸气的压力。
- 写一篇论文，讲述风力涡轮机发电在欧盟的开端及使用情况。
- 比较日本和瑞士的医疗保健系统，从而建议加利福尼亚州采用其中的一种医疗保健系统。

这些正好符合布卢姆教育目标分类学的层级结构：知识、理解、应用、分析、综合和评价。[1] 尽管其中有体现出难度上的增加，但其实教育目标分类学并没有这样的要求。……背诵宗教经书就很困难，尽管它只是第一层级——知识的活动。说出你如何喜欢昨晚在当地餐馆吃的晚餐就很容易，尽管它属于最后一个层级——评价的活动。

在教室里，我们会让学生做一些事情，有时是比较棘手的事情。我们当中有位作者经常问学生这种刁钻问题：在向一个大容器中注入少量水后，里面水蒸气的压力是多少？问题难就难在并不是所有的水都蒸发掉了。学生们通常只是列出一个方程，然后继续"推来倒去"，而没有意识到实际情况与这个方程所表达的意义有很大的不同。我们需要做的是在表格中查找压力值。有时我们让学生做一些没有标准答案的事情，比如写一篇论文或推荐某一政策。无论我们要求学生做什么来展示他们的知识，评估和具体的反馈都是至关重要的。根据统一学习模式，任何关于反馈和评价的讨论都应该按照先前列出的统一学习模式中的五条规则来进行。在讨论这些问题之前，首先简要概述我们对评价与反馈的定义和思考。

一、评　价

课堂上的教师一直在评价学生。我们进行测试、批改作业，以及观察学生在小组项目上的表现。从这个角度来看，评价只是一个工具，我们用它来判断学生的掌握程度。根据统一学习模式，评价是一种工具，我们应该用它来判断学生离他们的目标又近了多少。我们可以通过多种方式做到这一点。然而，最重要的问题可能不是我们使用哪种评估，而是我们用它们来做什么。

统一学习模式认为，大多数学习情境的目标应该是掌握、长期保持和将信息迁移到其他语境或情境的能力。正如我们在第三章中看到的，如果我们要求学生对知识掌握得更好，那么我们需要给他们创造在不同情境中练习的机会。如果我们想要学生为达到掌握的程度而努力，那么他们需要：① 制定自己的目标；② 获得练习的机会（教师要对他们的练习做出评价）；③ 因为自己在实现目标的过程中取得了进步而得到重要的反馈。如果我们还希望学生更好地保持知识，那么学生应该做一些与长期保持相关的事情。根据统一学习模式，若要学生既掌握知识又长期保持好知识，最合适的方法就是使其有机会获得定期进行的形成性评价，以及更正式的累积性或总结性评价。在学习过程中采用形成性评价，包括各种各样的活动，在这些活动中，学生可以收到关于他们进步情况的反馈。形成性评价可能包括（但不限于）教师或学生在教学过程中提出的问题、课堂活动、家庭作业、教师对学生进步的非正式（和正式）观察、学生的反思、期中小测验和考试，以及课堂项目。形成性评价的主要特点是，教师可以针对学生在实现目标的过程中取得的进步做出评价，以及针对其取得的进步提供反馈，并给出进一步的建议。

除了形成性评价，还应设计一种累积性或终结性评价，以便教师在教学结束时评价学生对知识掌握和长期保持的程度。此外，总结性评价应该让学生分析自己是否已经达到了教学目标。总结性评价通常比形成性评价更正式。在许多情况下，关于长期保持情况的累积评价是直接建立在学生正在学习的内容基础上的。举例来说，在一堂典型的数学课上，你在第三章学到的东西很可能会被用来完成第五章中更复杂的任务。因此，长期保持是未来成功的必要前提。但这在其他领域可能不那么明显。例如，在心理学课上，你对弗洛伊德的了解可能是，也可能不是理解皮亚杰理论的先决条件。某一学科的学习是否有长期积累的要求，要看学生是否以那样的方式学习。根据统一学习模式，设计良好的总结性评价有助于学生对知识的长期保持。

二、反　馈

无论我们如何评价学生，我们为学生提供的有关他们的表现的评价信息，即反馈，也许是最重要的。反馈是教师为学生提供的有关他们的表现、进步或理解的信息。我们知道，不同类型的反馈对学习者的影响大小不一。一般来说，过程性反馈往往比产出性反馈更有效。因此，简单地用百分比（如80%）或总结性的评论（如"非常棒"）做出的反馈可能并不充分，无法实现最有效的学习。相反，对学生参与过程的大量反馈似乎是最有效的反馈形式。关于反馈，我们想说三点。首先，有效反馈是学习过程中必需的一部分。其次，有效反馈可以在学习过程中的多个时间点上提供。最后，也是非常重要的一点，有效反馈可以让学生自己生成反馈。当教师向学生提供反馈，要求他思考自己是如何得出某一特定答案或做出特定回应时，他必须思考自己做了什么，从而对自己的进步做出自我评价。简而言之，根据统一学习模式，有效反馈会让学生将一定的工作记忆空间分配给自我监控或自我调节活动。这并不容易。形成有效反馈是非常耗时的，并且需要教师的努力。我们的目的是使用统一学习模式来指导我们提供反馈的方式。我们首先要看看评价和反馈是如何适用于统一学习模式的规则的。

（一）新的学习需要注意

根据统一学习模式的第一条规则，教学就是让学生"专注"于事物。也许评价的最基本功能是告诉学生应该注意什么。我们有多少次听到学生问："这个考试会考吗？"也许他们会说："如果考试不考，我就跳过去不学了。"不管怎样，只有那些考试要考的，学生们才会去注意并努力学习。虽然大家通常认为这样不好，因为应试教育降低了学习质量，但评价和考试本身无好与不好之说。考试会让学生知道什么东西重要，由此起到引导学生注意力的作用，而好的评价能够利用好考试的这一特殊作用。如果评价与教学目标相符，那么评价将强化班级的学习目标。只有当评价与学习目标、测试范围或不重要的信息不一致时，才会给学习带来问题与障碍。同样，反馈可以帮助学生将注意力转向一些适当的教学材料或学习活动，强化什么是重要的，什么是不重要的，从而发挥必要的作用。

评价和反馈能起到注意力的导向作用。因此，我们必须注重创建高质量的测试和其他与课堂学习目标有着明确、紧密关系的评价。双向细目表就是完成这一任务的一个经典方法。双向细目表是一个学习目标与评价内容、评价活动交叉的网格。有些文献提供了非常棒的双向细目表制作指导与范例。[2] 此外，反馈必须经过深思熟虑，并集中于需要关注的具体信息。

（二）学习需要重复

统一学习模式的第二条规则是学习需要重复。重复就是将知识从长时记忆提取到工作记忆的过程。提取意味着有什么东西要出来。评价需要学习者把知识展示出来，因此需要提取知识。为了接受评价而把知识提取出来的行为不仅表明学习者已经学过知识，而且还会对记忆中的知识起到强化作用。最近一项非常有趣的、受控条件下的研究得出了一个相当显著的结果，充分证明了以上观点。[3] 一大群学生被分成四个小组，学习斯瓦希里语词汇。第一组只学习他们以前没有学过的单词，并接受测试。第二组学习所有的单词，并接受测试。第三组只学习他们不熟悉的单词，但需要接受对所有单词的测试。第四组学习所有的单词，但只接受那些不熟悉的单词的测试。"学习后再重复学习对延迟回忆没有影响，但重复测试对延迟回忆有较大的积极影响。此外，学生对自己表现的预测与实际表现无关。研究结果表明，提取练习对所学知识的巩固能起到关键作用。另外，研究发现，似乎连大学生也没有意识到提取练习的作用。"

评价对已经学过的知识能起到重要的强化作用。评价给予学生更多练习的机会，成功属于那些练习、练习、再练习的人。有时候我们可能会听到学生说："我学过并了解该内容，但考试时我就是想不起来。"用统一学习模式来分析，可能是因为该学生对知识的重复次数不够，组块不够稳固，以致知识无法提取出来。评价可以督促学生重复所学知识，而且还可以让学生有机会获得纠正反馈，从而可以改进记忆组块中的知识。所以，更具体地说，我们相信成功属于那些练习、评价、获得反馈、再练习、再评价、再获得反馈的人。没有评价，教师也就不可能对学生的重复学习提供指导，因此精确的知识组块就无法形成。

（三）学习就是建立联系

知识就是要创建一种神经元的连接模式。更高级、更复杂的学习形式，如形成概念或培养技能，实质上是在离散的观念之间形成一系列复杂的联系。学生将形状和边的概念联系起来以理解勾股定理，或将一些历史问题、美国各州权力的认识及解放奴隶宣言联系起来，从而可以理解美国内战的一些成因。

通过要求学生将自己正在学习的信息、技能结合并联系起来，评价可以帮助学习者创建这些关联模式。要求学生比较离散概念、解决问题、将知识迁移到新的语境或情境下、写文章、展示技能，以及其他形式的"开放性"评价，可以让学生参与问题的解决，开展批判性思维，而问题解决与批判性思维是记忆中形成更大知识组块及创建新联系的基础。建立联系的评价促进了知识之间的联系。这些评价还会让我们有机会观察学生的知识建构过程及其建立的知识间的联系，从而可以为学生提供有效反馈，便于其进行有效的知识建构，同时避免一些错误的认识。开放式的评价让我们有充分的机会给学生提供指导与指引，让我们获得更多如苏格拉底式对话般的间接教学反馈方法。

三、应试教学

人们经常谈论"应试教学"（teaching to the test）这一话题。自从"不让一个孩子掉队"（No Child Left Behind）法案实施以来，情况尤其如此。许多人对应试教育的反应都是消极的，因为它意味着学生只能进行非常有限的学习。2008

年，美国一个地方电视台播放了一则旨在帮助困难学生的学习中心的广告。广告中的学生被认为有学习困难，她得到了该中心的帮助。她需要背诵一些总统的姓氏："华盛顿、亚当斯……布什、克林顿、布什。"显然，这令人印象深刻。要做到这一点需要努力，而努力是需要动机的。这样的任务是可以完成的。成功完成这样一项任务可能会提高学习的自我效能，尤其是当父母要求孩子向朋友展示这项技能时（如：你还记得菲尔莫尔当过美国总统吗？）。话又说回来，背诵这个有用吗？并不是说知道这些总统的姓氏不好或者是一种时间或精力的浪费，只是这些知识本身并不是特别有用。此外，只要给出一个列表，所涉及的学习策略就很简单：默诵、默诵、再默诵。如果测试包括回忆美国总统名单，那么测试的内容可能不符合美国国家安全的总体最佳利益。

尽管如此，我们还是建议教师们重新思考"应试教学"。在最理想的教学环境下，我们想做的是提供机会，让学生把所学的知识迁移到我们认为将会用到的情境中去。如果是这样，那么我们可能要修改"测试"，以更好地反映最终的预期情境。虽然这很难实现，但仍应是我们努力的目标。

许多人都认可威金斯和麦克泰格（Wiggins & McTighe）的"理解为先教学设计"（understanding by design）。[4] 从逻辑上说，这种主张首先假定你已经知道了你想要学的东西，以及如何判断你已经知道了要学的东西，最后创建教学材料，帮助学生开展相应的学习。不管怎么说，这的确只是应试教学的一种重新包装罢了。试想：如果学生学到的东西并不是你原本要他们学习的，那为什么考试要考呢？如果学生学到的东西是你要他们学习的，那为什么考试不考呢？在讨论如何通过评价让学生集中注意力时，我们强调用考试来强化课堂学习目标。

在美国和其他多数国家，义务教育的目的是将那些要应用到大部分职业的方方面面的知识与智力技能"集中起来"（centralize）。因此，学校都会教学生阅读和算术。相比之下，在医学院校或兽医学校的外科实习期都会讲授外科学，高等工程学中会讲授热传递，学徒项目中会讲授蒸汽装配。外科医生、工程师和蒸汽钳工所要求的阅读和算术技能都是不同的。如果阅读与算术根据不同职业水平的情境要求讲授，无论多么困难和不切实际，讲授的效果将会更好，学生会取得更好的学习结果。也就是说，我们可以说："这就是蒸汽钳工需要知道的几何学。"另一方面，教育的一大优势是，如果一个蒸汽钳工想成为一个传热方面的工程师，就必须从头开始接受 K-12 教育（学前及中小学教育，美国基础教育的统称）以便做出相应的改变。

四、高利害关系测试与反馈

美国"不让一个孩子掉队"法案产生的一大影响就是对测试的强调，尤其是人们可能会称之为高利害关系的测试。高利害关系测试不太可能很快消失，也不应该消失。SAT、GMAT 或 MCAT 等考试的利害关系都很高。与医学专业认证（或执照）、律师执业考试或商业航空公司飞行员考试相比，这些利害关系就相形见绌了。有时候以测量和记录知识为目的的评价有其存在的合理性。

高利害关系测试存在几个问题。这些测试的开发、组织和管理既费时又费力。正因为如此，它们通常不能按需提供。在这些测试中，人们容易情绪高涨，从而对表现产生不利影响。学生在压力下经常会窒息。[5]也许最重要的是，目前采用的高利害关系测试既不能让学生集中精力掌握知识，也不能让他们进行深度的、有意义的学习。更确切地说，高利害关系测试似乎会让学生把注意力仅仅集中在有利于考试的知识学习上。根据统一学习模式，高利害关系测试可能会创建行为表现目标或任务目标，而不是学习目标。这就给我们提出了另一个问题：还有什么别的方案吗？

正如我们所讨论的，提供与行为表现相关的反馈是一种有效的学习方式。当学生在完成一项学习任务时，教师可以监控学习进度，并向学生提供反馈，反馈的不仅是关于他们在哪些方面做得好，哪些方面做得不太好，还包括他们是如何进行学习的。这种持续的反馈很有帮助，因为在自动完成任务之前，它会让学生知道自己正在做的事情。同时，它给教师提供了一些非常有力的方式去了解学习者对知识的掌握情况。

基于现代计算机的作业系统和其他数字化练习系统是进行形成性学习评价的有效手段。在这些系统中，学生有机会通过数字化方式提交家庭作业，并在他们完成作业时得到反馈。至少在学生自动完成新任务之前，这些系统可以给我们提供反馈。需要记住的是，在学生还没有自动完成任务之前，他们的错误纠正起来容易得多。如果教师等到学生已经可以自动完成任务了，那么纠正他们的错误就会变得困难得多。前面我们讨论过了对老虎·伍兹这位棒球运动员来说改变他的挥杆动作是多么困难。[6]

五、表扬与鼓励

自 20 世纪 80 年代以来，一些文献建议课堂上要把表扬和鼓励区分开。[7] 表扬就是说一些好听的、令人愉快的事情，而不说明为什么要表扬。鼓励相当明确地说明了为什么要给予表扬。根据统一学习模式，这是一个关系到将表扬与任何被表扬的行为明确地联系起来的问题。这些联系使得教师能够鼓励学生掌握知识，而不是表现得更好。请思考表 9.1。

表9.1　反馈示范

尚 可	更 好	好得多
干得不错，弗雷德。	弗雷德，你看起来很努力啊。	干得不错，弗雷德。我在实验报告上看到了很多进步。你的努力是有回报的。
干得好，玛丽。	第一稿看起来还不错，玛丽。	这是个好的开始，玛丽。你很好地描述了主要问题。现在，让我们看看我们能做些什么来做进一步改进。
很好，莎莉。	你的数据分析看起来很熟练，莎莉。	我对你的数据分析策略印象深刻，莎莉。你处理丢失数据的方式非常有创意。
我真的很喜欢这个声音，贾马尔。	你上周一定做了不少练习，贾马尔。	我喜欢听到贾马尔的声音。大量的练习确实让你受益不少。你的节奏感真的很强。
乔治，我真高兴你在我的班级。	谢谢你帮助别人，乔治。	乔治，你对这个班级确实做出了重要的贡献。我知道对于同学们在本篇课文中遇到的问题你给予了很多帮助，他们都很感激你。

六、依托脚手架的学习——激发学习产出

从本质上说，所有的教师都提倡某种形式的主动学习，让学习者参与到自己的学习过程中来。主动学习是很难定义或描述的。根据统一学习模式，主动

学习指的是对工作记忆进行积极分配。当然，这是看不见的。因此，对于教师来说，要确定学习者是否积极地参与了新内容的学习是很困难的。然而，一种相当明确的、检测主动学习的方法是通过提供与表现相关的反馈和学习者进行互动。在教学过程中，强调激发学生的学习产出，并对这些产出提出改进建议，可能是让学生积极学习并最终获得新知识最有效的方法。也许你会明白为什么反馈必须关注学生的学习过程，而不只是学习结果。

学习不是一个"输入垃圾，输出垃圾"的过程。虽然我们讲授的很多东西是明确的，可以作为陈述性知识来学习，但在生活中，成功几乎总是在某种程度上取决于使用知识的技能，即建立程序的技能。如果教师希望出现这样的情况，那么就要让学生练习使用知识、创造熟练技能的各种方法，并对他们进行测试。

对学生的产出做出反馈是实现程序化的关键。在第三章我们讨论了程序知识是如何创建的。不妨再回顾一下，程序性知识是建立在行动的结果之上的，若达到一个目标学习也就算取得了成功。学生们如何知道其行动结果是否正确？他们如何知道自己建立的程序性知识是最佳的？教师的反馈是使他们知道这些问题答案的唯一方法。

陈述性知识通常是非分明。要么你知道这些知识，并在考试或其他情境下回忆它们，经过不断的重复使其得到足够的强化；要么你不知道这些知识。另一方面，程序性知识是对还是错通常并不是很清楚。做一件事有很多种方法；解决数学问题有多种方法，进行科学探究有很多种选择……通过反馈，教师可以帮助学生梳理解决问题的各种可能性，并强化那些最好的方法。这就是给学生提供脚手架的学习。这也是埃里克森所说的在导师帮助下的刻意练习的核心所在。[8]

评价时，学生使用知识的方式让我们看到其学习上的产出。根据学生的产出，教师可以为其提供反馈，有效地为学生的学习搭建脚手架。学生在使用知识时对他们的评价不只是要求其陈述知识。以这样一个规则的教学为例：在化学元素周期表中，原子半径从上到下增大。我们可以通过这样的方法来测试：陈述化学周期表中各组原子半径大小的变化趋势。这是对陈述性知识的直接测试。对于同样的规则也许我们可以按照以下方式来测试：从锂、钠和钾中选择原子半径最大的元素。在这种情况下，学习者必须确定所有这些元素都属于同一族，钾原子在该族中处于最低位置，但钾原子的原子半径最大。这种学习会让学习者获得一种程序性知识，以此他们可以判断一个化学元素族中哪一个元素的原子半径最大，因为他们已经知道在同一主族中从上到下，原子半径增加。这一程序性知识适用于元素周期表中原子间的任何组合。除了让教师知道学生是否已经了解规则之外，这种评价还会为规则的程序性应用提供反馈。

注　释

[1] Bloom, B. S. (1956). *Taxonomy of Educational Objectives: The Classification of Educational Goals*. New York: D. McKay. 已经修订为记忆、理解、应用、分析、评价和创　造。参见 Anderson, L. & Krathwohl, D. (Eds.) (2001). *A Taxonomy for Learning, Teaching, and Assessing: A Revision of Bloom's Taxonomy of Educational Objectives, Complete Edition*. Columbus: Merrill. 这样做的最终结果是可以互换示例中的第五项和第六项。在此示例中，我们认为最后一项是最具挑战性的。关于分类法的一个普遍困惑是它与难度相对应。如背诵总统名字或背诵宗教经书都属于分类学中的"最低"水平。回应"昨晚晚餐怎么样？"则是一种评价行为。

[2] Kubiszyn, T. & Borich. G. (2007). *Educational Testing and Measurement: Classroom Application and Practice* (8th ed.). Hoboken, NJ: Wiley/Jossey-Bass.

[3] Karpicke, J. D. & Roediger, H. L. (2008). The critical importance of retrieval for learning. *Science*, 319, 966-968.

[4] http://en.wikipedia.org/wiki/Understanding_by_Design [2009-03-23]; Wiggins, G. P. & McTighe, J. (2005). *Understanding by Design* (2nd ed.). Alexandria, VA: Association of Supervision and Curriculum Development.

[5] Beilock, S. L. & Carr, T. H. (2005). When high-powered people fail: Working memory and "choking under pressure" in math. *Psychological Science*, 16(2), 101-105.

[6] http://www.oneplanegolfswing.com/oneplanemembers/Tour_Pros/Tiger-Woods/index.jsp [2009-03-23].

[7] Hitz, R. & Driscoll, A. (1988). Praise or encouragement? New insights into praise: Implications for early childhood teachers. *Young Children*, 43(5), 6-13.

[8] Ericsson, K. A., Krampe, R. T. & Tesch-Römer, C. (1993). The role of deliberate practice in the acquisition of expert performance. *Psychological Review*, 100(3), 363-406.

第十章
注重思考

在任何一本认知心理学或教学设计方面的书的索引中，你都不太可能找到"思考"这样的条目[1]。但你问一个大学理科教师，他们对学生的预期目标包括什么，你几乎总是听到"教他们如何思考"。在维基百科上查一下"思考"这个词，你会发现"……让人们根据他们的目标、计划、目的和愿望来模拟世界并有效地应对世界"。你手头的词典中可能会给出几个不同的定义，所有这些你都听说过，并且能够关联起来。

统一学习模式中的"思考"指的是什么？在第三章中，我们已经提到批判性思维和解决问题是为了在工作记忆中寻找新的感观输入（新的信息），并将现有的感官输入重组和转换为不同的配置，以便进行模式匹配。当我们希望学生用所学的知识来解决问题或回答问题时，课堂上我们需要思考这些东西。我们希望他们能够"思考"自己的答案，而不是简单的死记硬背。

我们也希望学生思考他们正在学习的东西。在这样的语境下思考意义会有所不同。这意味着学生要理解他们正在学习的东西。学生需要将新知识进行转换，并把它与已有知识联系起来，最终将其变成自己的知识。将先备知识提取出来并与新知识进行模式匹配，可以帮助学生将正在学习的知识置于一定的语境中，便于理解。

思考涉及工作记忆。当我们学习新事物时，新材料的内部负荷可能会使我们无法对当前工作记忆中活跃的信息进行最简单的处理。虽然我们可以成功地学习如何去做我们现在需要做的事情，但我们并非真正有机会去了解我们为什么要这样做，或者我们所做的事情与我们知道的其他事情有什么关系。[2]

鼓励学生思考需要记住三件事：学习需要重复；学习需要联系；学习可能不费力气，也可能需要努力。在一节课结束的时候，复习已学内容，并将新知识与其他东西联系起来，正如我们提到过的几个例子。这与重复和连接的规则非常吻合。情景通常是随意的，而这样学到的知识会储存在情景记忆中。这样的学习是很轻松的。如果学到的知识没有以某种方式得到强调，它就会成为变幻莫测的情景记忆。我们想给出一些具体的、值得关注的建议，旨在帮助学习者实现从情景记忆到语义记忆的转换。

令人惊讶的是，在认知负荷理论的发展中，"生成认知负荷"（germane cognitive load）已经成为教学设计研究的一个主要领域。我们大致上可以把生成认知负荷视为"思考"。20 世纪 90 年代才出现"生成认知负荷"这一概念。因此这方面的文献比较少。我们将先呈现具体内容思考的某些重要方面，然后才是概述。

统一学习模式中的批判性思维和问题解决既包括继续搜索新的感官输入（新信息），也包括将现有的感官信息进行重组并转换成不同的配置，为从长时记忆中提取信息进行模式匹配。

一、具体内容思考

每门学科的人都有自己的思维方式。医生有医生的思维方式，律师有律师的思维方式，警察有警察的思维方式，等等。假设你在讲授一门高中或大学的学科，你需要熟悉这门学科的思维方式，并努力把它传达给学生。

例如，在有关碳化合物的化学学科中，我们期望分子中的每个碳原子与其他原子都有 4 个化学键或连接。有机化学家会自动检查这个。当分子中的一个碳原子有多于或少于 4 个化学键时，我们要么预测这个原子的特殊反应性，要么怀疑这个表述出现了错误。在数学中，我们知道方程式中的一个数乘以 1，该数仍然保持不变。有些 1 的写法会显得人很聪明。比如，我们可以把 1 写成 $\sin x \div \sin x$。在研究群居动物时，我们期望有一个"领袖动物"，即大多数或所有其他动物都服从它的领导。在研究经济学时，我们希望储蓄等于支出。在研究心理学时，我们期望受到奖励的行为更频繁地发生。在研究病毒性疾病的传播时，我们需要考虑空气传播机制。我们期望孩子们的饮食习惯更像他们的父母，而不是别人。

每个学科都有自己的规则，有时这些规则可能非常复杂，有时这些规则很简单，但不容易验证。比如，只要给出四种颜色，就可以给一个地图着色，并做到任何两个相邻的地方的颜色都不同，这就是所谓的四色定理。虽然这个定理在 1852 年首次提出，但直到 1976 年才被证明，该定理对其他一些事物的改进及一些事物的证明策略都有所帮助。[3]

二、要求学生对学习结果抱有期望（期望驱动法）

在期望驱动法中，学习者需要预期一个学习结果，然后将这个期望与结果反馈相匹配。伦克尔（Renkl）在研究概率时提出了这种方法。[4] 另一项研究在要求学习者看到机器的动画之前预测机器的运转情况时，也发现了类似的结果。[5] 我们认为，科学教育中使用的差异性事件（discrepant event）会使人产生情境兴趣。在这个数列中，教师指出她将做 xyz 实验，并要求学生预测结果。然后教师做 xyz 实验，学生将他们的预测与实际结果进行比较。正如标记所示，一些事件都是经过挑选的，以至于各种预测通常都被证明是错误的。也就是说，因为事件是经过选择的，所以学生可能做出的各种预测与实际结果之间就会存在差异。例如，一个重物挂在橡皮筋上，教师说："如果我用吹风机的热空气加热橡皮筋，会发生什么呢？"学生们通常预测橡皮筋会变软，重物的高度会下降（也就是说，橡皮筋会伸长）。事实上，橡皮筋会收缩，重物的高度会上升，除非你持续加热直至毁坏它。如果演示得到位，结果可能会更复杂。[6]

根据统一学习模式，期望驱动法为构建新的组块和建立新的联系提供了机会。差异性事件往往会引起注意，所以它们可以把学生的注意力集中在学习材料上。当学生发现自己的预测和结果之间存在差异时，他们有机会检查和转换自己现有知识中的一些不正确的联系。判断这些不正确联系的依据是由结果差异提供的新信息。这种差异会弱化与新信息不一致的组块中的现有要素，并加强包括所取得的学习结果在内的新联系。后续讨论有助于进一步弱化不正确的知识，加强新的联系。

阅读本书的每个人都很可能使用期望驱动法来建构意义。娴熟的读者会自动预测自己将要阅读的内容。通过看书名他们就可以做出自己的预测。他们通过章节标题、副标题和作者所使用的插图来预测一个章节的内容。优秀的读者在阅读时，会确认或推翻自己的预测，有时会重新阅读，以确保自己读懂了每一个句子或段落。对于初学阅读的人或有阅读困难的任何年龄段的学生来说，这种反复的行为都不是自然而然的。这些孩子需要明确的指导并练习在阅读时如何做出预测。如果阅读新手在预测阅读内容时感觉更容易了，那么他们就会开始把更多注意力放在检测自己对内容的理解，以及解决预测差异问题（如果差异存在的话）。

三、教师创建子目标（解析内部认知负荷）

当学习任务非常困难时，教师、培训师或教学设计师可以做什么？标准的方法是将任务细分为一些子任务，这样学习者的工作记忆容量就不会因为新输入的信息而出现过载。根据认知负荷理论，应减少每个子任务的内部负荷，使每个子任务均在学习者的掌控范围内。根据统一学习模式，须确保要学习的数量不超过学习者的工作记忆容量。正如我们已经讨论过的，学习者的先备知识越多，其工作记忆容量也就越大。因此，知识更渊博的学生可以处理更多新输入的信息，可以进行更复杂的信息操作。维果茨基指出，学习材料需要适合于学习者的能力，以匹配学习者的最近发展区。一些研究者详细介绍了如何用这种教学方法解决复杂问题，卡特拉邦（Catrambone）就是其中一位。[7] 这种方法也解释了如何通过使用样例取得教学上的成功。当学生看到（或记忆）一个已解决的问题时，可以把问题解决的步骤作为子目标，并利用它们减少整个内在认知负荷。

子目标可能因为不同的因素而凸显重要性。初学者在学习时脑容量几乎达到满负荷，没有多余的工作记忆容量可以用来"思考"正在处理的问题，以及判断当前的步骤和目标与其他步骤和目标是否相适应。温尼（Winne）说这是自我调节给初学者带来的负荷。如果学习者自身需要管理太多的学习环境，那么他们可能无法投入足够的认知容量进行信息的转换，以及在信息间建立联系，最终也就无法实现有效学习。

四、移除脚手架

当学生更擅长解决某一特定领域（如阅读）的问题时，他们的思维会在教学支架降低或移除时得到改善。20世纪80年代，皮尔逊（Pearson）和加拉格尔（Gallagher）称之为"扶放有度教学模式"。[8]"扶放有度教学模式"（Gradual Release of Responsibility Model of Instruction）这一术语正从"行为方式"逐步转变为一种用于增强思维能力的教学策略。[9]教师在教学中完全放手或逐步放手，是帮助学习者决定何时应用特定策略的一种非常有效的技巧。研究表明，与其他方式相比，各种各样的教学选择能更快地支持和促进学习。交互式教学，即个人在小组中承担教学角色，显得特别有效。[10]

五、让学生设想学习结果

用两种方式来想象某种心理运动过程：你想去哪里，或者你将如何到达那里。例如我们可以想象教别人掷飞镖的情景。从内在心理上说，你要求他们集中精力掷好飞镖。从外在行为上来说，你要求他们瞄准目标，并尽一切可能击中目标的中心。有篇文献在综述了大量研究后发现："注意力的外在集中（即聚焦动作效果）比注意力的内在集中（即聚焦动作本身）产生的效果更好。"[11]提高认知技能方面的研究结果与提高心理运动技能方面的研究结果类似，但结果好坏参半。[12]对于有合适图式的学生来说，设想可以充分发挥作用。对于那些没有图式的学生来说，设想并不是那么有效。这似乎和温尼谈到的认知负荷问题是一样的。也就是说，当一个初学者使用的认知容量已经接近工作记忆容量的最大限度时，就没有额外的认知容量用于设想所需要的那种思维。然而，一旦过了这个阶段，设想就会成为提高学习成绩的一种有用的思维工具。

六、采用认知"神器"

20世纪50年代，随着人造卫星的发射，美国人重新燃起了对科学教育的兴趣，其中的一个变化就是开始重视学生的计算能力。计算尺是理工科学生必备的工具。我们从一个人皮带上挂着的计算尺盒便可以知道他或她的职业。当时已经有了用电的计算器。使用门罗计算器（Monroe calculator）在当时是身份的象征。王氏实验室创始人王安发明了一种电子计算器。1972 年，世界上第一个袖珍计算器——来自惠普公司的 HP-35 问世，使得其他一切计算器都相形见绌。科学教育文献开始充斥着关于计算器的使用，以及这种使用是否公平的论文。很快，由于计算器的价格降到了和教科书一样的水平，学生们开始期望拥有计算器。今天，高质量的图形计算器比大多数科学教科书还便宜一些。

另一件事发生在后人造卫星时代：科学课程开始期待那些所谓的"精英"学生进行大量的计算。在 20 世纪末期，很显然，在不理解数字含义的情况下学生也能够进行精确计算。这种通过大量练习提高计算能力的方法被称为"算法"，"算法"在当时变成了一个令人反感的词。

唐纳德·诺曼（Donald Norman）把我们用来使认知活动变得更容易的工具称为"认知神器"。[13] 他特别强调：这些工具可以改变任务。几十年前，一个刚毕业的工程师就可以通过解微分方程谋生。虽然这项技能现在仍然很重要，但解微分方程的过程已经发生了很大的变化，以至于仅仅拥有这一技能并没有多大价值。像 Mathematica 这样的计算软件就能够完成这样的任务并显著提高学生的智力水平。[14] 萨洛蒙（Salomon）指出，技术工具可以产生两种效果。

就像诺曼所说的认知神器一样，技术工具可以帮助学习者取得更好的成绩。整个人类的专门技术，即人类具备的工具系统比个体的专门技术或者说单个工具都要强。下面我们来看看技术是如何影响使用技术的人的。有些东西，如基于计算机的写作助手可以给学生一些写作提示，并配有文字处理器。它可以帮助学生写出更好的文章。此外，借助于写作助手，学生有可能成为更好的作家。萨洛蒙认为，要使这一切发生，技术工具需要激活更高层级的思维或给学习者提供更高层级的技能模型，供其学习。[15]

七、专家式的刻意练习

专家是因为做了哪些事而成为专家的？除了做其他事情外，专家还要例行常规。[16]

我们经常听说，有些人被赋予了独特的才能。或许的确如此。但正如我们已经指出的，天赋可能是教师想要删除的一个词。如果你接受这个术语，那么最好把天赋视为通过生活获得的东西，而不是出生自带的。

我们在研究专家时，都有会以下几个方面的发现。专家通常有家人或朋友的外部支持。[17]他们可以通过图书馆等处的资料获得先前的专门技术。他们有自己的导师或教练。也许最重要的是，他们会进行所谓的"刻意练习"。[18]两位著名的运动员——迈克尔·乔丹和老虎·伍兹，都因为平日大量的练习而为我们所熟知。运动员在练习的时候，很显然我们是可以在一旁观看的；而作家、外科医生或管道工在练习的时候我们是看不到的。

日常练习和刻意练习有什么区别？在日常练习中，你试图将一些过程自动化；在刻意练习的时候，你在工作记忆中对信息进行加工，目的是开发或改变信息加工流程。刻意练习时你会思考你所做的事情的一些细节，可能是为了改变它们。我们已经不止一次地提到老虎·伍兹通过改变自己的挥杆动作以便达到不同的距离。[19]

改变已经自动化了的信息加工过程存在的问题是，这些信息加工过程不会进入工作记忆，因此不会占用空间。为了改变某一自动化的过程，我们必须有意识地把它带入工作记忆，从而可以对信息加工过程的某些方面做一些处理。在很多日常事务中，我们真的不想去思考我们在做什么，尤其是当我们成为专家的时候。泌尿科专家进行保留神经的前列腺切除术时，需要寻找和解剖周围的神经血管束。他们不可能会去想"如何握刀"或"如何控制机器人"。在成为外科医生之前，在离成为专家还很远的时候，他们确实必须思考如何握刀！这就是他们进行的刻意练习。如果他们发现自己的握刀技能正在下滑，那么他们需要再一次练习这一技能。

阅读基本上是每个人都需要的一种技能。优秀的读者也能通过刻意的练习获得更好的阅读效果。如果你正在阅读这本书，你的解码过程已经变得自动化了。假设我们教你一种新的阅读理解策略，其中包括提出和回答关于理论和实践之间关系的一些问题。当然，当你学会何时及如何使用新策略时，你必须思考阅读的内容。如果你的阅读理解仍然是无意识的，理解上没有任何问题，那么你将如何练习这个新策略，并知道什么时候使用它呢？一旦掌握了新策略，你就不会再去想自己的自动阅读技能了。有一种方法可以教给那些有阅读困难的读者，那就是让他们关注自己阅读理解的程序性知识。更具体地说，就是要讨论优秀读者是怎么做的。研究人员发现了优秀（或专家式）读者的一些做法。通过理解专家式读者所使用的自动化程序而获得的知识，会成为那些阅读能力不强的读者练习阅读的蓝图，从而提高他们的阅读能力。[20]

八、概念转变

概念转变在教育领域受到格外的关注无外乎两个原因：首先，大多数教育，尤其是科学教育的目的是让学生对材料有概念上的理解，而不是简单的死记硬背。其次，许多教师，尤其是科学教师，担心学生带着从日常经验中形成的错误概念来到教室，而教师经常需要努力改变这些既存的错误概念。学生们竭尽全力抓住现有的概念不放，而不是去转变它们。[21]学习者在面对与自己当前概念观不一致的信息时，往往会忽略新信息，或者是将新旧知识分隔在不同的组块中，心里不停提醒自己，"这种情况下，只有 X 表现得像 Y，而 Z 不像"。换句话说，这就好比说："在学校要提醒自己，说 Y 而不是 Z，否则你就错了。"

相当多的实证和理论研究都试图解释概念转换，这一点在很多新近发表的综述或理论文章中都有体现。[22]在第三章我们广泛讨论了如何通过分组块来学习概念。根据统一学习模式，概念是根据大数定律，通过重复来强化知识组块的核心特征而形成的。因此，概念的强度取决于它被重复的次数。假如从日常经验中获取的组块知识或概念经常被重复，从统一学习模式的角度来看，学生紧紧抱住现有知识不放一点也不奇怪，即使现有知识在技术上是错误的。[23]就像改变已自动化的程序性知识或习惯性行为一样，改变高度强化的、已存在的陈述性知识组块也是非常困难的。

正如我们在第三章中所讨论的，改变自动化的程序性知识需要"刻意练习"。把自动化的程序性知识带入工作记忆，注意力就可以集中在程序性知识上。而对于已存在的概念性知识而言，情况并不是很相似，因为作为陈述性知识的概念总要提取到公众记忆中的，它与实现自动化的程序性知识完全不同，因为它们会绕过工作记忆。让学生知道这种误解并不难。

根据工作记忆的联系规则，如果工作记忆中有两个独立的知识，那么它们是会联系在一起的。因此，当某个学生将长时记忆中已存在的某个知识组块提取到工作记忆中时，新旧知识就会联系在一起。根据重复规则，如果新知识没有得到重复，那么相对于现有知识而言，它的强度会很快减弱。如果新旧知识是相互排斥的（即新旧知识相互抵触），则要么通过主动抑制清除新知识，要么将新知识分割成新的组块。比如，随着狗和猫的信息冲突越来越多，人脑就从动物中分出了狗和猫两个不同的组块。这个过程解释了两种现象：一是学生只是忽略了相互冲突的概念信息；二是学生将信息划分为学校和真实世界两大类别。

不幸的是，与其他有关概念改变的理论一样，统一学习模式并没有就如何面对学生的一些错误概念，以及应该如何更准确地理解概念给出"便捷的"答案。正如第三章所讨论的，提供概念的最佳范例，并教会学生把注意力集中在概念中那些突出的核心知识要素上，将能使其更快、更准确地构建精确的概念组块。在低年级，也许教师能做的最好的事情就是让学生获得一个精确的"替代"概念组块，即使它可能被划分到了学校组块。随着学生在校学习的不断进步，将会有更多的机会反复遇到精确的概念性知识。希望这样可以强化正式的知识，使其最终取代旧的、朴素的概念。

正如我们前面讨论的，差异性事件也许可以用来突出替代概念之间的差异。当然，学生将两个矛盾的概念一起带入工作记忆的次数越多，基于重复的概念形成过程就会越快。任何教学活动，从示范到动手实验或练习，都将使学生思考知识和任何需要解决的矛盾，增加概念转变、重复学习，以及建立新联系的次数。但是我们不能确定这些方法是否会导致对旧的知识组块的替换，而不是组块的划分。

注 释

[1] 参见 Anderson, J. R. (2005). *Cognitive Psychology and Its Implications* (6th ed.). New York: Worth Publishers; or Clark, R. C., Nguyen, F. & Sweller, J. (2006). *Efficiency In: Evidence-Based Guidelines to Manage Cognitive Load.* San Francisco: Pfeiffer.

[2] Winne, P. H. (1995). Inherent details in self-regulated learning. *Educational Psychologist*, 30, 173-188.

[3] http://en.wikipedia.org/wiki/Four_color_theorem [2009-03-23].

[4] Renkl, A. (1997). Learning from worked-out examples: A study on individual differences. *Cognitive Science*, 21(1), 1-29.

[5] Hegarty, M., Kriz, S. & Cate, C. (2003). The roles of mental animations and external animations in understanding mechanical systems. *Cognition and Instruction*, 21(4), 209-249.

[6] http://demo.physics.uiuc.edu/lectdemo/scripts/demo_descript.idc?DemoID=578 [2009-03-23].

[7] Catrambone, R. (1998). The subgoal learning model: Creating better examples so that students can solve novel problems. *Journal of Experimental Psychology: General*, 127, 355-376.

[8] Pearson, P. D. & Gallagher, M. C. (1983). The instruction of reading comprehension. *Contemporary Educational Psychology*, 8(3), 317-344.

[9] Reisslein, J., Reisslein, M. & Seeling, P. (2005). WIP: Effectiveness of worked examples and fading in introductory electrical circuit analysis for learners of different ability levels. Paper presented at the Frontiers in Education, 2005. Proceedings 35th Annual Conference, Indianapolis.

[10] Palincsar, A. S. & Brown, A. (1984). Reciprocal teaching of comprehension fostering and monitoring activities. *Cognition and Instruction*, 1, 117-175; Brown, A. L. & Campione, J. C. (1994). Guided discovery in a community of learners. In K. McGilly (Ed.), *Classroom Lessons: Integrating Cognitive Theory and Classroom Practice* (pp. 229-270). Cambridge, MA: The MIT Press.

[11] Wulf, G. (2007). Attentional focus and motor learning: A review of 10 years of research. *E-Journal Bewegung und Training*, 1, 4-14.

[12] Cooper, G., Tindall-Ford, S., Chandler, P. et al. (2001). Learning by imagining. *Journal of Experimental Psychology Applied*, 7(1), 68-82.

[13] Norman, D. A. (1991). Cognitive artifacts. In J. M. Carroll (Ed.), *Designing Interaction* (pp.17-38). Cambridge: Cambridge University Press.

[14] http://www.wolfram.com/products/mathematica/index.html [2009-03-23].

[15] Salomon, G., Perkins, D. N. & Globerson, T. (1991). Partners in cognition: Extending human intelligence with intelligent technologies. *Educational Researcher*, 20(3), 2-9.

[16] Kiewra, K. & Creswell, J. (2000). Conversations with three highly productive educational psychologists: Richard Anderson, Richard Mayer, and Michael Pressley. *Educational Psychology Review*, 12(1), 135-161.

[17] Gardner, H. (1998). *Extraordinary Minds*. New York: Basic Books; Gladwell, M. (2008). *Outliers: The Story of Success*. New York: Little, Brown, and Company; Bloom, B. S. & Sosniak, L. A. (1985). *Developing Talent in Young People*. New York: Ballantine Books.

[18] Ericsson, K. A., Krampe, R. T. & Tesch-Römer, C. (1993). The role of deliberate practice in the acquisition of expert performance. *Psychological Review*, 100(3), 363-406; Ericsson, K. A. (2006). The influence of experience and deliberate practice on the development of superior expert performance. In K. A. Ericsson, N. Charness, P. J. Feltovich et al. (Eds.), *The Cambridge Handbook of Expertise and Expert Performance* (pp. 683-703). New York: Cambridge University Press.

[19] http://www.oneplanegolfswing.com/oneplanemembers/Tour_Pros/Tiger-Woods/index.jsp [2009-03-23].

[20] Paris, S. G., Cross, D. R. & Lipson, M. Y. (1984). Informed strategies for learning: A program to improve children's reading awareness and comprehension. *Journal of Educational Psychology*, 76, 1239-1252; Pressley, M., Borkowski, J. G. & Schneider, W. (1987). Cognitive strategies: Good strategy users coordinate metacognition and knowledge. In R. Vasta & G. Whitehurst (Eds.), *Annals of Child Development* (Vol. 5, pp. 89-129). Greenwich, CT: JAI Press.

[21] Chinn, C. A. & Brewer, W. F. (1993). The role of anomalous data in knowledge acquisition: A theoretical framework and implications for science instruction. *Review of Educational Research*, 63, 1-50.

[22] Vosniadou, S., Baltas, A. & Xenia, V. (Eds.) (2007). Reframing the conceptual change approach in learning and instruction. New York: Elsevier Science; Ohlsson, S. (2009). Resubsumption: A possible mechanism for conceptual change and belief revision. *Educational Psychologist*, 44(1), 20-40; the entire 1st issue of volume 44 of *Educational Psychologist*; Ohlsson, S. (2009). Resubsumption: A possible mechanism for conceptualchange and belief revision. *Educational Psychologist*, 44(1), 20-40; Chi, M. & Brem, S. (2009). Contrasting Ohlsson's resubsumption theory with Chi's categorical shift theory. *Educational Psychologist*, 44(1), 58-63.

[23] 虽然人们对概念的变化很感兴趣，但人们对"知道"和"相信"的区分由来已久。人们对"知识"和"信念"的区分方式各不相同，其中有一种方法是依据看法的坚定程度对两者进行区分。对这个问题的讨论远远超出了本书的写作目的。马卡姆（Markham）所著的《知识的表征》对此做了非常有意思的初步探讨，参见 Markham, A. B. (1999). *Knowledge Representation* (pp. 72-75). Mahwah, NJ: Lawrence Erlbaum Associates.

第十一章
鼓励自我调节

你可能听说过很多有关学习策略，以及教学生如何更有效学习方面学生自我调节的讨论。然而，自我调节的范围远不止于此。从我们对统一学习模式中学习的描述中可以清楚地看出，统一学习模式的核心内容就是学生的自我调节。学生是分配工作记忆和建构知识的主体。教师和教学设计者可以帮助学生管理他们的工作记忆分配，并创造有助于直接注意和支持动机的条件。然而，最终还是需要学生管理和调节自己的课堂参与、学习材料，以及教师提供的活动。

一、五个学生画像

课堂上学生自我调节意味着什么？如果你是一名教师，想想你通常遇到的学生。瑞秋（Rachel）是一个勤奋的"好"学生。她努力学习，采用有效的研究与学习策略，以取得好成绩为目的去学习，关心自己做得好不好，但也想加深自己对知识的理解。她在课堂上很活跃，问问题，需要帮助时会寻求别人的帮助，按时交作业，从不存在行为问题。总而言之，她就是我们心目中的理想型学生。她可能正在修荣誉课程或大学预修课程。她也许是为毕业典礼致辞的优秀学生。她可能是我们都希望成为的典范。

山姆（Sam）在学习和完成任务时似乎都很轻松。我们可能很少看到他积极学习，但他似乎总是在阅读或在网上查找东西。他真的想学东西。他会在图书馆或网上花几个小时追踪他感兴趣的东西。他会深入研究每一件事，喜欢挑战。他在课堂上很活跃，经常问问题。有时候山姆提出的问题是最好的，因为这些问题是真正深入阅读材料才提出的。他很少寻求帮助或需要别人的帮助。当他抱有兴趣时，班级里他会表现得最好，取得最好的成绩。但是，当他感到厌倦的时候，在完成作业或交作业上他就会松懈。当他认为某件事会让他变得很忙碌时情况尤其如此。当有机会学习新事物并让自己成长时，他可能与其他学生一样开心，但是如果事情进展太过缓慢，他会变得很痛苦。他甚至可能在无聊时成为班上的小丑。

卡罗尔（Carol）是一个勤奋的学生，和瑞秋一样勤奋。不过，卡罗尔似乎没有得到与瑞秋相同的结果。她学习很努力，但并不总是很有效。学习上她主要是记忆基础知识。她很少深入理解材料。她从不自学。她在课堂上问的问题主要是关于考试的内容，或者是想从教师那儿知道什么是重点。她并不是真的对学习感兴趣或主动去学习。卡罗尔不会惹是生非，而且似乎总是在学习或研究，但她很少脱颖而出。她学得也算多，但很少出类拔萃。她考试也考得不错，但无法从课程中学到太多东西。她并不是真的对做额外的事情或参加额外的活动感兴趣。在很多方面，我们甚至可能不太了解卡罗尔。她是那些只做功课不惹麻烦的普通学生中的一员。通常我们不会给予他们太多的关注。

总体来说，戴夫（Dave）根本不喜欢上课，甚至不喜欢整个学校教育。他学得很少，只够勉强通过考试。他似乎对你所做的任何事情都不感兴趣或心不在焉。他可能来也可能不来上课。他可能好斗或爱捣乱，但更有可能只是坐在教室后面无所事事。你希望找到一种适合戴夫的学习方法，但似乎没有什么能真正打动他。他的考试成绩充其量也只是在及格边缘。

最后是鲍勃（Bob）。鲍勃看起来总是很焦虑。上学对他来说不是一段愉快的经历。他不明白你在教什么，他似乎不知道如何研究、如何有效学习。他希望你，也许还有他的同学能给他很多帮助。他找了很多借口，试图逃避做一些事情。他看起来不太聪明，或是担心自己不够聪明。上学对鲍勃来说是一段很不好的经历。他经常考试不及格，似乎浪费了很多时间。他缺乏自信，也不指望自己可以干得好。文献中有个词可以用来形容鲍勃：习得性无助（learned helpless）。

你的班级里可能还有其他类型的学生，但我们猜测你的大多数学生都脱离不了这五种原型。我们之所以对他们做了这样的描述，是因为有研究正在开始明确这五种自我调节，以及驱动这些自我调节的一些激励因素，而这些激励因素从小学到大学在学生中都是很常见的。[1][2]

二、学生动机与自我调节的五种情况

表 11.1 显示了与上述五名学生相关的、动机驱动的策略性自我调节中一些变量的具体情况。

表11.1　动机驱动的策略性自我调节情况

具体情况	策略性 瑞秋	知识建构 山姆	浅层学习 卡罗尔	漠不关心 戴夫	习得性无助 鲍勃
策略性自我调节行为					
一般学习策略	是	否	是	否	否
深度学习策略	是	是	否	否	否
提问	低层级与高层级	仅高层级	仅低层级	没有提问	仅低层级
寻求帮助	自适应性	否	自适应性	权宜之计和采取回避态度	权宜之计和采取回避态度
缺乏自我调节	否	否	是	否	是
学习时间与努力	多	少	多	少	少
动机					
表现目标	几乎达到	没有	回避	回避	回避
学习目标	几乎达到	几乎达到	回避	回避	几乎达到
任务目标	几乎达到	几乎达到	几乎达到	回避	回避
成功期望	中等	高	低	中等	低
手段—目标期望	努力	凭兴趣	努力	无	看运气 看任务难度
自我效能感	强	强	弱	中等	弱
结果期望	获得好成绩并学到知识	仅学到知识	仅获得好成绩	无	获得好成绩并学到知识
兴趣	强	强	弱	弱	中等
情绪/情感	积极	积极	消极	无	消极
焦虑水平	中等	低	高	低	高

这些自我调节情况反映的是课堂上相对稳定的学生动机与自我调节模式。

它们可以被视为一种动机与自我调节的风格，一种学生喜欢的上课方式。然而，尽管这些自我调节情况反映的是一些相对稳定的模式，但把它们看作是情境性的，而不是固定的特征或固定的学习风格会更恰当。实际上，所有学生都具备自我调节所需要的动机与自我调节知识。

学生可以在单次课或多次不同课，以及不同学科领域改变自己的自我调节情况。我们当中有一位作者曾与一名大学运动代表队的运动员有过交集。这位运动员每天锻炼 5 ～ 6 个小时。很明显，他在按照某一策略努力提高自己的运动技能。然而，作为一名应以学习为己任的学生，他在学习上却表现得漠不关心。当被问及他是否认为，如果课堂上他花同样的时间和精力他会是一个更好的学生，他的回答是否定的。我们可能都遇到过类似的学生。有很多学生在除数学以外的其他所有科目上的表现都跟瑞秋一样，而在数学上他们的表现与戴夫一样。有一个貌似有理的故事，讲的是一个学院院长给他的物理系主任打电话，说有个本科生有些特殊，他一直不上体育课，院长表示："如果你不告诉我施温格（Schwinger）有可能获得诺贝尔奖，那么他就得离开这里。"这位物理系主任则表示支持该生。该生后来完成博士学位的一些相关事迹曾经被报道过。施温格类似于上面提到的山姆或鲍勃，后来他的确获得了诺贝尔奖。[3] 这个世界需要多样化的人。

这些自我调节情况中的动机和自我调节知识就像其他记忆一样，通过与课堂环境中特定的感觉线索进行模式匹配的方式从长时记忆中提取出来。随着课堂环境随时间或主题的变化，我们可以预期将会有不同的自我调节情况中的动机与自我调节知识被提取出来。我们在前面的第三章和第四章讨论了动机和知识是如何在工作记忆中动态建构的。特定的动机知识组块，包括目标、手段—目标期望、结果预期、自我效能、兴趣等等，都会被提取出来，并使得五种自我调节情况出现这样或那样的动机模式的建构。随后，这种动机建构会为一些相关的自我调节行为与努力提取线索。

这些动机和自我调节模式都是长时记忆中的知识。随着我们的期望、自我效能和其他动机组块变得更稳定，针对常见的课堂环境、主题及任务我们会获得一些更稳定、可重复出现的、典型的动机模式。自我调节行为，如学习策略、提问和其他形式的课堂参与，都属于程序性知识。与任何程序性知识链的形成一样，这些行为会与一些典型的课堂与学习情境联系在一起。例如，学生在阅读时通过使用学习策略已经可以获得自己想要的学习结果或其他的一些结果。典型的动机模式会驱动自我调节策略的使用，特定的策略模式从而会让学生对想要达到的课堂目标的有效性表现出手段—目标期望。有时策略实施的有效性需要与学生进行明确的讨论，以便判断该策略是否成功。那些花了比预期更长的时间努力学习的学生，很多时候并没有意识到他们的策略使用确实是成功的，因为过去的经验告诉他们其使用的策略都是失败的，特别是当他们的策略选择对特定的学习任务无效时。

随着时间的推移，这些典型的动机和自我调节模式作为学生课堂参与和学习的"默认"方法会被重新提取出来。这些基于知识的模式在工作记忆中与课堂的情境性环境相互作用，从而引起特定的、受动机驱动的、学生在任意特定时间使用的自我调节。如果学生像瑞秋或山姆一样，具备了自己的策略或知识建构方法，那么这些方法可以帮助他们在面对环境中遇到的困难时保持持续的学习动机，并将工作记忆分配到合适的学习目标上。如果学生像戴夫和鲍勃那样，对遇到的问题漠不关心，或是在学习中感到无助，他们将置身于失败的边缘。

对这些自我调节的研究才刚刚开始。基于我们对知识组块和自动化程序形成原理的了解，我们可以推测，对幼儿而言，这些自我调节可能更具可塑性。随着孩子长大，我们期望这些模式变得更加稳定。我们还可以推测，无论什么课程、无论什么主题，这些模式都很可能会变得更加一致。甚至各种自我调节本身也可能表现出不同程度的稳定性和普遍性。那些采用策略性自我调节的学生似乎在所有的课程中都遵循这种方法。好学生总体上来说似乎都是好的。其他一些自我调节情况，如习得性无助、缺乏兴趣，可能更多地局限在特定的课程或学科领域，如数学。然而，这些不太正常的自我调节情况可以用来描述某一学生对整个学校教育的态度。当然，我们也会遇到似乎对学校教育感到冷漠的"戴夫"，以及在大部分课程上迷失方向而且考试不及格的"鲍勃"。

三、教师可以做些什么？

由于各种自我调节行为都是由动机驱动的，因此教师所能产生的直接影响就是培养学生的积极动机，这一点在第七章已经讨论论过。为了激励学生更积极地参与策略性自我调节，以及知识建构的自我调节，教师可以集中精力让学生：

- 制定学习目标
- 形成手段—目标期望
- 形成结果期望
- 提升兴趣
- 保持积极的情感

这样做的目的在于把学生引向更积极的策略性自我调节和知识建构自我调节。培养这些动机模式也可以帮助学生摆脱那些不太正常的浅层学习、无动于衷的学习，以及习得性无助现象。

仅有动机本身是不够的。教师还必须帮助学生掌握一些有效的自我调节技能，包括适当的元认知和认知学习策略。目前已经有很多有关策略训练的方法可供我们参考，从中我们可以了解一些具体操作方法。[4]教师在阅读或解决问题时，也可以通过口头和书面的方式描述自己的思维过程来形成有效的学习策略和解决问题的策略。这些都是非常好的例子，可供学生模仿。思维过程的公开建模已经成为思维技能教学方法（如交互教学）的关键组成部分。[5]

除了具体的自我调节和策略训练外，还有一些环境方面的因素似乎也会对学生采用什么样的自我调节方式产生影响。[6]课堂上的掌握式目标结构似乎有助于学生采用知识建构这种自我调节方式。随着策略性自我调节、浅层学习自我调节，以及习得性无助现象的出现，行为表现目标结构既有可能让学生采用积极的自我调节方式，又有可能让其采用消极的自我调节方式。掌握式目标结构更有可能帮助学习者采用积极的自我调节方式。

学生的自我调节可以通过合作学习的方式来分享。[7]团队成员可以分享动机，相互激励，以此来弥补每个人在特定学习技能或自我调节策略方面的不足。这对于那些还在提升自我调节能力的年轻学生来说尤为重要。学生之间的协作越多，越有助于他们采用策略性自我调节和知识建构的自我调节。协作也会助长"习得性无助"情况的发生，因为这些学生会利用团队毫无建树的方式来掩盖自己的不足。虽然协作与合作可以让学生产生更有成效的动机，以及采用更积极的自我调节，但如果学生在出现习得性无助行为时没有受到密切的监控和得到适当的干预，协作与合作也就有可能使其采用一些不良的自我调节方式。如果教师能够设计一个包含个人和小组责任的任务，这种不正常的行为就可以避免，这个我们在讲协作活动之前已经讨论过了。每个小组承担的具体任务应该要划分出来，以明确每个学生将承担哪些子任务和责任。这些任务应该有助于小组一起努力，顺利完成协作学习的项目。

因此，在小组协作与合作的计划阶段应该要深思熟虑。教师应该考虑每一组学生的能力范围问题，以免面铺得太广。小组成员之间在能力方面存在一定的差异是可以的，但是如果成员能力差异太大往往会导致不公平，高水平的学生做了很多实际的思考，而低水平的学生只是负责一些图片方面的事情。明智的做法是，从一开始就为学生的参与设置参数，以及为他们提供大量适合不同阅读水平的书籍、材料、电子文本和操控手册。

四、小　结

因为对这些自我调节的研究还处于起步阶段，所以还有很多是有待发现的。特别是在课堂教学中我们应该怎样做才能帮助学生采用一些更积极的自我调节方式。我们认为，这些自我调节方式都具备一个共同点，即动机中的信念与情感实际上会激励某些行为模式。这些自我调节方式提供了一种有效组织各种动机和自我调节概念和变量的方式。它们还有助于我们理解动机差异是如何引起策略性自我调节的差异的。我们不能断言目前有的自我调节方式仅限于我们提到的这些，即使这些自我调节方式的确好像反映了大多数学生的行为方式。从小学到大学，我们都发现了同样的自我调节方式。因此，各级教师和教学设计者通过它们可以清楚地知道应该如何帮助学生成为更好的自我调节的学习者。

注　释

[1] Shell, D. F. & Husman, J. (2008). Control, motivation, affect, and strategic self-regulation in the college classroom: A multidimensional phenomenon. *Journal of Educational Psychology*, 100, 443-459.

[2] Moreno, R., Shell, D. F. & Pirritano, M. (2007). Factors predictive of mathematics performance: Diversity between and within White, Hispanic, and Native American children. Paper presented at the American Educational Research Association Annual Meeting, Chicago, IL.

[3] http://www-groups.dcs.st-and.ac.uk/˜history/Biographies/Schwinger.html [2009-03-23].

[4] Weinstein, C. E., Husman, J. & Dierking, D. R. (2000). Interventions with a focus on learning strategies. In M. Boekaerts, P. R. Pintrich & M. Zeidner (Eds.), *Handbook of Self-Regulation* (pp. 727-747). San Diego: Academic Press.

[5] Hacker, D. J. & Tenet, A. (2002). Implementing reciprocal teaching in the classroom: Overcoming obstacles and making modifications. *Journal of Educational Psychology*, 94, 699-718.

[6] Shell, D. F. & Husman, J. (2007). Multilevel influences of students' dispositions and perceived classroom goal structure on their motivated strategic self-regulation. Poster presented at the American Educational Research Association Annual Meeting, Chicago, IL.

[7] Cohen, E. G. (1994). Restructuring the classroom: Conditions for productive small groups. *Review of Educational Research*, 64, 1-35.

第十二章
管理课堂环境

就像我们学习阅读、数学和科学一样，我们也需要知道课堂对我们有什么样的期望，即课堂上我们应该做些什么。当你走进一个学习层级很高的教室时，教室里的结构布局是很清楚的。那些教室可能安静，也可能嘈杂。一位教师可能站在一个或几个正在积极进行小组活动的小组前面，也可能是站在没有进行分组活动的全班学生前面。然而，当你环顾四周时，所有的学生似乎都很投入。普雷斯利（Pressley）及其同事详细描述了发出什么样的嗡嗡声能产生良好的识字效果。[1] 这个效果不会自动产生，管理实践在其中发挥了非常重要的作用。由于学生需要学习管理期望，我们期望统一学习模式中的一些原理和规则适用于课堂管理问题，就像它们适用于学习内容一样。

一、基于目标的结构

在大多数教室里，尤其是小学教室里，如果学习活动实现了结构化，一旦学生完成了一项任务，他就会自动知道去做另一项待完成的任务，而不是被动地去做。小学教师应该阅读普雷斯利的重要著作《如何激励小学生》，以熟悉实现这一目标的方法。[2] 在这些情况下，教师制定的学习目标应该是相当开放的，而不是受限的，一旦成功完成，就需要有界定清楚的结果。学生们期望一个任务完成了自己能马上进行下一个任务，而不是由教师告诉他们该怎么做。朱莉安娜·特纳（Julianne Turner）同样发现，当学生有自主意识或有可自我选择的意识，并被提供最具挑战性的任务时，他们会有很高的积极性和参与度。他们可以讲出自己正在做什么，以及自己应该学习什么。[3]

我们之前已经强调了设定学习目标的重要性。但是，如果学生要及时完成作业和活动任务，那么完成任务的目标也是必要的。我们的经验是，即使对研究生来说，一个小小的任务结构通常也是有帮助的。有时候，"只要在此时间内给我一本书中间的任何60页"，就可以起草一篇博士论文了。有时候，"只要给我一个总结研究结果的章节，不需要任何解释性的东西，但要含有某一日期之前的所有数据和统计测试"，博士论文完成起来会更容易。如果贬低学习目标的价值，过分强调任务目标甚至行为表现目标就会引发问题。但是，学校是一个正式的学习环境，会有完成任务的要求及完成任务的截止日期，教师需要精心制定目标来激励学生坚持完成任务。

二、或有事项

世界也许是很残酷的。很多事情我们在做的时候都期望能有好的结果，但是最终结果却很糟糕。比如，一个家庭因飓风预报在疏散时死于一场离奇的车祸，但飓风最终却没有来。

然而，一般来说，生活中存在很多或有事项。在学校，多数情况下学生在学习之后很可能取得好成绩。经常训练的大学运动队通常会比那些没有训练的运动队表现得更好。一起玩桥牌的队伍通常会比新组合的队伍表现得更好。

或有事项也会让人难以捉摸。有时人在没有准备的情况下就成功了。例如，在申请人数非常少的情况下获得了一所大学的入学许可。有时，尽管准备充分，他们还是失败了。比如在每个名额都有很多竞争者的情况下，他们没有被录取（当你选择双簧管作为入学申请的乐器时，你怎么知道自己申请的名牌大学已经有两个演奏双簧管的新生了？）。

课堂上的或有事项是与目标相伴的。你需要知道完成或未完成课堂活动和作业的后果。你通过设置各种或有事项来管控这些后果。这就是要理解或有事项的非常重要的原因。例如，如果上课迟到的人从来没有被叫到，那么那些没有做好上课准备的人肯定就会迟到。

无论我们如何强调掌握的重要性，但它仍然是一个棘手的问题。在很多情况下（如五年级最不喜欢的课程、大学里必修的化学课、学校所要求的有关骚扰的教员研讨会），学生参与这些是因为某一规定、某个人或某一要求规定他们在场。正因为如此，学生很可能遵循的是任务导向而不是学习导向。最近，我们当中有位作者在上夜校课前到校园学生中心吃点东西，这时一名学生和她的数学教师坐在身后的桌子旁。那个学生告诉教师："我必须通过考试。我只想知道如何得到这些问题的答案。你知道，我以后再也不会用到这些东西了。"对于这种以任务为导向的学生，教师需要把任务完成之后可以得到奖励的各种或有事项讲得明确、具体。学生如果没有正当的理由为自己迟交作业辩解，那么在指定日期之后教师就不要再接收论文，而且一定要惩罚那些没有理由迟交论文的学生。面对学生合理的解释，好的教师几乎总能表示认可。也就是说，学生的有些借口是可以接受的。然而，要求越松，或有事项就越弱。请放心，学生会不断计算发生在自己身上的事情，以及发生在同学身上（或者他们认为发生在同学身上）同样重要的事情。有时候，外人会给出这样的建议："哦，他们从来不会这么做。"学生们会惊讶地发现，这些建议是错误的或过时的。要永远记住：学生计算或有事项，教师管理或有事项。坚持是你最好的选择。

三、结果期望

或有事项产生的是对未来的预期。行动产生结果，我们期待那些结果。这样的结果可能大也可能小。我的两个孩子之间曾有过一次对话，是关于一个他们所喜爱的，有点堂吉诃德式的数学教师，他最终帮助两个孩子都取得了成功。这位名叫 JB 的教师非常讨厌学生不停地转动铅笔。这些铅笔不可避免地会掉到地上，扰乱教学。当某个学生在教室里因旋转铅笔被他发现时，他会暴跳如雷。一天晚上，小一点的孩子讲述了那天在数学课上发生的事情。大一点的孩子说："哦，他讨厌课堂转动铅笔。我记得有一天有人转铅笔了，真是太可怕了。"是的，作为教师，你会因为你的成绩而为人所知，尤其是当你的成绩取决于某些具体的学生行为时。无论那种看似愚蠢的行为曾是多么的不由自主，但由于课堂转铅笔引起的后果"非常可怕"，因此数学课上这两个孩子从不转铅笔。

但关于同一位教师的另一个故事显示了事情是如何表现出两面性的。我那个较小的孩子数学非常好，经常在教室里感到无聊。有一天她在上课打瞌睡时被叫醒解答黑板上的一道题目，她就脱口而出："29。"JB 老师和班上的同学们都笑了。几分钟后，这道题目被推导到了 5^2+2^2 这一步时，同学们纷纷转向她，盯着她看。就因为这件事，JB 老师再也没有叫她回答问题了，除非她自愿回答。如果叫醒学生是为了确保他们专注于学习任务并搞懂所学的东西，那么对那些很有可能已经搞懂了的人就没有必要叫醒了。还不如直接说："谁已经搞懂了学习内容，想睡就睡吧。"更好的做法可能是创造一种环境，让那些想睡觉的人能够独立学习一些与数学相关的话题或挑战一些项目，或者为其他有学习困难的学生或因病缺课的学生担任导师。

四、课堂行为

课堂管理是一项复杂而又困难的任务，其涉及面远远超出了本书的范围。然而，与许多问题一样，统一学习模式的立场是很直接的——帮助学生学会自己期望的行为。我们指出的这套涵盖面十分广的、用于课堂管理的指导原则，是与统一学习模式相一致的。[4]

我们中有位作者回忆起自己两个孩子小的时候，大一点的那个与一群行为端正的学生在一个班，而小一点的那个在同一个学校与一群所谓的"野孩子"在一个班。当时来了一位新校长，他正着手系统地改进那个"野孩子"班级学生的行为。

行为举止已经成为大学课堂上的一个问题。学生在课上看报纸、聊天一直是潜在的问题，但这些情况与手机即时通信的影响相比就相形见绌了。今天讨论的其他问题包括对学生或教员的言语或身体上的威胁，以及对教师的权威或专业知识发生争执的事件。如今，大多数大学都有课堂行为规范，而在几十年前，这些东西根本不为人所知，当时最常见的行为规范就是"禁止吸烟"标志。

若想改变课堂行为，你首先需要弄清楚学生的不良行为可能导致的一些后果。然而，单单知道后果还是不够的。你需要让学生思考自己的行为。也就是说，行为举止的改变，和几乎所有其他与学校相关的事情的变化一样，需要调动工作记忆。学生需要关注工作记忆这一问题。在很多情况下，他们需要研究该问题（包括重复、反馈等）。

（一）教授预期的行为

用你教其他东西的方法来教你期望的课堂行为。如果你在讲授美国的各个州及州政府所在地，你可能会贴一张州地图，标出每个州的首府。如果你教的是化学，你可能会贴出元素周期表。如果你的课堂有管理规则或行为规则，那么你应该把它们张贴出来，对 K-12 学生来说尤其应该如此。

我们将用两个例子予以说明。假设你想引起一年级某个班级所有学生的注意，你可以用几种不同的方法解决这个问题。比如，教师不停地开、关电灯并一直保持沉默，直到所有的孩子都安静下来。那些还没有安静下来的会被已经安静下来的孩子（口头上）提醒不要再讲话了。再如，教师只是竖起两根手指，很快所有的孩子都伸出同样的两根手指。

我们再看看大学课堂。抄袭一直是大学课堂上的一个问题，从抄袭作业到抄袭要求完成的其他一些任务。随着全球互联网及售卖学期论文的营利性公司的出现，剽窃现象有增无减。事实上，现在教师们也可以通过网络检测、判断是否剽窃。[5] 几十年前，学生都必须知道什么是剽窃，以及剽窃是绝不允许的。如今，几乎每个大学都有关于剽窃的正式声明。[6] 此外，大多数学校都希望教师的课程大纲中要有关于剽窃的正式声明。[7] 如果你布置的学习活动会涉及很多引用，那么你必须明确告诉学生他们应该如何引用，并且告诉他们出现什么样的情况就算剽窃。

（二）处理学生不恰当的行为

作为一名教师，本章所写的很多内容都不是什么新鲜事。事实上，你现在可能会对自己说："我敢打赌他们从没见过像 ×××（此处填上你最不喜欢的学生的名字）这样的学生。"更糟糕的是，学生的一些不恰当行为已经变成了无意识的行为。也就是说，表现出这些行为的学生并没有真正地想要这么做。

你有没有这样的经历：你正在思考着什么，然后脱口而出一些事情，但你马上就后悔了，希望能收回刚才说的话？有时候，我们会自动处理一些事情，而不会去考虑结果会是怎样。口头讲出结果也许是无意识的。一旦完成思考，有些事情就会马上讲出来。然而，我们都曾遇到过这样的情况，即"说错话"。改变一种已经是无意识的不恰当行为是非常困难的。

针对不恰当行为，你会希望总是这样做——让学生思考自己的行为。想改变不恰当行为，就需要调动工作记忆。但事情并非这么简单。例如，很显然，若要应对课堂上的某一个学生，你就要停止与课堂上其他学生的互动。无论在公共场合做什么，都是为了让所有人学习。你所做的会改变所有其他的或有事项和所有的结果期望。也许在微积分课上发脾气有效果。像微积分这样的课程只会吸引那些想要学习的学生。在讲述 JB 老师的故事时我们已经指出过，适度的发脾气行为既有效又令人难忘。班级不同，学生也不同，也许针对某个班级的学生而言那样的方法会显得特别的愚蠢。也许，一个表现不好的学生可能会选择转铅笔的方式来让教师发脾气，也可以说是想要控制教师。更糟糕的是，一个什么都已经掌握了的学生在无聊的时候也会选择转铅笔而不是打瞌睡，从而引起教师发脾气。那么你会怎么做呢？更有效的做法是"你希望别人怎样对待你，你就怎样对待别人"，而不是"别人怎样对待你，你就怎样对待别人"。

（三）矫正很难

对于那些长期存在行为问题的儿童，统一学习模式建议采用类似于专家式刻意练习的方法去解决问题。一旦一种行为变成了无意识的行为，要改变它就需要以某种方式使其进入工作记忆，从而易于矫正。许多认知—行为矫正方法需要我们认真对待。实质上，每一种方法都需要将不恰当的行为纳入工作记忆并加以思考。几年前，我们中的一位作者在一所幼儿园教学。幼儿园的教室里有"思考椅"，做出错误行为选择的孩子将坐在那里重新思考，然后想出更合适的其他行为方式。他们必须清楚地说出别的行为选择，并说明为什么这是更好的选择。一位同事称它为"淘气的椅子"。由于行为不当者是在无意识的情况下表现出这样的行为的，所以这种不良的课堂行为是很难处理的。在这样的情况下，似乎有效的策略就是尝试不恰当行为，直至迫使该行为进入工作记忆。

依照统一学习模式中的一些原则，行为矫正做得最好的也许就是美国休斯敦一家名为 HAP 机构的"成长舞台"模式（Achievement Place Model），又名"家校模式"（Family-Teacher Model）或"青少年营地模式"（Boy's Town Model）。[8] 该模式已成功地应用于各种情境，包括青少年人群所在的家庭和学校。近 800 次试验证明该模式是有效的。[9] "成长舞台"模式采用了一种"代币制"行为矫正法，学生会因为获得或失去分数而受到鼓舞或惩罚，这些分数可以用有形的奖励或特权来激励他们改变自己的行为。"成长舞台"模式会让学生在"教学互动"中保持这种动机，而"教学互动"遵循的一些原则与统一学习模式完全一致。

教学互动形式如下：

引起学生们的注意；

扣分（为了激励学生持续关注接下来的事情）；

描述学生存在问题的行为（让学生注意自己的行为）；

让学生做正确的行为（有指导的集中练习）；

通过加分来奖励学生（保持练习的动机）；

让学生重复这种行为一次或多次，每次重复时都加分（激励有意识的练习）。

教学互动之所以成功，是因为它不仅仅惩罚错误的行为，还让学生有机会学习恰当行为。我们认为它有效，是因为它切实贯彻了统一学习模式中的一些原则。

虽然增强专家式的行为表现和改变不恰当行为这两种期望的结果乍一看似乎截然不同，但事实上，出于同样的原因，这两种结果在工作记忆中都要经历相同的心理过程，即参与到工作记忆中。由于自动化过程通常不会进入工作记忆，因此我们没有办法在工作记忆中改变它们。心理治疗过程通常会要求人们做一件事，那就是写日记。在日记中，人们试图记录下发生不良行为时的情况和感受。也许，当某个学生在某一方面存在问题，而且教师也发现了其问题所在时，教师要求学生记日记是会有所帮助的。教师需要通过打手势的方式来要求某个学生开始记日记，而不是当着现场所有学生的面直接口头说出来。

我们强调这一点。你可能会这样要求自己：若自己的演讲的社会可接受度差，就把它屏蔽掉。但是某种输出，尤其是那种自动的输出，可能会不合适地自动出现。你越是觉得难以做出反应，反应就越是有可能在不知不觉中表现出来，因为你的工作记忆不太可能始终执行"说话前要三思"的指令。根据统一学习模式，要修正自动行为，我们需要做的第一件事就是以某种方式使其进入工作记忆。如果你讲话经常是脱口而出，但是讲得又不对，学会控制自己就会有困难。统一学习模式解释了为什么形成新习惯比打破旧习惯容易得多。它与对某事是进行思考还是进行自动加工有关。在处理不恰当的关键行为时，让行为不当者在输入的感官信息最有可能启动与其相伴的一连串自动行为时认真思考，这对教师来说是一种挑战。

注 释

[1] Bogner, K., Raphael, L. & Pressley, M. (2002). How grade 1 teachers motivate literate activity by their students. *Scientific Studies of Reading*, 6(2), 135-165.

[2] Pressley, M., Kersey, S. E. D., Bogaert, L. R., et al. (2003). *Motivating Primary-Grade Students*. New York: Guilford Press.

[3] Turner, J. C. (1995). The influence of classroom contexts on young children's motivation for literacy. *Reading Research Quarterly*, 30, 410-441.

[4] http://www.learningplace.com.au/uploads/documents/store/resources/res_35913_Modules_1-6.pdf [2008-10-17].

[5] http://www.safeassign.com/ [2008-10-17].

[6] http://www.unl.edu/gradstudies/current/plagiarism.shtml [2008-10-17].

[7] http://flwi.unl.edu/advice/avoidingplagarism.html [2008-10-17].

[8] Wolf, M. M., Kirigin, K. A., Fixsen, D. L., et al. (1995). The Teaching-Family Model: A case study in data-based program development and refinement (and dragon wrestling). *Journal of Organizational Behavior Management*, 15, 11-68.

[9] Fixsen, D. L., Blase, K. A., Timbers, G. D., et al. (2001). In search of program implementation: 792 replications of the Teaching Family Model. In G. A. Bernfeld, D. P. Farrington & A. W. Leschied (Eds.), *Offender Rehabilitation in Practice: Implementing and Evaluating Effective Programs* (pp. 149-166). New York: John Wiley & Sons Ltd.

第十三章
提高教师素质

学习就是管理工作记忆。你无法进入学生的头脑，正如你无法进入你自己的头脑一样。因此，在学生学习时帮助他们管理工作记忆是一项棘手的任务。更糟糕的是，如果你的班里有 20 个学生，那么你就需要帮助管理 20 个不同的工作记忆，因为每一个工作记忆都有各自不同的先备知识、目标、组块知识等等。

关于有效教师的数据极其少见。[1]有些教师是出类拔萃的，但好坏与否很难衡量。尽管如此，人们常说，在小学阶段有一位优秀的教师就足以使学生在今后的职业生涯中走上成功的道路。成功的学生是那些有学习目标的人，他们会努力去实现自己的目标。最成功的教师是那些能让学生接受学习目标的教师，在没有教师出现的情况下，这些学生也会继续努力实现自己的学习目标。[2]相反，如果连续遇到两个非常糟糕的教师，很少有人能从这种经历中恢复过来。一位朋友曾经讲过一个关于他从纽约的一个演讲活动飞回加州的故事。在飞行途中，为了打发时间，她开始和坐在旁边的年轻人聊天，发现他来自布朗克斯（Bronx）的一个贫苦地区。她注意到他一直在读犹太圣经。由于她认为很少有人会这么做，所以就问他在看什么，为什么选择在这趟航班上看。他说他将在斯坦福大学读大一，这本书是所有新生的暑期必读书目。随着他们继续交谈，她发现他是家里第一个考虑上大学的人。一个问题又引出另一个问题。他说，他上小学的时候，一个老师引导他开始阅读。从那时起，他就成了一个书迷。这就是一个好老师的影响！

虽然关于这个问题的重要数据很难获得，但好老师的重要性是研究人员和公众的共识。

　　尽管对于"好的教学"的定义有些高深莫测，但从统一学习模式我们可以非常清楚地知道什么是好的教学。重申一下我们在第六章所说的，所有好的教学都植根于统一学习模式的三个原则中。有效教学将促进学生将工作记忆容量分配到我们希望他们学习的东西上。有效教学能根据学生当前的先备知识水平，让他们利用好自己的知识进行有效学习。有效教学能够支持和增强学生的学习动机，促进学生受动机驱动的有效自我调节模式。

　　学习的五条规则为实现有效教学提供了进一步的指导。有效教学必须做到以下几点：

　　（1）教师必须帮助学生将注意力集中在相关的材料上，充分利用学习环境、使用教学材料，以及让学生在新旧知识间建立联系，避免学生分心。这包括各种类型的课堂学习目标、如何设计并呈现教学与教学材料、如何管理课堂，以及如何促进学生自我调节。

　　（2）教师必须为学生提供重复新知识或新学习过程的机会。这包括通过不同的教学活动和讨论，让学生不断接触新知识，进行有效的评估，并给予适当的反馈。对于技能，教师要给学生提供练习的机会。

　　（3）教师必须教给学生各种方法，帮助他们将正在学习的知识与之前在本课堂上所学到的知识、在其他课堂上所学到的知识，以及其他的先备知识联系起来。教师需要帮助学生在他们所知道的和正在学习的知识之间建立起有意义的联系。这包括在课堂上为学生提供解决问题和认真思考的机会。

　　（4）教师需要通过知识的设计与呈现方式、学生参与各种活动、给予学生使用知识的机会，以及反馈的方式等多方面来帮助学生保持学习动机。也许，教师激励学生最重要的一件事就是自己为自己所讲授的内容所激励，并把自己所感受到的那种兴奋和动机示范给学生。

　　（5）教师需要记住学习是一种学问。引导学生的注意力，给学生提供重复知识的机会，帮助学生在新旧知识间建立联系，以及提供学习动机，这些都是好的教学的表现。好的教学不会随波逐流，也不会走捷径。

　　从统一学习模式的角度来看，采取上述行动的教师都会成为"优秀教师"，他们的学生也会进行有效学习。

一、教师的先备知识

我们学到的很多东西，多多少少都受到了教师的帮助。即使是像电子游戏这样的东西，经验丰富的玩家也经常会给新手一些指导或提示，这个有时是通过精心设计的网站来实现的。教练和导师通常对专家的养成起到至关重要的作用。对于那些各领域的顶尖人才（尤其是那些有自己的导师或教练的人）而言，教师的作用就非常显著。[3]

在教师与学校的谈话中，谈得最多的是教学内容知识。舒尔曼（Schulman）是这方面的早期研究者。[4]有时有人说："某某人自己很懂，但就是不会教。"教师们需要了解的不仅仅是内容本身，还包括一些教学的技巧。具体的教学会因教学场景的不同而有很大差异：学前阅读教学所需要的教学内容知识不同于五年级数学或高中化学或研究生教学设计。知道如何教授化学阅读与知道如何教授社会研究阅读甚至是两回事！阅读及撰写某一学科的文章与在另一学科中做同样的事情完全不同。一个 P–12（美国学前教育 [pre-school] 到 12 年级的简称）的职前教师也许可以在教学方法课程中学到一些与此相关的适当方法。

有几个问题立即浮现。教师的内容知识是其一。人们普遍认为，分数知识对许多学生来说是一个绊脚石。牛顿（Newton）研究了职前教师对分数五个方面的知识的掌握情况，包括计算技能、基本概念、应用题、知识的灵活性和迁移。她的结论是，在职前课程结束时，教师的知识水平，特别是在知识的灵活性和迁移方面，都很低。[5]拥有数学学位及相关认证的教师数学内容知识水平与高中学生的数学学习成正相关。[6]小学教师的数学知识与学生的学习结果相关。[7]除数学以外，这一问题在其他领域的证据并不是那么充分。数学之所以能产生更大的影响，一个可能的解释是，这门学科主要是在学校学习的，很少在校外学习。[8]

（一）方法课程与专业会议

方法课程几乎从来都不是完全适合最优秀的学习者。我们有五年级数学，我们也有一个老城区以赫蒙族移民为主的学校的五年级数学。即使这样，每个学生都是独立的个体，他们中的每一个人带到课堂的都是一些与众不同的先备知识。所以，某个学生在先备知识方面的一些小窍门不太可能适用于所有的学生。

方法课程存在的另外一个问题是，它很少系统地考虑先备知识和动机。因此，五年级的数学教师可能会有一些对自己的学生有效的活动，而化学教师知道课堂上的一些化学演示也许可以引起情境兴趣（即可以产生激励学生学习的作用）。

将统一学习模式的一些观点应用到很多方法课程上讲授的、被视为教学内容的知识上，可以修正教学内容。[9]

对教师来说，与经验丰富、教学任务相似的教师一同参加专业会议可以有效获得教学内容知识。在这样的会议上参会者会分享一些东西，有利于教学内容知识的迁移。通过彼此相互学习，成功的教师会变得更加成功。

（二）视频俱乐部

并非所有的教师都有机会参加专业会议，因此应寻求其他的专业发展模式，以提高内容领域的教学水平。参加专业会议可能会给农村学校的教师带来特殊的问题，因为农村学校的资金和代课教师并不充足。对于任何规模的学校来说，一个可行的选择就是在学校或某一区域内成立视频俱乐部。[10]这些小组的教师利用教学录像展开有关内容领域的教与学的讨论。这些讨论可以通过共同阅读内容领域的专业期刊和当前教学研究方面的书籍得到进一步丰富和充实。

二、注意：学习新东西需要工作记忆的参与

你不必总是学习新的东西，因为学习随时可能发生。情景记忆（自传式记忆）的道理就是如此。虽然偶然学习确实会发生，但它的效率很低。此外，在没有发生显著戏剧性事件的情况下，情景记忆既脆弱又容易发生改变。

如果你想记住某件事，它需要进入语义记忆，而且从情景记忆过渡到语义记忆需要我们的主观努力。你必须为它分配工作记忆资源。我们特别关注工作记忆。要学习一些东西，你需要注意它。它必须进入工作记忆，成为注意力的焦点。例如，最近人们就展开了有关阅读理解中注意力控制的作用的讨论。[11]

什么样的事情能引起人们的注意？对于那些看重成绩的学生来说，只要说

"这个考试会考到",通常就足以引起他们的注意了。这样做的缺点是学生更注重表现(即认为考试分数更重要)而不是学习。我们中的一位作者回忆起50年前的一件事,当时他的一位医学院预科生室友从生物课上课回来,在该课堂上教师花了整整一节课来讨论自己的研究成果。[12] 在对这堂课做了一番不客气的评语之后,该教师在手写的 8 页单行讲义的每一页上潦草地写上大大的两个字——忘记。虽然该谈话为大课上的少数学生创造了情境兴趣,但它肯定不会对所有人都起作用,对那个室友也没有用。

引起学生注意需要满足以下两点:① 将新材料与学生的先备知识联系起来;② 鼓励学生之后回忆所学知识。最好的方法是谈论以前的经历。有时,发生在某人生活中的事情就会引发关注。一般来说,寻找能引发关注的事情的最好方法就是从其他成功的教师那里了解什么事情可以起到这一作用。请参考我们曾经提到过的动物园里一些特殊动物的例子。

三、重 复

只有重复过的东西才能实现长时记忆。要进入语义性记忆,就需要重复。重复涉及从长时记忆中把知识提取出来,还需注意时间间隔问题。[13] 词汇教学方面的研究表明,学习者需要与一个单词接触七次左右,才能把它牢牢地记在记忆中,并能够回忆起来。不妨回顾一下,纳托尔和奥尔顿－李认为,学生需要在不同的语境中把知识至少重复四次才能掌握。[14] 显然,在一堂课中反复接触这个单词七次,不如放在几天或几周内完成得到的效果好。人们对学校有些轻视,认为可以用"操练"和"扼杀"两个词来描述学校:"操练"指的是不断重复,"扼杀"通常暗指学校扼杀了学生的学习兴趣。即使在今天,一些社会团体仍认为有学问的人是那些记住了大量内容的人。记忆知识如果不需要建立起任何联系(死记硬背常常就是这样),那么公认有效的学习策略就是把知识从长时记忆中提取出来,然后不断地重复、不断地操练。这样做的确有效。但这样做并不是件很有趣的事情,至少在你实现某一艰巨的目标,如能够当众背诵林肯的《葛底斯堡演说》之前你是这么认为的。

除非特定的学习目标就是死记硬背一些东西,否则一个成功的教师会设法为学生找到一些重复相关知识的方法，而不是去死记硬背。在第二章，我们引用了贝克和麦基翁（Beck & McKeown）在他们的"Talk"课文教学中所取得的一些研究成果。该项目先是将一个词情境化，在故事中讨论其用法。（如，"该故事讲述了一个农民在漫长的一天的劳动之后如何步履艰难 [trudge] 地走回家的"。）[15] 本例中使用的"步履艰难"（trudge）这个词在不同的语境中重复，每一次重复都为学生在新旧知识之间建立起联系提供了新的机会。

有时候你真的需要操练。若要知识达到自动化程度，就需要反复练习。老虎·伍兹一遍又一遍地练习高尔夫挥杆动作的例子不就是这样吗？工程师在做计算工作时，连 5×7 等于多少的认知资源的调动，他都承受不起。许多专门知识必须实现自动化。此外，我们可以回想一下重新测试所有斯瓦希里语单词后得到的戏剧性结果，而不仅仅测试学习者不确定的那些单词。[16]

同样，通过和其他教师交谈，你会发现游戏和其他活动中的一些重复方法。除非要求必须死记硬背，否则重复并不是一个放之四海而皆准的方法。

四、建立联系

学习就是要建立联系。在统一学习模式中我们认为这一点是至关重要的。有时建立联系是相当容易的。例如，你很容易就知道如何将角的概念与三角形的概念联系起来。连名字之间都能建立起联系。当然，学生对一些联系也有所了解。例如，弗雷德知道如果他朝莎莉的头发扔一个纸团，约翰就会突然笑起来，很快全班都会闹起来。我们对大大小小的联系都有所了解。

有时候我们只是未能成功地让学生建立起各种联系。例如，在大学化学实验室的实验中希望学生能有所发现，比如说，发现"氧气的摩尔质量"。学生经常会收集数据，然后在离开实验室后写实验报告。他们从不讨论实验或实验的结果，也从来没有被公开要求他们把刚刚在实验室里做的事情和已经学过或正在学的知识联系起来。

有时我们无法将所学到的知识与那些发现这些知识的人联系起来。大多数人都听说过牛顿和爱因斯坦，但很少有人听说过埃里克·坎德尔。他是一位从事医学内科研究的科学家。我们对神经元工作机制的理解大多是基于他的研究成果。若没有坎德尔的相关研究，我们这本书也就写不成了。[17]

与内容的联系经常要在课本中寻找。我们提到了坎德尔。要了解他的研究成果，就需要查找参考文献，阅读他的著作。我们不妨想象一下自己坐在坎德尔的研讨会上，聆听他讲述那些发现的来龙去脉。今天，网络搜索使得建立各种联系的任务变得相对容易。我们可以给学生布置任务，让他们找出各种联系。

内容联系通常各不相同，但是从完整的课程中我们可以找到这些联系。内容联系可能会是有趣的。

五、毫不费力与加倍努力

统一学习模式要求你以新的方式思考你的教学。在这些新方法中，也许最重要的是毫不费力与加倍努力的概念。来自我们自传式记忆系统的毫不费力的知识是脆弱的，容易发生改变。这种毫不费力的知识通常不是课堂教学的目标。虽然语义记忆需要努力，但它通常是我们在学校寻求传授的那种知识。学习的内容不仅必须进入工作记忆并加以关注，而且还必须多次轮回。如果这些知识需要达到自动化的程度，那就更难了。

学生有许多期待的活动。这个部分的初稿就是在万圣节时完成的。那时，化学教育网络论坛上有很多关于化学演示的讨论。[18]一个人把氯酸钾———一种有点危险的化学物质，放在试管里加热，直到它融化。然后一个人小心地将一块糖（通常是小熊软糖）滴到融化的氯酸钾里面。化学反应引起了爆炸。[19]当你吃小熊软糖的时候，也会产生二氧化碳，但是你吃糖的方式不会出现那么明显的反应。我们有关于万圣节的情境兴趣的经典案例。孩子们都知道万圣节不给糖果就捣蛋的事情。我们人类会把吃进去的糖果氧化，但不是以这样壮观的方式：伴随着很强的闪爆、巨大的噪音，空气中弥漫着废气，人们兴奋至极。假设产生这样的效果但人们仍然是安全的（如果做得不好是很危险的），那么大家都会过得很愉快。在餐桌上，学生可能会对父母说："琼斯老师今天在化学课上把小熊软糖泡泡吹炸了。"一旦出了点什么问题，就会成为学校甚至是地方新闻的谈资。

问题是这样的。在没有任何其他指导的情况下，一个月后，最优秀的学生也只能模糊地回忆起发生的细节。他们可能一辈子都会记得那一天，但他们回忆起的细节很可能与他们所做的事情的现实相去甚远。这有问题吗？这得视情况而定。如果我们的目标只是为了玩得开心，那就不是问题。如果我们的目标是更好地理解氧化反应，那么这个活动就需要更多的后续工作。事实知识是需要重复才能掌握的。教师的解释也只有重复之后学生才能记住。甚至可能有一两个学生的问题需要教师给出合适的解答。考试时或在做家庭作业时也许学生需要写一份报告，或者写一两个相关的句子。

学校可以很有趣。于学生而言它不必是一种沉重的负担。如果你是教师，你需要记住情景记忆（毕竟，信息刚进入大脑时都是情境式的）和语义记忆（我们努力将信息存储起来供今后使用）之间需要达到平衡。你应该有以下这样的目标：将各种活动结合在一起，这样学生就有机会重复知识并在知识间建立联系。

六、联系就是将输入的信息连接在一起

学习是一种学问。在我们看来，联系就是一种连接。我们认为先天能力的作用被过度夸大了。此外，一些文献并非真正支持多元智能或学习风格的理念。与此同时，很显然有些人是（或至少自己认为是）视觉学习者（习惯于通过书面阅读学习），而另一些人通过听等方式学习效果更好。若真如此，那么我们认为哪种方式更适合自己的学习，则是后天的发现，并非天生就有这样的学习偏好。

我们对感官体验的理解是不同的。你确实会接收到不同的感官信息。视觉、听觉、嗅觉和触觉都是不同的。每一个感觉器官都会感受到信息，都有自己的"缓存器"。输入的每一种感官信息都可以进入工作记忆，占用一个箱位。你可以"思考"每一种感觉器官。

在第四章中，我们介绍了一个实验。实验中学生在各种气味（巧克力、樟脑）的环境中学习并参加测试。[20] 在樟脑味环境中上课的学生之后在樟脑味环境中参加测试成绩会好一些；在巧克力味环境中上课的学生之后在巧克力味环境中参加测试成绩也会更好。如果气味与所学习的内容毫无关系，那么为什么

会出现这样的情况呢？与前面一样，统一学习模式从便于知识回忆的模式匹配的角度解释了测试中的这一观察结果。相同的气味，意味着多了一样东西完成模式匹配，这就是我们给出的解释。如果你不认同统一学习模式所倡导的学习的神经生物科学观点，那么要理解这个实验和类似实验的结果，即使不是不可能，也是非常困难的。佩维奥因发展了双重编码理论而名声大噪。[21] 我们的观点是，我们应该思考一种所有感官都可以发挥作用的多重编码理论。来自所有感官的信息都可以储存、"回放"并且包含在模式匹配当中。

使用不同感官进行教学和测试的原因并不在于我们人类之间的内在差异。学习是一种学问。然而，真正重要的是，要在尽可能多的感官信息之间建立起联系，从而有益于我们的学习。多种感官感受到的信息之间的联系会使学习变得更容易。

这在实践上也是有意义的。我们在学校所做的很多事情最终都要用铅笔在答卷上填涂，再通过扫描来评判成绩。事实上，没有人以填写这样的表格为生。相反，我们通过写作、绘画、谈话或使用手术刀等方式应用我们所学到的东西。在各种感官感受到的信息之间建立起的联系使学习更现实，也可能更有用。内科医生必须熟悉男性前列腺疾病的问题。此外，他们还需要能够触诊前列腺，因为这是筛查这种疾病所必需的。

七、小　结

如果你在寻找增强教学内容知识的方法，那么请尽力根据统一的教学模式组织正在学习的内容。例如，如何将新学习的内容建立起各种联系？你有没有给学生提供好的重复学习的方法？针对新内容，你是否有一个重复学习的好方法？你有没有激发学生的某种情境兴趣，使新知识在其工作记忆中得到关注？如果某一建议有益于情景记忆，那么你还可以基于此做点什么，使其进入语义记忆？

最后，人类的学习方式对我们所有人来说都是一样的。是的，在工作记忆容量、先备知识和动机方面存在着差异。但是，无论学习者目前的知识水平如何，这三条原则和五条规则都适用于新的学习。

注 释

[1] 参见 http://www.tqsource.org/link.php [2009-03-23].

[2] Pressley, M., Kersey, S. E. D., Bogaert, L. R. et al. (2003). *Motivating Primary-Grade Students*. New York: Guilford Press.

[3] Bloom, B. S. & Sosniak, L. A. (1985). *Developing Talent in Young People*. New York: Ballantine Books.

[4] Shulman, L. (1986). Those who understand: A conception of teacher knowledge. In B. Moon & A. S. Mayes (Eds.), *Teaching and Learning in the Secondary School* (p. 386). New York: Routledge.

[5] Newton, K. J. (2008). An extensive analysis of preservice elementary teachers' knowledge of fractions. *American Educational Research Journal*, 45(4), 1111-1154.

[6] Monk, D. H. (1994). Subject area preparation of secondary mathematics and science teachers and student achievement. *Economics of Education Review*, 13(2), 125-145.

[7] Hill, H., Rowan, B. & Ball, D. (2005). Effects of teachers' mathematical knowledge for teaching on student achievement. *American Educational Research Journal*, 42(2), 371-406.

[8] Nye, B., Konstantopoulos, S. & Hedges, L. (2004). How large are teacher effects? *Educational Evaluation and Policy Analysis*, 26(3), 237.

[9] Gess-Newsome, J. & Lederman, N. (2001). *Examining Pedagogical Content Knowledge: The Construct and Its Implications for Science Education*. New York: Kluwer Academic Publishers.

[10] Borko, H., Jacobs, J., Eiteljorg, E. et al. (2008). Video as a tool for fostering productive discussions in mathematics professional development. *Teaching and Teacher Education: An International Journal of Research and Studies*, 24(2), 417-436; van Es, E. A. & Sherin, M. G. (2008). Mathematics teachers "learning to notice" in the context of a video club. *Teaching and Teacher Education: An International Journal of Research and Studies*, 24(2), 244-276; Sherin, M. G. & Han, S. Y. (2004). Teacher learning in the context of a video club. *Teaching and Teacher Education: An International Journal of Research and Studies*, 20(2), 163-183.

[11] Conners, F. A. (2009). Attentional control and the simple view of reading. *Reading and Writing*, 22(5), 591-613.

[12] Zygocotyle lunata 是指一种遗传吸虫，也就是大学医学预科生所熟悉的威利虫。

[13] McGaugh, J. L. (1966). Time-dependent processes in memory storage. *Science*, 153(3724), 1351-1358.

[14] Nuthall, G. & Alton-Lee, A. (1995). Assessing classroom learning: How students use their knowledge and experience to answer classroom achievement test questions in science and social studies. *American Educational Research Journal*, 32(1), 185.

[15] Beck, I. & McKeown, M. (2006). Different ways for different goals, but keep your eye on the higher verbal goals. In R. K. Wagner, A. E. Muse & K. R. Tannenbaum (Eds.), *Vocabulary Acquisition: Implications for Reading Comprehension* (pp. 182-204). New York: Guilford Press.

[16] Karpicke, J. D. & Roediger, H. L. (2008). The critical importance of retrieval for learning. *Science*, 319, 966-968.

[17] Kandel, E. R. (2006). *In Search of Memory: The Emergence of a New Science of Mind*. New York: Norton.

[18] 了解更多关于化学演示的精彩讨论，请参见 Ramette, R. (1980). Exocharmic reactions. *Journal of Chemical Education*, 57, 68-69.

[19] http://www.youtube.com/watch?v=CJ-pSfXcXtw&NR=1 [2009-03-23].

[20] Schab, F. R. (1990). Odors and the remembrance of things past. *Journal of Experimental Psychology*, 16(4), 648-655.

[21] Pavio, A. (1990). *Mental Representations: A Dual Coding Approach*. Oxford: Oxford University Press.

第十四章

政　策

你可能会认为，利用统一学习模式中影响学习的一些决定因素制定政策，将会是一个大胆的、巨大的飞跃。事实上，情况绝非如此。统一学习模式中一些富有逻辑的扩展知识很多都被建议用于制定政策，有的为期多年。有些扩展知识还被人研究过。

一、学前教育

先备知识是统一学习模式中影响学习的最重要因素。能力很重要，但大多数人有足够的核心工作记忆容量，可以在几乎任何事情上取得成功。动机很重要，但会受到一个人的先备知识和经验的强烈影响。任何可能增进先备知识的政策都应该得到回报。学前教育是一项显而易见的政策。根据统一学习模式，学前教育可以帮助孩子们打好识字和常识的基础，这有助于他们在小学阶段扩大工作记忆容量。学前教育有助于消除先备知识的差异，特别是在基础词汇和概念形成方面。[1] 学前教育也可以帮助孩子们培养积极的学习动机。最后，学前教育有助于孩子们养成基本的行为习惯。因此孩子们受到的干扰少，承载的外在认知负荷也小，他们可以顺利过渡到正式的学校教育。

其中最著名的一项研究是在密歇根进行的，研究对象是"处于关键时期"的儿童。该研究将一些有着类似情况的非参与者作为对照组。（贴现率考虑了资金成本，是帮助判断投资的一种方法）

……数据显示，实验组在一生中获得的收入高得多、犯罪率小得多。税收收入增加了、刑事审判支出减少了、对受害者补偿支出降低了，福利支出也减少了，对广大公众来说，益处远大于研究项目付出的代价。从普通公众的角度来看，如果是 3% 的贴现率，该研究项目每投资 1 美元就能获得 12.90 美元的回报。如果是 7% 的贴现率，1 美元的投资回报是 5.67 美元。如果把公共和私人的总收益都计算在内，回报会更高……[2]

对这些结果需要做大量的解释。很大一部分的经济利益来自因监禁而减少的开支，因此存在显著的性别差异。

"美国经济成功伙伴关系"组织估计，学前教育投资的最终回报极高，因而学前教育是该组织政策建议的基石。[3] 诺贝尔奖得主詹姆斯·赫克曼写了一篇综述，汇集了关于健康和早期教育的影响的大部分已知信息。[4]

二、学校：不要使用暗示天赋的词语

美国的现代学校涉及很多东西，教与学只是其中的两个方面。无论这种现象背后的原因是什么，至少有一部分理由是基于这样一个事实，即教学被更多地视为一种艺术，而不是一门科学。如果你认可本书的观点，那么很多关于学习的困惑就会消失。学习牵涉工作记忆的管理。教学则需要帮助学习者管理他们的工作记忆。我们如何将这样一个抽象的模式概念转化为有意义的政策呢？

根据统一学习模式的最后一条原则，工作记忆的分配是由动机引导的。正如我们所说的，动机在很大程度上取决于我们的信念。"付出就有回报。"我们的一切努力都有可能促进我们的学习。换句话说，没有比基于情景记忆的学习更容易的方法了。我们工作所在的大学，提倡"在职业生涯中发挥你的天赋"。政策应该改变"天赋""聪明"的观念，转向"努力"的观念。天赋不可避免地意味着从出生就有的东西：

天赋 [5]

（1）特殊意义：经常指运动、创造或艺术方面的能力。

（2）一般意义：智力或脑力，天生的能力或技能。

正如我们之前所讨论的，通过对专家和专门知识的详细研究，有一个概念变得非常清晰，那就是天赋实际上意味着技能，而技能是努力学习的结果，而不是我们与生俱来的东西。我们已经列出了一些质疑与生俱来的天赋之重要性的参考文献。[6] 罗斯（Ross）在《科学美国人》杂志上发表了一篇文章，文章讨论了天赋的培养，通俗易懂。[7]

孩子们需要知道并相信，学习是他们只有努力才能驾驭的事情。他们需要反馈，并且在学习变得很艰难的情况下仍然要让他们相信自己可以获得成功。统一学习模式中所说的"所有孩子都能成功"这句话不仅仅是一句口号，它还是一个基本原则。因此，在讨论学生的学习时，一个好的学校政策应该避免使用像"天赋""聪明""智商"这样的词。否则，有人可能会批评学校强调了本不该强调的东西。[8]

三、区、州：根据知识进行组织

根据统一学习模式的第二条原则，工作记忆的分配容量受到先备知识的影响。假设幼儿园有两个 5 岁的孩子：一个来自有知识的家庭，喜欢阅读；另一个家里根本就没有一本书，自己也几乎不阅读。很显然，在幼儿园他们不可能有同样的收获。这可能与能力无关，与动机也没什么关系。也就是说，这两个孩子生活的环境都非常认同这样一种观念，即学校是你学习阅读的地方。单单从科学的观点来看，期望对两个孩子进行相同的干预，最终达到相同的结果是不现实的。这样的情况是不会发生的！这个与教师或愿望无关，而与人类的学习方式有关。当我们从统一学习模式的角度来理解学习时，对学校的期望我们会有一个更清晰的认识，为孩子规划更合理的学习结果。学前教育因其产生的重大经济与社会影响而逐渐得到重视。[9] 这是为什么呢？学前教育有助于消除孩子之间先备知识的差异。与暑假期间出现的差异相比，孩子一个学年在学习速度上的差异似乎很小，尤其是在阅读方面。[10]

目前的学校是按照学生年龄招生的。在美国，学生在 5 岁左右上幼儿园，然后一直读到 12 年级。这些学校的组织形式各不相同，但通常包括小学、中学（或初中）和高中。一些精明的家长倾向于让那些可能刚好可以进入幼儿园的孩子入园前在家再多待一年。的确，这样做有时对孩子取得明显的成功产生很大的影响。格拉德韦尔指出，很多加拿大职业曲棍球运动员出生在一年的前几个月（1～3月），出生月份增加了他们被选中参加训练的可能性。我们当中有一个作者曾经有过打儿童棒球的经历。[11]游戏中，孩子们在看台上击球，然后跑垒，就像通常的棒球游戏一样。有一年，我们队每一场比赛都输，但在接下来的一年里，我们队赢得了每一场比赛。巧合的是，这个二年级球队就是当年的一年级球队，球队的名单几乎一模一样。这说明，随着整个团队年龄增大，队员变得更成熟，更有经验了。

当孩子们按照当前的年龄结构进行分组时，分组的依据通常是能力而不是其他方面的东西，这就是所谓的能力分组。能力通常是通过某种类型的智力测试来判断的。能力分组是存在争议的，实施起来成败参半。[12]在某些方面（如跨年级的阅读、数学），获得成功似乎很重要，但全面分组（即所有学科都进行分组教学）似乎没有什么益处。

从统一学习模式的学习角度出发，根据孩子们所掌握的知识对他们进行分组，并且本着这样的分组原则，允许根据他们已经掌握的及将要掌握的知识进行分组调整，而不是根据他们的年龄、智力或能力进行分组，这样做更有意义。若要做好这样的分组，需要确定一些"节点"，某个孩子完成了某一课程就可以视为一个节点。以前的分组做法完全不同。以前学生都是尽力获得各种高中毕业文凭。直到最近，即在20世纪90年代初期，纽约州是唯一一个要求掌握特定内容才能毕业的州。[13]的确，与其他州的毕业生相比，纽约州的毕业生掌握了更高水平的内容知识。他们的经济收入也普遍更高。

任何教育体系实质上都有利于那些鼓励并支持学习的家庭的学生。相反，对于那些来自不支持学习的家庭的孩子，学校能起到的作用并不理想。

让学习者在不同时间段实现各种学习目标的教育体系，对那些家庭条件不好的学习者是有好处的。从本质上说，在校时间的增加及随之而来的校外开支的减少将使社会经济情况引起的差异最小化。允许根据学生掌握的知识进行分组调整，也可以弥补因家庭环境优势差异而产生的先备知识差异。当前的学校实践之所以与统一学习模式提出的学习应该是怎么回事之间存在差异，是因为学校过于关注所谓的能力，即智力或其他实体类型的天赋，而对努力重视得不够。正如我们在统一学习模式中强调的那样，能力最终的确会成为先备知识，即一个人已经知道的东西，是通过努力获得的。

在过去的几十年里，暑假由于学校不上课，这时一些特殊优势就更加凸显出来了。条件优越的孩子可以参加体育、音乐、辩论、科学、计算机、戏剧和大量类似活动的特殊课程。这些都放大了因家庭、社会或经济地位的差异而导致的学生之间在知识方面的差异。

按照学习者对知识的掌握情况来组织学校的教学，这一做法并不新鲜。早在1966年，布卢姆就提倡这一做法：

……但显然，目前同一个年级内的学习任务序列受到了人们的关注，但是跨年级的学习任务序列却没有引起同样的关注。这无疑是分级教育体系中流水线教育观念所产生的组织问题。学习任务序列不仅应避免不同年级之间的不必要的重复或重叠，而且应有计划推进，即从一个复杂或掌握层级推进到另一个层级。学习任务序列的推进不仅需要根据时间推移规划主体和学习材料，而且还要求随着时间的推移，体现师生关系发展的连续性……[14]

虽然这种个性化的学校教学方法在实践中一直存在问题，但在正式的学校环境中技术可以提供一些方法，帮助我们实施真正个性化的、自定进度的课程教学。我们可能还没到那一步，但也许可以设想一个虚拟学校，各班级由来自多个不同地方的学生组成，他们也许来自世界各地，有着相似的先备知识水平。随着学生在学科知识获取方面所发生的变化，这些随时调整的班级会随着学生的来去而不断地重组。

有天赋的学生、跳级、大学预科课程

很多学校都开设了天才课程，但存在很多差异。我们从一份关于这类学生的报告的标题"一个被欺骗的国家：学校如何阻碍了美国最聪明的学生"[15]就可以看出其所持立场。这份文件回顾了目前美国天才教育的状况。如你所料，只要遵循一些指导原则，为这些学生所做的任何事情都可以从统一学习模式找到支撑。首先，学生是否有天赋的判断依据应该是一些常规课程，而不是能力或智力测试的结果。其次，如果课程有连续性，那么学生应该要有机会学完该课程。最后，如果每个学生都可以获得资源，与那些表现优异者相比，对表现欠佳者的投入更有可能得到回报。也就是说，对那些掌握知识还有一定难度的学生的投入，回报的可能性更大。

这份有大量研究支撑的报告提出了 20 个"最重要的观点"。前三点分别是：

（1）对那些有天赋的学生而言，加快学习进度是最有效的课程干预。

（2）对于聪明的学生来说，加快学习进度对他们的学业和社会生活都会产生长期积极的影响。

（3）加快学习进度实际上是一种无成本的干预。

找出那些可能因加快学习进度而受益的学生的一种方法是看考试成绩，并且思考对那些成绩最好的学生来说什么才是最有益的。[16] 然而，与其用能力或智力测试来选出那些可以加快学习进度的学生，倒不如对年龄大一些的学生进行相关内容测试。该报告对这个问题进行了讨论。这样做的经济意义是相当清楚的。判断一个学生是否适用加快学习进度的方法可能需要花费 250 ～ 500 美元。如果该学生跳了一整级，那么该学生在该辖区学习的时间就少了一年。假设一年的学费大部分都可以收回，那么这些钱就可以用于那些在掌握知识方面存在问题的学生。如果辖区为加快学习进度的学生支付了学费，那么辖区就可以有更多这样的资金资源。当然，要学生为了钱而不是为了学习而努力，会存在这样的风险：他们将形成的是行为表现目标而不是学习目标。

20 世纪 80 年代，我们举行了基础化学的摸底测试。该测试采用的是标准化测试，要求必须做对三分之二的题。学生不用预先支付学费即可参加测试。虽然存在学生想在测试中碰碰运气的可能性，但由于该测试的口碑好，以至于没有一个及格概率低的学生参加该测试。如果学生通过了测试，就支付该课程的学费参加学习，但是在正式学习该门课程前若改变主意不想学习这门课程，这笔学费可以转而用于其他课程（第二学期的化学、第一学期的物理等）的学习。总的来说，该做法对学生、教职员工和大学都好，因为大多数通过考试跳级的学生都是真正优秀的学生，而且大多数学生都选择学完全部课程。

该报告提倡学习大学预科课程。如今大学预科课程越来越受欢迎。由于我们是在一个中等规模城市，许多本地的高年级学生更喜欢上大学课程。前面在谈数学技能时提到的那位年轻女孩，从高中毕业时已经完成了大学微积分，以及一个学期的微分方程和线性代数课程。这让她上大学时在学业上一直保持优势。虽然像她这样的学生不多，但她也绝不是独一无二的。在她毕业的时候，有 5 ～ 10 人取得了类似的成就。

　　大学预科课程的缺点是，它们可能会让学生过度关注行为表现和任务目标，而不是学习目标。太多的大学预科课程集中体现的是"应试教学"，教学中仅涉及一些大学预科课程考试的操练与练习。这与以更深入的学习为基础的速成课程或高级课程大不相同。在当代的大学预科课程中，似乎很少有课程是为了培养学生终身学习的习惯的。大学预科课程中有多少内容在考试结束并获得大学学分后仍然被记住的？我们怀疑会很少。

　　根据统一学习模式，一门"天才"课程应该让学生学得更多、更深。它应该要求学生努力获得更深层、更广泛的知识，在记忆中形成更大、更复杂的知识结构，而不应该只是为了让学生尽快学完。但如果学生能够更快地深入学习，统一学习模式可以帮助他们加快学习进度。

四、州、国家：幼儿园与小学的巨大影响

　　任何教育体系基本上总是有利于那些关心、支持孩子学习的家庭的孩子。相反，学校并不能很好地处理那些学习上得不到家庭支持的孩子。通常情况下，最终人们还是会从社会经济状况上查找原因。例如，SAT 分数与家庭平均收入相关。[17] 因此，评估任何干预手段的影响的一种方法是用同等家庭收入的收益（或损失）来表示。也就是说，某某干预手段的平均效应相当于提升家庭收入，如 2 万美元产生的效果。

　　就拿幼儿园来说，研究证明，对数学进行干预会产生非常大的影响。[18]

　　之前对该样本的研究表明，1 年的学前教育发挥的作用相当于家庭收入 1 年增加 1 万多英镑发挥的作用。[19] 我们发现，小学教育的作用甚至比学前教育更重要（标准差分别是 0.39、0.26），但对于任何希望将教育成就最大化的政府来说，两者都足够重要。学前教育与小学教育所发挥的作用比父亲对孩子教育发挥的作用要大，类似于家庭收入增加起到的作用，但小于母亲对孩子教育发挥的作用（见 1161 页图）。

　　对低收入和高收入群体的分析显示，高等教育、学前教育和中小学教育所发挥的作用对这两个群体来说非常相似，这就表明这些教育对各种不同收入群体来说都是非常重要的。这些作用都是可以预测的，但我们不能假设因果关系。观察研究，

就像本研究一样，没有随机分配，所以结果总是有可能反映出选择上存在偏向，没有对变量进行测量。[20]

五、青年教师指导

一名教师可能会有 30 ～ 45 年的教龄。有些学生的老师可能刚开始工作一两年。一般来说，教师工作头几年，教学效果并不理想。尽管可以获得教学内容知识方面的理论，但是实践起来又是另外一回事，因为我们永远不知道会发生什么。

本书的一位作者有着几十年的教学经验，他刚好与我女儿是哈佛大学的同事。当时正是第一学期末，我女儿在等学生上交论文。她有两组学生，每组各有 8 名，预计总共有 48 篇论文。在截止日期前两天，学生只上交了 10 篇左右的论文。我们打了一个 20 美元的小赌，那位"教学经验丰富"的作者说至少有10 篇论文不会交，认为这是"铁定的"。结果最后全部 48 篇论文都按时上交了。在一所大学铁定能做到的在另一所大学也许铁定做不到。成功的策略不同，抱有的期望也不同。

而且，刚开始工作的你，与未来的你相比，还并不是特别优秀。如前所述，成为专家需要 10 ～ 15 年的时间。任何职业都是这样，教学也不例外。如果致力于教学，你就会变得更好，就像你在厨房或高尔夫球场上会变得更好一样。

每一所学校都希望有这样一项政策，即永远不要雇佣新教师，而只雇佣那些在其他方面并不完美的教师。在我们生活的地方，市区一些大的学校经常会跑到农村学校，把那些已有一些教学经验的教师招过来。在大都市区，情况往往正好相反。由于经验丰富的教师都跑到了郊区，老城区的学校招到的通常是新教师，当然这是老城区学校存在问题的部分原因。

大二的有机化学教师经常抱怨大一的基础化学课上发生的事情。教了一年新生后，他们对大二的学生和大一的化学教师几乎都能给予更好的评价。

为了使该系统更好地发挥作用，对职业生涯早期的教师进行指导应该要有政策上的支持。在一个新环境的头一年，教师们会发现很多资源都是非常重要的，其中包括导师。有经验的教师在进入新环境后的头一年可能也需要指导。

当然，所有的学校都既有经验丰富的教师，又有新教师，其中有经验的教师占大多数。这也解释了为什么一个东海岸私立学校——基准学校要求他们的新教师跟一个老教师做学徒两年，然后与指导自己的老教师一起教学一年，最后才被认定为老教师，并开始独立的课堂教学。[21]

六、小　结

统一学习模式的三个核心原则是：

（1）学习是工作记忆资源分配的产物。

（2）工作记忆可供分配的容量受先备知识的影响。

（3）工作记忆资源分配由动机决定。

在为学校制定政策时，需要把以上这些考虑进去。学校是学生分配工作记忆的地方。也就是说，在学校，学生需要关注社会期待他们了解的一些东西，其中包括阅读、算术、得体的行为、民主等等。诚然，美国各州都形成了自己的课程体系，但在大多数方面都大同小异。

学校是学生获得知识的地方。一个孩子在上学前和上学期间的校外环境对他在学校可能获得的知识有很大的影响。制定政策时需要考虑到这一点。

最重要的是，学校和校董会喜欢"聪明"的孩子。但是，统一学习模式背后的科学表明，努力更重要，努力重要得多。"聪明"的孩子之所以聪明，往往是因为他们知道自己先前努力学习的结果，而不是因为他们拥有某种特殊的能力。政策的制定者甚至需要考虑学校和政府谈论学习的方式。

注　释

[1] Hart, B. & Risley, T. (1995). *Meaningful Differences in the Everyday Experience of Young American Children*. Baltimore: Brookes Publishing Company.

[2] Nores, M., Belfield, C., Barnett, W. & Schweinhart, L. (2005). Updating the economic impacts of the High/Scope Perry preschool program. *Educational Evaluation and Policy Analysis*, 27(3), 245.

[3] http://www.partnershipforsuccess.org/index.php?id=01 [2009-03-23].

[4] Heckman, J. (2007). Economics of health and mortality special feature: The economics, technology, and neuroscience of human capability formation. *Proceedings of the National Academy of Sciences*, 104(33), 13250.

[5] http://www.merriam-webster.com/dictionary/talent [2009-03-23].

[6] Bloom, B. S. & Sosniak, L. A. (1985). *Developing Talent in Young People*. New York: Ballantine Books; Gladwell, M. (2008). *Outliers: The Story of Success*. New York: Little, Brown, and Company; Ericsson, K., Prietula, M. & Cokely, E. (2007). The making of an expert. *Harvard Business Review*, 85(7-8), 114-121; Colvin, G. (2008). *Talent is Overrated: What Really Separates World-Class Performers from Everybody Else*. New York: Penguin Group.

[7] Ross, P. E. (2006). The expert mind. *Scientific American*, 295, 64-71.

[8] 在本书完成写作之际，我们当中的一位作者指出，教师在聘用之前往往需要参加某些"才能"测试。我们已经反复讨论过才能问题。我们认为，一些研究数据都支持才能的增量观，而不是实体观。也就是说，我们日常生活中所说的"才能"（talent），是可以通过学习而得到改变的。那些倡导衡量才能的工具的人还表达了一些其他的看法："技能可以学到，知识可以获取。"但是，"才能"是一个人能有上乘表现的关键，是天赋使然。才能是可以有效应用的、自然反复出现的思维、感情或行为模式。他们是对现实做出自发的、最高意识甚至是潜意识的反应。才华横溢的人做事"不假思索，浑然天成"。"道可道，不可教。"（摘自 http://www.careertrainer.com/Request.jsp?lView=View Article & Article=OID% 3A113426 [2009-03-23]）。"盖洛普教师主体访谈"（The Gallup Teacher Perceiver Interview）经常在一些学区使用，有时用于教师招聘。有人对几年前仍在使用的这一工具进行了元分析，发现 TPI（对教师主体的访谈）与教师教学质量测量结果之间的吻合度并不是很大（r=0.28），参见 Metzger, S. A. & Wu, M. J. (2008). Commercial teacher selection instruments: The validity of selecting teachers through beliefs, attitudes, and values. Review of Educational Research, 78(4), 921-940。该文章指出："有可能 TPI 主要关注的是管理人员希望教师所具备的能力。"（p. 931）通过科学文献我们已经讲清楚了为什么要拒绝实体观，而要推崇增量观。众所周知，教育的目的是培养学生在众多领域的技能，其中有些技能学生可能已经很娴熟了，而有些技能则是他们还没有掌握的。盖洛普研究证明："培养人才，获得最大投资回报的最佳方法是要找到一些办法，帮助学生以独特个体的身份非常自然地思考、感受及行动，这样他们在具体任务中总是可以

有近乎完美的表现。"（http://www.gallup.com/consulting/61/Strengths-Development）当领导某一个机构时，目标更有可能是优化手头的工作，而不是增强员工各方面技能。因此，如果有人希望向管理顾问学习，那么经理有可能从盖洛普那里获得启发也就不难理解了。在经理可能希望从管理顾问那里学到本领的情况下，从盖洛普研究获得启发，这是可以理解的。美国的主流才能观是一种实体观——有还是没有这种才能。TPI 在许多方面都支持此种观念。具有讽刺意味的是，使用诸如 TPI 测试的一些地区通常都支持才能实体观，为的是发现那些处处为学生着想的未来教师，但是，这种要求处处为学生着想的观念就隐含了能力的增量观。

[9] Nores, M., Belfield, C., Barnett, W. et al. (2005). Updating the economic impacts of the High/Scope Perry preschool program. *Educational Evaluation and Policy Analysis*, 27(3), 245.

[10] Alexander, K., Entwisle, D. & Olson, L. (2001). Schools, achievement, and inequality: A seasonal perspective. *Educational Evaluation and Policy Analysis*, 23(2), 171-191.

[11] http://www.teeballusa.org/What_is_TBall.asp [2009-03-23].

[12] Slavin, R. (1987). Ability grouping and student achievement in elementary schools: A best-evidence synthesis. *Review of Educational Research*, 57(3), 293-336.

[13] Bishop, J., Moriarty, J. & Mane, F. (2000). Diplomas for learning, not seat time: The impacts of New York Regents examinations. *Economics of Education Review*, 19(4), 333-349.

[14] Bloom, B. S. (1966). Stability and change in human characteristics: Implications for school reorganization. *Educational Administration Quarterly*, 2(1), 35-49.

[15] Colangelo, N., Assouline, S. G. & Gross, M. U. M. (2004). A nation deceived: How schools hold back America's brightest students. http://www.acceler ationinstitute.org/Nation_Deceived/ND_v1.pdf; http://www.acceler ationinstitute. org/Nation_Deceived/ND_v2.pdf [2009-03-23].

[16] Olszewski-Kubilius, P. (2004). Talent searches and accelerated programming for gifted students. In N. Colangelo, S. G. Assouline & M. U. M. Gross (Eds.), *A Nation Deceived: How School Hold Back America's Brightest Students* (Vol. II, pp. 69-76). Iowa: The University of Iowa.

[17] Jaschik, S. (2007). SAT scores down again, wealth up again. http://www.insidehighered. com/news/2007/08/29/sat [2009-03-23].

[18] Melhuish, E., Sylva, K., Sammons, P. et al. (2008). Preschool influences on mathematics achievement. *Science*, 321(5893), 1161-1162.

[19] Sylva, K., Melhuish, E., Sammons, P. et al. (2004). The effective provision of pre-school education (EPPE) project: The final report. London: Department for Education and Skills (DfES).

[20] 参见网络支撑材料：http://www.sciencemag.org/cgi/content/full/321/5893/1161/DC1 [2009-03-23].

[21] Gaskins, I. W. (2004). Professional development at Benchmark School. In D. S. Strickland & M. L. Kamil (Eds.), *Improving Reading Achievement through Professional Development* (pp. 195-213). Norwood, MA: Christopher-Gordon.

第十五章
展　望

统一学习模式，开启了对课堂、学校、培训中心、博物馆、家庭等四处都在进行的各种活动的新思维方式，因为学习是每天都在发生的。在这里，我们先不考虑我们最初的目的。

一、陈述性记忆与程序性记忆

我们中有几个作者反复研究过陈述性记忆和程序性记忆的区别。与其沿着这条路走下去，我们还不如试试以下方法：记忆因为感官信息的输入和（或）加工而产生。也就是说，一个人看到、听到或思考某件事，并将思考的结果储存起来。然而，其他人只能通过要求此人做某件事来知道他存储了哪些信息。这意味着，作为教师，只有当学生告诉我们、写下来、演示、做一种行为或诸如此类的方式向我们输出时，我们才能知道他们已经学到了哪些东西。这意味着陈述性记忆（或知识）只有与某种程序性输出相联系才会具备特别的意义。我们已经在第三章中讨论了这一程序化过程，即将陈述性知识转化成动作或认知输出。程序性记忆本身就涉及输出，而陈述性记忆只能通过某一程序才能输出。因此，任何教学的终点，即使只是事实或概念这种陈述性知识的学习，都要形成表达所学知识的适当程序。随着我们从神经学层面上对陈述性记忆和程序性记忆的区别进行深入研究，我们发现陈述性记忆似乎可以完全存在于大脑，但程序性记忆可能总是有一条神经通道，包括协调动作输出的小脑。

二、工作记忆在哪儿？

我们一直以来都不清楚工作记忆的确切位置。当工作记忆起作用时，该组织总是与其他同样在起作用的东西相联系，比如感官信息或一些存储的先备知识。在工作记忆发挥作用时通过实验来查找工作记忆的位置，大脑中多个区域会参与其中。20世纪90年代就有研究发现，大脑中有一个区域系统性地参与了工作记忆功能的发挥。额叶皮层，位于前额后面的大脑前庭，是一个非常有趣的区域。[1]这个区域参与类比推理[2]和子目标处理。[3]一些研究者提出："大脑前庭最前部的额叶皮层（FPC）是进行决策的中央执行系统的最高层级。"[4]一些报告试图将智商与脑容量联系起来，其中脑容量与智商呈正相关。[5]

三、父母参与和死记硬背

对很多人来说，记忆就是认知主义者所认为的死记硬背。也就是说，记忆这一术语通常被用作一种狭义理解。这是很令人担忧的，因为我们是以一种完全不同的方式，从非常广义的角度使用该术语的。死记硬背或许值得我们思考。

死记硬背所采用的一种学习策略就是：复述、复述、再复述。这是一个很容易学会的策略，尽管很难实施。例如，据称美国许多年轻的穆斯林都背诵《古兰经》（77801个单词）。[6]据说年轻人需要两三年才能背熟。同样，亚裔移民和亚裔美国学生的表现通常优于班级其他同学，这一结果要归因于父母更大程度地参与孩子的学习，以及他们对教育的重视。在这些文化中，人们非常强调死记硬背。事实上，死记硬背在很多方面都很重要。我们不妨回忆一下，前面曾提到过有个孩子取得"学习成功"，因为他学会了如何背诵美国历届总统的名字。

自己没有受过特别良好教育的父母为孩子设定教育目标并参与学校教育过程时，他们很可能会比较强调（甚至过分强调）死记硬背。我们可以认为这种学习过程是合理的，因为父母的参与意味着他们会去检查孩子能不能把学习的东西复述出来。

四、实验室教学

美国（和其他地方）当代 K–12 教育中存在许多问题，而统一学习模式也许有助于这些问题的解决。美国国家科学院在 2006 年发布了一份关于 K–12 实验室教学状况的报告。[7] 该报告得出了一些结论，其中包括：

在满足以下条件的前提下，教学设计的四个原则可以帮助实验室教学达到预期的学习目标：① 在设计学习目标时必须非常清楚想要的学习结果是什么；② 认真对学习目标进行排序，按序进行科学课堂教学；③ 设计学习目标是为了将科学学习的内容与学习的过程整合在一起；④ 学习目标应该包含学生持续的反思与讨论。

根据统一学习模式，清楚知道想要的学习结果①便于设定适当的学习目标。持续的反思和讨论④的确意味着要对学习认真思考，要把新旧知识联系起来。认真对学习目标排序②相当于恰当地融入先备知识。将科学学习内容与学习过程整合起来③是反思与讨论的结果。从表面上看，统一学习模式和以上结论没有区别。我们完全可以根据统一学习模式得出以上的结论。

我们还看到了一个非常复杂的因素。统一学习模式的第四条规则是：学习要么毫不费力，要么需要加倍努力。情境记忆（或自传式记忆）就属于毫不费力的学习。实验室活动中学生有充分机会表达自己的观点。20 世纪 70 年代，我们发现课堂讲授环境和实验室环境中学生看待自己的方式有显著差异。学生在描述实验室学习时使用第一人称代词（我、我们）的次数远远多于他们在描述课堂讲授时使用的次数。[8] 那时，我们对解释教学评估过程中的异常现象很感兴趣，但我们从来没有意识到这个需要我们研究情景记忆和语义记忆之间的差异，也没想到可以用学习的第四条规则——毫不费力的学习与加倍努力的学习去解释这一现象。

如前所述，所有学习都是从情景记忆开始的。[9] 此外，谈到情景记忆，科学本身并不存在这样的过程。取而代之的是微观合成有机化学过程、法医犯罪现场调查过程等等。假设我们能想法找到供教学实验室用的适当学习内容，刚开始的时候让学习者自己表态"我可以学会如何完成这一任务"，然后，说"我可以完成这一任务"，这样做也许不错。换句话说，既然实验室学习似乎已经具备了与生俱来的自传式性质，或许在学习者说"我能学会"或"我能"时适合制定明确的目标。这些目标有助于增强自我效能，因为它们会让学生将注意力集中在学习过程上，而不是学习结果上。

五、科学演示

一种常用的科学课堂活动是演示（课堂演示）。在这样的活动中，讲授者表演或操作材料或设备，并谈论一些科学原理。在化学中，液体会变色，或者发生爆炸，或者会发光。无论演示的是哪种现象，几乎都可以称得上"新奇"。拉梅特（Ramette）甚至发表了几篇论文来描述"外在效果的显著反应"，这些反应充满了魅力。[10] 化学教师可以凭借自己在演示化学现象时展现的一些技能发展自己的重要追随者。例如，休伯特·阿利亚（Hubert Alyea）经常被当成普林斯顿班级聚会的亮点。校友们回忆起他在课堂上会做一些演示，并总能确保演示的趣味性。[11]

尽管关于演示的报道比比皆是，大型科学部门经常雇佣全职的专业"演示人员"，但是有关从教师的课堂演示中学习的研究却少之又少。罗德拉克（Roadruck）探讨了化学演示中的学习：

演示，只要它是由教师而不是学生来完成的，对学生来说充其量只能说是一种间接体验。演示不可能只是一种简单的呈现。为了达到让学生理解内容的目的，演示必须成为整个授课的一部分，要让学生积极参与到我们打算向学生讲授的事件、内容中来。演示者必须通过提问、预测、重新设计、做出解释并对这些解释进行测试等方式，让学生积极体验课堂讲授的内容。[12]

上面这段话指出，在授课过程中需要按照统一学习模式进行工作记忆资源的有意识分配。存在的问题是：由于新奇性，尤其是外在效果非常明显的演示，情景记忆几乎肯定会把学习者在演示过程中的部分体验存储起来。教学中更重要的问题是，还有哪些别的东西会一起储存起来呢？成功地将概念材料与从化学演示中看到、听到、闻到的信息储存起来，很可能需要大量的信息加工、重复、与其他材料的关联等等。

因为情景记忆很容易失真，所以一个人在最初的事件发生后很长一段时间内所记住的情景，事实上，已经发生了非常大的改变，甚至有些人会说，这是不正确的。出现这样的情况并不奇怪。因此，当化学教师听到以前的学生回忆起一些课堂演示，并发现他们在描述以前的课堂演示时存在严重的错误时，他们感到懊恼，这一点也不奇怪。

这个故事给教师们的启示是，当不费力的事情（比如演示）与需要努力的事情（比如基础概念解释）结合在一起时，如果你的目标是教语义记忆，你就需要更多地关注那些需要努力的事情。

六、非正规教育

那么校外学习呢？我们可以从电视、广播、报纸和生活中学习。博物馆是许多社会都很关注的一个地方。根据国际博物馆理事会的说法：

博物馆是面向公众开放的、为社会和社会发展服务的非营利、永久性机构，以获取、保存、研究、传播和展示人类有形和无形遗产及其环境为己任，以教育、学习和消遣为目的。[13]

统一学习模式对博物馆这种地方的非正式教育有什么看法？我们可以从有利于课堂学习的角度来思考。博物馆如何符合我们对课堂学习的期望？

首先，除了那些来利用藏品进行高级研究的学者，大多数博物馆学习都是轻松的。也就是说，它依赖于情景学习而不是语义学习。因此，与类似的情境一样，人们期望博物馆展览可以改变人的学习动机。也就是说，所取得的目标结果必须是在某些方面产生情感上的变化。我们还可以把博物馆视为进一步学习的起点。若是这样，我们应该期待博物馆能够让我们在参观后还会有某种形式的后续活动，以便我们进行更深层次的学习。这些应该是判断博物馆是否起作用的行为表现标准。也就是说，人们参观博物馆之后，在态度及后续学习方面需要有一定的变化。

七、教师评价

对 K-12 教师进行评价并根据他们的表现进行奖励的势头正猛。对大学教师的评价已经有几十年了，这些评价已经对大学教师的薪酬结构产生了一定的影响。学生一旦去上学，就会有很多结果期待。学习就是其中之一。那么，我们如何根据学习来评价教师？

（一）大学教师评价

对大学教师的评价主要是基于学生的评价。通常来说，学生评价的方式已被广泛接受。然而，学生的评价显然依赖于学生的情景记忆。大学的学习目标，通常是基于语义记忆的。一个有意义的学习评估系统也许应该包含对学习收获的衡量标准。这是一件棘手的事情。缺乏学习或行为表现动机的学生不太可能学习。情景记忆可能是一种通过自我报告来衡量学生学习动机的好方法。另外，在有些情况下，学生的情绪是积极的，但学习材料的数量或质量不是很好。根据统一学习模式，在教师评价过程中再结合对学生学习的测量将会更好。

（二）K-12 教师评价

我们在这本书中提到了自闭症天才自发学习的"普遍智慧"，这是一种民间智慧，让我们几乎不需要做出努力。本书的大部分作者认为教师具备的是另外一种民间智慧。如果一个孩子在小学里有一个真正的好老师，将改变这个孩子的一生。一年的时间足够让你养成并维持一种终身受益的思维习惯。另一方面，接连遇到两个非常糟糕的教师会造成一种不可逆的损失。当然我们也承认，我们做出这些判断所依据的数据是有很大缺陷的。[14]

过去十年里，我们非常重视考试成绩，强调考试得高分。好消息是，在大多数情况下，这些考试成绩不是根据常模参照评定的，而是根据学生取得的实际学业表现来评定的。坏消息是，分数衡量的是期末知识，而不是学习上的收获。一般来说，那些来自中上社会经济阶层学校的学生比那些来自落后地区学校的学生表现要好。这常常被理解成是因为教学质量好。这公平吗？我们已经注意到了亚历山大等人（Alexander，Entwisle & Olson）所做的研究。他们研究了来自不同社会经济阶层的学生在夏季学习成绩上的差异。研究发现成绩差异非常大。[15]统一学习模式再一次从先备知识的角度解释了这些差异存在的原因。格拉德韦尔则认为这些成绩差异是由机会与遗传方面的差异引起的。[16]问题是，教师与校外差异没有什么关系，让他们对此负责也是不公平的。

另一方面，任何参观过学校并观察过各种教师工作的人都会告诉你，在学生学习的参与度、数量和质量方面，不同课堂之间存在着巨大的差异。我们提倡不断对学习进行测量，从而了解学生是如何达到绝对的学习标准的。然而，对于教师评价，我们提倡将学习成果与特定人群对学习成果的期望进行比较。不要把这看作是要把表现不佳的学生都挑选出来。正如我们在政策立场中所指出的，学校的使命就是向学生传授知识。我们需要通过测量知道学校是否已经做到了这一点。我们可以通过提供不同水平的学生毕业成绩（成绩分级标志）来说明学校达到了向学生传授知识的目标，也可以接受这样一个事实，即有些学生比其他人需要更长的时间来达到指定的学习水平，或者将两者结合起来证明学校是不是向学生传授了知识。虽然我们永远不可能形成一个完美的体系给学生传授知识并对学习结果进行测量，但在专注学习、完成学习任务、评价和奖励学习方面，我们可以比现在做得更好。

八、定量建模

与许多现有的教育学习理论不同，统一学习模式的形成是基于神经机制和计算认知模型（类似于第五章提到的纽厄尔的 SOAR）的，该模式最终可能变成一个完全可以实现的统一的认知理论。虽然这个任务超出了本书的范围，但它仍然是我们未来努力的方向。

注 释

[1] Buckner, R. L., Kelley, W. M. & Petersen, S. E. (1999). Frontal cortex contributes to human memory formation. *Nature Neuroscience*, 2(4), 311-314.

[2] Green, A. E., Fugelsang, J. A., Kraemer, D. J. M. et al. (2006). Frontopolar cortex mediates abstract integration in analogy. *Brain Research*, 1096(1), 125-137.

[3] Braver, T. S. & Bongiolatti, S. R. (2002). The role of frontopolar cortex in subgoal processing during working memory. *NeuroImage*, 15(3), 523-536.

[4] Koechlin, E. & Hyafil, A. (2007). Anterior prefrontal function and the limits of human decision-making. *Science*, 318(5850), 594-598.

[5] Haier, R. J., Jung, R. E., Yeo, R. A. et al. (2004). Structural brain variation and general intelligence. *NeuroImage*, 23(1), 425-433.

[6] Luo, M. (2006). Memorizing the way to heaven, verse by verse. *The New York Times*. http://www.nytimes.com/2006/08/16/nyregion/16koran.html [2008-10-02].

[7] Singer, S., Hilton, M. L. & Schweingruber, H. A. (2006). *America's Lab Report: Investigations in High School Science*. Washington, DC: National Academy Press.

[8] Levenson, H. & Brooks, D. W. (1975). Student evaluation of lecturers versus graduate laboratory instructors in introductory college chemistry. *Journal of College Science Teaching*, 5, 85.

[9] 有些失语症患者没有自传体记忆，但通过多次反复尝试，他们是可以学习的。参见 Reinvang, I. (1985). *Aphasia and Brain Organization*. New York: Plenum Pub Corp.

[10] Ramette, R. W. (2007). Exocharmic reactions up close. *Journal of Chemical Education*, 84(1), 16-19; Ramette, R. W. (1980). Exocharmic reactions. *Journal of Chemical Education*, 57, 68-69.

[11] http://tigernet.princeton.edu/~ptoniana/alyeaobit.html [2009-03-23].

[12] Roadruck, M. D. (1993). Chemical demonstrations: Learning theories suggest caution. *Journal of Chemical Education*, 70(12), 1025-1028. 另见 O_Brien, T. (1991). The science and art of science demonstrations. *Journal of Chemical Education*, 68(11), 933-936.

[13] http://icom.museum/definition.html [2009-03-23].

[14] 有些数据对我们的主张有所支撑，但其中有些数据仍有待证实。若要获取这些数据，请参见 Haycock, K. (1998). Good teaching matters a lot. *OAH Magazine of History*, 13(1), 61-63. 若要获取有关教师评价的讨论，请参见 Goe, L., Bell, C. & Little, O. (2008). *Approaches to Evaluating Teacher Effectiveness: A Research Synthesis*. Washington, DC: National Comprehensive Center for Teacher Quality. http://www.tqsource.org/publications/EvaluatingTeachEffectiveness.pdf. [2008-12-20].

[15] Alexander, K., Entwisle, D. & Olson, L. (2001). Schools, achievement, and inequality: A seasonal perspective. *Educational Evaluation and Policy Analysis*, 23(2), 171-191.

[16] Gladwell, M. (2008). *Outliers: The Story of Success*. New York: Little, Brown, and Company.

结　语

　　我们可以通过这个问题开启我们对统一学习模式的讨论：什么是学习？在这本书中，我们提出了一种关于学习的理论模式，我们称之为"统一学习模式"（ULM）作为解答。根据统一学习模式，学习是一个人的知识相对持久的变化。从最基本的生物学层面上来说，这种知识是指一个神经元或一组神经元相对永久的变化。理解了学习是大脑中神经元复合体的变化，我们就会明白学习是那些使神经元发生变化的事物的产物。它们分别是注意、重复和联系，它们主要发生在工作记忆中。因此，统一学习模式的首要原则是让学习发生在工作记忆中。具体地说，它是关于有限的工作记忆容量的分配问题。然而，工作记忆容量并不是静态的。知识会使它发生变化。正如统一学习模式的第二条原则所指出的，我们拥有的知识越多，我们的工作记忆容量就越大。随着工作记忆容量的扩大，越来越多的知识被整合到更大的相互关联的组块和网络中，学习就会引发更多的学习，产生更复杂的知识。最后，根据统一学习模式的第三条原则，我们会根据自己的动机对潜在工作记忆容量进行分配。

　　统一学习模式的一些原则对什么是心理接触（mental contiguity）做出了定义。统一学习模式所说的心理接触要求无论是老生常谈的事情还是有潜在意义的事情，都必须做到"手到""心到"。对于怎么界定"专注于"某事，统一学习模式也做了解释。

　　当我们说学生需要把他们的工作记忆分配给学习任务时，从某种意义上说，我们的意思是，学生需要与我们想让他们学习的东西接触。接触是巴甫洛夫的经典条件作用和斯金纳的操作条件作用的基本原理，也是工作记忆关联规则的基本原理。[1]

20世纪六七十年代，在对教师行为和学生的学习结果之间关系的"过程—产出"研究中发现，接触也是一些更为普遍的研究发现背后的原因。这些研究发现，在任务上花费的时间及一个学年中所学习的课程数目是学生学习结果的主要决定因素。[2]无论是在学校还是在其他地方，如果学生从来没有接触过某样东西，他们就不可能学会。

统一学习模式所要做的是完善"接触"的概念，从纯粹的物理上的存在（学生与要学习的东西在同一个地方）转变到心理上的存在（学生需要让自己的"心理"与要学习的东西在一起）。

从本质上说，如果学生没有按照统一学习模式的一些原则进行学习，那么他们本人很有可能不在学习现场。他们可能是在教室里，也可能是在完成某项活动，但如果他们的大脑没有注意到信息，没有进行重复，没有建立联系，那么他们的思维可能关注的是别的东西。在学校学习中，物理接触是必要的。也就是说，如果学生要学习任何东西，就必须出现在学校。然而，这还不够。只有当学生根据统一学习模式的原则与要学习的东西有了心理上的接触，学习才会发生。我们努力激发学生参与其中的正是这种心理上的接触。教师们努力通过各种教学方法、教学材料、教学媒体和教学活动来帮助学生进行这种心理上的接触。

统一学习模式主张学习的三条原则：

（1）学习是工作记忆资源分配的产物。

（2）工作记忆可供分配的容量受先备知识的影响。

（3）工作记忆资源分配由动机决定。

这三条原则通过五条学习规则来体现，在教学中它们会为这三条原则的实现提供具体的指导。

（1）引导学生注意所要学习的知识。通过学习环境、教学材料，以及与学生的先备知识建立联系，帮助学生把注意力集中在相关材料上，避免分心。

（2）提供必要的重复。让学生多方面接触要学习的知识，并创造机会让他们不断回忆和练习所学习的内容。

（3）帮助学生建立联系。给学生介绍一些方法，帮助他们将自己正在学习的知识与先前自己在本课堂上已经学过的知识、自己在其他课堂上已经学过的知识，以及自己的其他先备知识联系起来。帮助他们在自己所掌握的知识和正在学习的知识之间建立有意义的联系。

（4）创造学习环境，激发学习动机。认识到学习可能是困难的，为学生提供帮助，使其坚持努力学习。

（5）记住，学习是一种学问。引导学生的注意力，提供重复学习的机会，帮助建立新旧知识间的联系，以及提供学习动机都属于优质教学。优质教学不随波逐流，亦无捷径可走。

遵循统一学习模式的教师和其他教育工作者，无论是否有实际经验，都可以确保他们的学生专心学习。这种心理上的接触将使学生的参与最大化，并最终使学生的学习和成绩最大化。

注　释

[1] King, D. B., Viney, W. & Woody, W. D. (2009). *A History of Psychology: Ideas and Context* (4th ed.). Upper Saddle River, NJ: Pearson Education; Leahey, T. H. (2004). *A History of Psychology: Main Currents in Psychological Thought* (6th ed.). Upper Saddle River, NJ: Prentice Hall.

[2] 参见 Good, T. L., Biddle, B. J. & Brophy, J. E. (1975). *Teachers Make a Difference*. Oxford: Holt, Rinehart & Winston.

译后记

在教育心理学领域有很多有关学习的理论，如巴德利的工作记忆模型、皮亚杰的认知发展理论、维果茨基的最近发展区和知识的社会建构理论、加德纳的多元智力学说，以及斯威勒的认知负荷理论等等。这些学习理论都在学习的认知方面做了较深入的研究，成为教育领域学习与教学实践的理论基础。然而，由于每一种学习理论所采用的概念或术语有所不同，而且往往只是从某一特定视角研究学习机制，大都没有涉及学习的动机问题，因此我们很难对学习的机制形成一个完整的认识。例如，巴德利的工作记忆模型主要关注的是工作记忆的信息加工问题。该模型由一个中央控制系统和两个储存系统——视觉空间模板和语音回路组成。中央控制系统负责工作记忆中认知资源的分配，并协调视觉空间模板与语音回路之间的关系。视觉空间模板主要对视觉与空间信息进行编码，而语音回路主要对言语信息进行编码。该模型只是指出了人的信息加工有两条通道，但是我们无法确切知道这些信息加工的影响因素是什么；斯威勒的认知负荷理论主要关注学习与问题解决过程中认知资源的分配与使用方式，认为存在三种认知负荷：外在认知负荷（extraneous cognitive load）、内在认知负荷（intrinsic cognitive load）、相关认知负荷（germane cognitive load）。这一认知负荷理论要求我们尽可能减少外在认知负荷，充分利用相关认知负荷，但并未论及动机在学习者应对认知负荷方面的作用。鉴于已有相关学习理论的局限性，寻找一种能解释学习的各个方面、通用、简约的学习模式就显得十分必要了。

当然，统一学习模式并非自发形成，找寻统一的模型也绝非新鲜事。自1987年研究者就开始了相关研究。纽厄尔、贝赖特、施劳、西蒙与平特里奇等都在形成一个统一的学习模式方面做过一些尝试，但是一直都没有开发出与"统一学习模式"同样详细的模型，实现认知与动机的整合。

《统一学习模式》一共有六位作者，他们当中有认知心理学家、化学家、教育心理学家、教育技术顾问等。统一学习模式是经过非常严格的科学研究后提出的，因此具备相当强的科学性。

《统一学习模式》是一本关于学习科学研究的著作。虽然人类大脑的宏观结构基本是天生的，但是其微观结构则是通过学习和经验确定的。"统一学习模式"是一个非常强大的学习模型，它通过工作记忆容量、先备知识、工作记忆资源的分配解释了整个人类的学习过程。其目的是用一些有科学根据的、具体的核心学习概念，替换当前各种容易混淆的学习概念和术语。只要理解了统一学习模式的一些原则，我们就能搞清楚学习是如何产生的，以及如何通过教学促进学习。

统一学习模式从神经生物学的视角对学习进行了定义：从根本上来说，学习是神经元的一种相对永久的变化。基于对神经生物科学的认识，统一学习模式提出了以下三条学习原则：

（1）学习是工作记忆资源分配的产物。

（2）工作记忆可供分配的容量受先备知识的影响。

（3）工作记忆资源分配由动机决定。

学习的三条原则需要通过五条学习规则具体实施，从而实现有效学习。这五条规则简言之分别是：

（1）引导学生注意所要学习的知识。

（2）提供必要的重复。

（3）帮助学生建立联系。

（4）创造学习环境，激发学习动机。

（5）记住，学习是一种学问。

根据统一学习模式，引发学习的要素主要包括工作记忆、知识，以及动机。工作记忆成为统一学习模式的中心，理解学习的关键在于理解工作记忆。工作记忆的作用方式可以让我们明白学习是怎样产生的，哪些教学方法和技巧会对学习起到促进或阻碍作用。

根据统一学习模式，我们所知道的及所能做的一切东西都属于知识。也就是说，它不仅包括事实与概念，还包括我们解决问题的技能、动作行为及思维过程，这有别于教育领域对知识的传统认知。知识具备双重作用：首先，知识是统一学习模式的目标，学习的目的就是不断扩大我们的知识；其次，知识会对工作记忆的工作产生影响，即产生我们通常所知的"先备知识效应"。因此，我们可以说知识是工作记忆的过程，同时也是工作记忆运作的产物。

统一学习模式的第三个要素就是动机。据我们所知，没有其他模型能像本书提出的统一学习模式那样解释动机。统一学习模式是明确将动机与工作记忆联系起来的唯一的学习或动机模式。动机对认知容量的影响是统一学习模式的核心原则。影响认知动机的五个要素包括学习目标、期望、自我效能、兴趣和情感。

基于统一学习模式，我们非常清楚，好的教学都是植根于统一学习模式的三条原则中的。在三条原则的贯彻过程中，教师可以依照学习的五条具体规则进行有效教学。有效教学会帮助学生将工作记忆容量分配到学习任务上，能根据学生的先备知识水平，让他们利用好已有的知识，支持并增强他们的学习动机，促进他们受动机驱动的自我调节，从而达到有效学习的目的。

在阅读《统一学习模式》一书后我们知道，学习发生在工作记忆中，而工作记忆的容量是可以通过我们所掌握的知识不断得到扩充的。我们所掌握的知识越多，工作记忆的容量也就越大。因为工作记忆中的知识会关联在一起，形成更大的组块或网络，从而产生更多的学习，形成更加复杂的知识。虽然人与人之间在工作记忆容量、先备知识、动机方面存在一定的差异，但是学习的三条原则及相应的五条规则始终适用于学生新的学习，并能帮助教师实现有效教学。

本书由杭州医学院副教授毛伟博士翻译，浙江大学教育学院课程与学习科学系教授盛群力审订。恳请专家和读者对本书翻译中出现的错误或不当之处予以指正。

毛 伟
2021 年 2 月